财经类专业课程改革"十四五"规划教材

纳税实务

主　编○李文娟　唐思思　马慧连
副主编○孔茜琴　陈　维　吴金珍

图书在版编目(CIP)数据

纳税实务 / 李文娟,唐思思,马慧连主编. —上海：立信会计出版社，2023.12
ISBN 978-7-5429-7487-7

Ⅰ.①纳… Ⅱ.①李… ②唐… ③马… Ⅲ.①纳税－税收管理－中国－中等专业学校－教材 Ⅳ.①F812.423

中国国家版本馆 CIP 数据核字(2023)第 227508 号

策划编辑　　王斯龙
责任编辑　　王斯龙
助理编辑　　郑文婧
美术编辑　　吴博闻

纳税实务
NASHUI SHIWU

出版发行	立信会计出版社		
地　　址	上海市中山西路 2230 号	邮政编码	200235
电　　话	(021)64411389	传　　真	(021)64411325
网　　址	www.lixinaph.com	电子邮箱	lixinaph2019@126.com
网上书店	http://lixin.jd.com		http://lxkjcbs.tmall.com
经　　销	各地新华书店		
印　　刷	上海万卷印刷股份有限公司		
开　　本	787 毫米×1092 毫米　　1/16		
印　　张	16		
字　　数	390 千字		
版　　次	2023 年 12 月第 1 版		
印　　次	2023 年 12 月第 1 次		
书　　号	ISBN 978-7-5429-7487-7/F		
定　　价	49.00 元		

如有印订差错,请与本社联系调换

前　　言

随着我国经济的高速发展,税收制度也在不断调整和完善,并影响着我们每一个人的生活。根据国家职业教育教学改革精神,为适应职业教育人才培养的需要,我们编写了本教材。

"纳税实务"课程是会计类专业的核心课程,主要讲授税收基本理论、现行税制及税收实务的申报技能。开设本课程的目的是教授学生了解各税种基本法规、明确纳税人权利与义务、树立依法纳税的意识。学生完成本课程学习后,能够依据国家税收法律法规,完成企业纳税准备工作,针对企业常规业务进行税费核算、申报与税款缴纳等相关涉税工作,从而增强自身职业素养。

本教材共包含8个工作任务,分别从纳税准备、增值税、消费税、企业所得税、个人所得税、印花税、房产税及城镇土地使用税出发,介绍不同税种的基本知识,配有知识练习、任务实训。本教材附有丰富的数字资源,既方便教师授课,又能够引导学生自主学习。

本教材具有以下三个特点。

1. 面对职业教育,以提升职业素养为主

职业教育是我国教育体系中不可或缺的组成部分,注重拓展学生对不同职业的认知,为学生提供实用性强的就业技能教育,使他们能够迅速适应社会发展需求。随着金税四期工程的开展,人们对于税收的认知越来越全面,社会对税务人员的需求也逐步增大。职业教育阶段对学生进行税务基础知识与技能的培养,既有助于提升学生职业素养,也为将来他们在税务领域深造打下基础。

2. 定位岗课赛证一体化

税收制度内容广而深,结合考虑职业教育阶段岗课赛证内容及学生特点,本教材聚焦增值税、消费税、企业所得税、个人所得税、印花税、房产税及城镇土地使用税,将这几个税种的理论知识与纳税申报实训案例进行有机结合,注重培养学生在会计、税务岗位的实际操作能力,避免教授内容过于广泛,导致学生精力分散,学习效果不佳。

3. 校企合作,共同助力学生发展

本教材与厦门科云信息科技有限公司携手,共同设计、编制项目任务、实训规范及课程标准、教学课件、微课、习题库等教学资源,将知识、技术、技能、工具、方法、素养融为一体。本教材是活页教材,附有丰富的数字化学习资源和实操练习,真正实现"学中做、做中学",从而达到"理实一体化"的课堂改革目标。

本教材由财经专业教师和厦门科云信息科技有限公司合作编写。李文娟、唐思思、马慧

连任主编，孔茜琴、陈维、吴金珍任副主编。其中，马慧连负责教材的统筹规划、大纲编辑、样章设计、思政审核；李文娟、唐思思负责全书实训案例收集整理与审核、全书文稿修改。本教材的具体编写分工如下：陈维负责编写工作任务一与工作任务六；李文娟负责编写工作任务二与工作任务三；唐思思负责编写工作任务四与工作任务五；孔茜琴负责编写工作任务七与工作任务八；吴金珍负责全书课后练习题的审核。

  本教材由立信会计出版社出版，在此表示衷心的感谢。

  由于编者水平有限，本教材可能存在疏漏之处，敬请广大读者批评指正。

编者

2023 年 12 月

目 录

工作任务一　纳税准备工作 ··· 1
　一、税务登记 ··· 1
　二、税务报道 ··· 2
　三、增值税发票相关知识 ··· 3
　知识练习 ··· 5
　任务实训 ··· 6

工作任务二　增值税及附加税费纳税申报 ··································· 7
　一、增值税纳税人 ··· 8
　二、增值税征税范围 ··· 9
　三、增值税纳税义务发生时间 ·· 11
　四、增值税税率及征收率 ·· 11
　五、增值税应纳税额的计算 ·· 13
　六、增值税纳税期限和地点 ·· 16
　七、附加税费纳税申报 ·· 17
　知识练习 ·· 19
　任务实训 ·· 25

工作任务三　消费税及附加税费纳税申报 ·································· 90
　一、消费税纳税人 ·· 91
　二、消费税征税范围及税率 ·· 91
　三、消费税纳税义务发生时间 ·· 94
　四、消费税纳税环节 ·· 95
　五、消费税应纳税额的计算 ·· 95
　六、消费税纳税期限和地点 ·· 97
　知识练习 ·· 98
　任务实训 ··· 104

工作任务四　企业所得税纳税申报 ······································· 118
　一、企业所得税纳税人 ··· 119
　二、企业所得税征税范围 ··· 120
　三、企业所得税应纳税额的计算 ······································· 120

四、资产的税务处理 ……………………………………………………………… 127
　　五、企业所得税纳税期限和地点 ………………………………………………… 128
　　知识练习 ……………………………………………………………………………… 129
　　任务实训 ……………………………………………………………………………… 135

工作任务五　个人所得税纳税申报 ……………………………………………… 182
　　一、个人所得税纳税人 …………………………………………………………… 183
　　二、个人所得税征税范围 ………………………………………………………… 184
　　三、个人所得税应纳税额的计算 ………………………………………………… 186
　　四、个人所得税纳税期限和地点 ………………………………………………… 193
　　知识练习 ……………………………………………………………………………… 194
　　任务实训 ……………………………………………………………………………… 200

工作任务六　印花税纳税申报 …………………………………………………… 216
　　一、印花税纳税人 ………………………………………………………………… 217
　　二、印花税纳税义务发生时间 …………………………………………………… 217
　　三、印花税应纳税额的计算 ……………………………………………………… 218
　　四、印花税纳税期限和地点 ……………………………………………………… 221
　　知识练习 ……………………………………………………………………………… 221
　　任务实训 ……………………………………………………………………………… 224

工作任务七　房产税纳税申报 …………………………………………………… 228
　　一、房产税纳税人 ………………………………………………………………… 229
　　二、房产税征税范围 ……………………………………………………………… 229
　　三、房产税纳税义务发生时间 …………………………………………………… 229
　　四、房产税应纳税额的计算 ……………………………………………………… 230
　　五、房产税纳税期限和地点 ……………………………………………………… 231
　　知识练习 ……………………………………………………………………………… 231
　　任务实训 ……………………………………………………………………………… 235

工作任务八　城镇土地使用税纳税申报 ………………………………………… 238
　　一、城镇土地使用税纳税人 ……………………………………………………… 239
　　二、城镇土地使用税征税范围 …………………………………………………… 239
　　三、城镇土地使用税纳税义务发生时间 ………………………………………… 240
　　四、城镇土地使用税应纳税额的计算 …………………………………………… 240
　　五、城镇土地使用税纳税期限和地点 …………………………………………… 241
　　知识练习 ……………………………………………………………………………… 241
　　任务实训 ……………………………………………………………………………… 245

工作任务一 纳税准备工作

知识目标

掌握税务登记的概念及分类、税务报道流程、纸质增值税发票和全面数字化的电子发票的相关知识。

技能目标

能够熟知税务登记、线上税务报道流程和全面数字化的电子发票的特点。

思政目标

树立依法依规办事的意识。
增强专业服务意识。
践行社会主义核心价值观法治要求。

思维导图

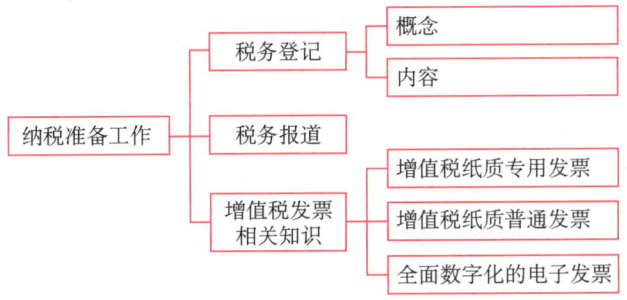

知识储备

一、税务登记

(一) 概念

税务登记又称纳税登记,是指纳税人为依法履行纳税义务就有关纳税事宜依法向税务机关办理登记的一种法定手续,是税收征收管理的首要环节。纳税人必须按照税法规定的期限办理设立税务登记、变更税务登记或注销税务登记。

(二) 内容

1. 设立税务登记

按照"多证合一"的要求,加载统一社会信用代码证件的企业、农民专业合作社、个体工商户及其他组织无需单独到税务机关办理该事项,其领取的证件作为税务登记证件使用。"多证合一"改革之外的其他组织(如事业单位、社会组织、境外非政府组织等)应该依法向税务机关办理税务登记,领取税务登记证件。需要办理税务登记的组织,若资料齐全、符合法定形式、填写内容完整的,税务机关受理后可以即时办结。

2. 变更税务登记

税务登记内容发生变化,按规定纳税人需在市场监督管理机关办理注册登记的,应自市场监管部门办理变更登记之日 30 日内向原税务登记机关申报办理变更税务登记。税务登记内容发生变化,按规定纳税人不需在市场监督管理机关办理变更登记的,或者其变更登记的内容与工商登记内容无关的,应当自税务登记内容实际发生变化之日起 30 日内,或者自有关机关批准或宣布变更之日起 30 日内,持有关证件到原税务登记机关办理变更税务登记。自 2023 年 4 月 1 日起,纳税人在市场监管部门依法办理变更登记后,无需向税务机关报告登记变更信息;各省、自治区、直辖市和计划单列市税务机关根据市场监管部门共享的变更登记信息,在金税三期核心征管系统自动同步变更登记信息。

3. 注销税务登记

纳税人应该在向市场监督管理机关办理注销登记前,持有关证件向主管税务机关申报办理注销税务登记,结清应纳税款、滞纳金、罚款,缴销发票和其他税务证件。清税完毕,税务机关向纳税人出具《清税证明》,纳税人持《清税证明》到原登记机关办理注销。纳税人按规定不需要在市场监督管理景观办理注销登记的,应当自有关机关批准或宣告终止之日起 15 日内,持有关证件向主管税务机关申报办理注销税务登记。

向市场监管部门申请简易注销的纳税人,符合下列情形之一的,可免于到税务机关办理《清税证明》:未办理过涉税事宜;办理过涉税事宜但未领用发票、无欠税(滞纳金)及罚款且没有其他未办结涉税事项。

二、税务报道

税务报道是指新设立的企业取得营业执照后,按照报道单上面的时间到税务局进行税务报到。报道过后,税务局将核定企业缴纳税金的专管员,企业日后将根据税务部门核定的税金进行申报和缴纳。目前,进行税务报道的方式包括线上报道、线下报道和第三方代理机构报道三种方式。

线上税务报道流程包括以下内容:

(1) 税务登记信息确认。在办理营业执照时,已经填有企业的基础信息,因此所在地电子税务局系统里也会同步有这些信息,新办企业只需要进行确认和补充即可。

(2) 办税人员实名认证。办税人员实名登记旨在要求企业在办理税务业务时,进行真实身份信息的登记,在登录电子税务局后,实名添加办税人员即可。

（3）会计制度及核算软件报告。在电子税务局里，企业需要选择适合自己的会计制度。企业一般采用小企业会计准则，进行简易做账。如果是规模比较大的企业，可以选择企业会计准则。同时，企业需要备案财务核算使用的软件信息。

（4）银行存款账户报告。新办企业在开设银行对公账户后，与税务机关、开户银行签署委托银行划转税款协议。这个步骤一般在开户银行操作完成，对公开户时，填妥并加盖公章后提交到扣税账户开户行，由开户银行在《委托银行代缴税款三方协议》（委托划转税款协议书）上填写银行账户信息，并与纳税人签订协议，加盖银行印章。

（5）申领发票。新设企业可以在电子税务局里直接发起申领发票申请，通常核定票种后，主管税务机关根据领用单位和个人的经营范围和规模，确认领用发票的种类、数量及领用方式。

三、增值税发票相关知识

增值税纳税人发生应税销售行为，应分别开具增值税纸质专用发票、增值税纸质普通发票、全面数字化的电子发票。

（一）增值税纸质专用发票

增值税纸质专用发票是由国家税务总局监制、设计、印制的，只限于增值税一般纳税人领购使用的，增值税计算和管理中重要的、决定性的、合法的专用发票。它既是纳税人反映经济活动的重要会计凭证，又是销货方纳税义务和购货方进项税额的合法证明。

增值税纸质专用发票由基本联次或者基本联次附加其他联次构成，分为三联版和六联版两种。基本联次为三联：第一联为记账联，是销售方记账凭证；第二联为抵扣联，是购买方扣税凭证；第三联为发票联，是购买方记账凭证。其他联次用途，由纳税人自行确定。纳税人办理产权过户手续需要使用发票的，可以使用增值税纸质专用发票第六联。

（二）增值税纸质普通发票

增值税纸质普通发票是增值税纳税人销售货物或者提供应税劳务、服务时，通过增值税税控系统开具的普通发票。增值税普通发票的基本联次统一规定为两联：第一联为记账联，是销货方作为销售的记账凭证；第二联为发票联，是购货方作为付款的记账凭证。

（三）全面数字化的电子发票

全面数字化的电子发票（以下简称数电票）是与纸质发票具有同等法律效力的全新发票，不以纸质形式存在，不用介质支撑，无须申请领用、发票验旧及申请增版增量。纸质发票的票面信息全面数字化，将多个票种集成归并为电子发票单一票种，数电票实行全国统一赋码、自动流转交付。

数电票的票面信息包括基本内容和特定内容。为了符合纳税人开具发票的习惯，数电票的基本内容在现行增值税发票的基础上进行了优化，主要包括动态二维码、发票号码、开票日期、购买方信息、销售方信息、项目名称、规格型号、单位、数量、单价、金额、税率/征收率、税额、合计、价税合计（大写、小写）、备注、开票人。为了满足从事特定行业、经营特殊商品服务及特定应用场景业务的纳税人开具发票的个性化需求，税务机关根据现行发票开具的有关规定和特定业务的开票场景，在数电票中设计了相应的特定内容。数电票具体样式如图 1-1 至图 1-3 所示。

图1-1　数电票(增值税专用发票)

图1-2　数电票(普通发票)

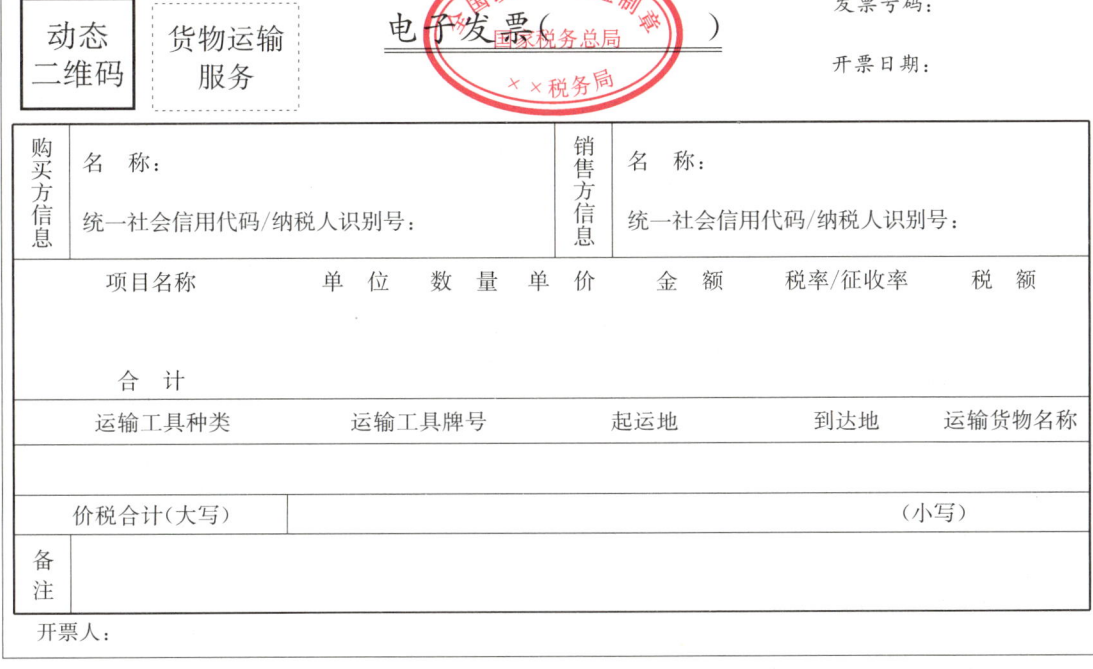

图1-3 数电票(货物运输服务)

知识练习

知识练习
数据包

一、单选题

1. 税务登记内容发生变化的,不需要办理工商登记变更的,应在(   )内向原税务机关办理变更税务登记。

　　A. 税务登记内容实际发生变化之日前30日
　　B. 税务登记内容实际发生变化之日前15日
　　C. 税务登记内容实际发生变化之日起30日
　　D. 税务登记内容实际发生变化之日起15日

2. 下列各项中,不属于税务登记的是(   )。

　　A. 企业名称核准登记　　　　　　　　B. 变更登记
　　C. 停业、复业登记　　　　　　　　　D. 设立登记

二、多选题

1. 下列各项中,不需要办理税务登记的有(   )。

　　A. 国家机关　　　　　　　　　　　　B. 除个体工商户以外个人
　　C. 无固定经营场所流动性农村小商贩　D. 个体工商户

2. 违反发票管理法规的行为包括(   )。

　　A. 未按规定开具发票　　　　　　　　B. 未按规定接受税务机关的检查

C. 未按规定取得发票 D. 未按规定保管发票

三、判断题

1. 纳税人税务登记内容发生变化的,应当向原税务登记机关申报办理变更税务登记。（　　）

2. 新设立的企业,领取由工商行政部门核发加载统一代码的营业执照后,无须再次进行税务登记,不再领取税务登记证件。（　　）

纳税准备工作

一、实训资料

（一）背景资料

纳税人基础信息

企业名称:深圳百合健康培训有限公司

地址:深圳市福田区有爱路1号

法定代表人:杨迎丰

开户银行:中国工商银行深圳市分行

基本账号:8130400698293421049

电话:0755-83064520

统一社会信用代码:91104245175895962X

公司成立时间:2020年10月10日

公司登记为一般纳税人时间:2022年3月19日

公司经营范围:健康培训、体能训练

企业所得税:需判断是否符合小型微利企业条件,如符合,可享受小型微利企业所得税优惠政策(财税〔2022〕13号)。

（二）业务资料

2023年7月8日,公司搬迁至新办公地址:深圳市福田区公园路101号。

二、实训任务

根据业务资料判断是否需要进行信息变更? 如需变更,办理变更的截止日期是什么时候?

工作任务二　增值税及附加税费纳税申报

知识目标
掌握增值税的概念。
了解增值税纳税人、征税范围、纳税义务发生时间、税率及征收率、应纳税额的计算、纳税期限和地点、附加税费的概述与核算。

技能目标
能够根据业务类型开具相应增值税发票。
能够熟练识别进项税额抵扣凭证。
能够按期进行增值税及附加税费纳税申报。

思政目标
准确计算增值税应纳税额,树立诚信纳税意识。
准确填写增值税纳税申报表,培养严谨细致的职业作风,厚植家国情怀。
及时缴纳税款,履行纳税义务,承担社会责任,增强责任感与荣誉感。

思维导图

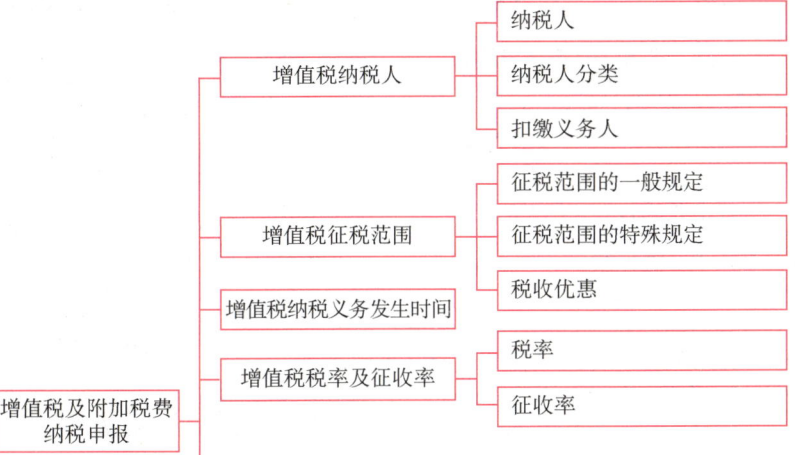

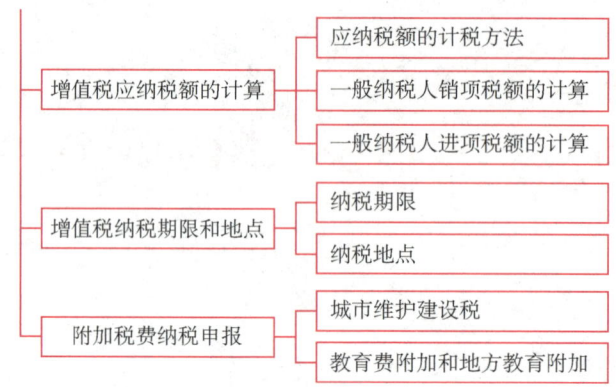

任务背景

北京樟浩灯具有限公司属于增值税一般纳税人，经营范围为生产、销售各类灯具。2023年7月，公司发生一般销售业务与特殊销售业务，其客户包括增值税一般纳税人和小规模纳税人。当月采购业务均取得相关票据，公司税务人员需根据当月业务票据资料计算申报当期应纳增值税税额。

增值税是以单位和个人生产经营过程中取得的增值额为课税对象的一种税。

一、增值税纳税人

（一）纳税人

在中华人民共和国境内销售货物或者加工、修理修配劳务，销售服务、无形资产、不动产及进口货物的单位和个人为增值税的纳税人。其中，单位是指企业、行政单位、事业单位、军事单位、社会团体及其他单位；个人是个体工商户和其他个人。

（二）纳税人分类

依据纳税人的经营规模、会计核算是否健全等标准，增值税的纳税人可分为一般纳税人和小规模纳税人。具体如表2-1所示。

表2-1　增值税一般纳税人和小规模纳税人的划分标准及发票管理

类别	一般纳税人	小规模纳税人
标准	年应税销售额＞500万元	年应税销售额≤500万元
计税方法	一般计税方法	简易计税方法
发票管理	增值税专用发票、增值税电子专用发票、增值税普通发票、增值税电子普通发票、全面数字化的电子发票	增值税普通发票、增值税电子普通发票；小规模纳税人（其他个人除外）发生应税行为需要开具增值税专用发票的，可以自行或申请代开；全面数字化的电子发票

年应税销售额超过标准的其他个人按小规模纳税人纳税;年应税销售超过标准但不经常发生应税行为的单位和个体工商户可以选择按照小规模纳税人纳税;年应税销售额未超过标准、会计核算健全、能够提供准确税务资料的,可以申请办理一般纳税人登记。

(三) 扣缴义务人

中华人民共和国境外的单位或个人在境内提供应税劳务,在境内未设有经营机构的,以其境内代理人为增值税扣缴义务人;在境内没有代理人的,以购买方为增值税扣缴义务人。境外单位或个人在境内销售服务、无形资产或不动产,在境内未设有经营机构的,以购买方为增值税扣缴义务人。财政部和国家税务总局另有规定的除外。

二、增值税征税范围

增值税的征税范围包括在境内销售货物或劳务、销售服务、无形资产、不动产以及进口货物。

(一) 征税范围的一般规定

按照税法的规定,现行增值税的征税范围包括:

(1) 销售或者进口货物。货物是指有形动产,包括电力、热力、气体。

(2) 销售劳务。劳务是指加工、修理修配劳务。

(3) 销售服务。服务包括提供交通运输服务、邮政服务、电信服务、建筑服务、金融服务、现代服务和生活服务。

(4) 销售无形资产。销售无形资产包括有偿转让无形资产所有权或使用权。

(5) 销售不动产。

(二) 征税范围的特殊规定

1. 视同销售行为

(1) 将货物交付其他单位或者个人代销。

(2) 销售代销货物。

(3) 设有两个以上机构并实行统一核算的纳税人,将货物从一个机构移送至其他机构用于销售,但相关机构设在同一县(市)的除外。

(4) 将自产、委托加工的货物用于集体福利或者个人消费。

(5) 将自产、委托加工或者购进的货物用于对外投资,提供给其他单位或个体工商户。

(6) 将自产、委托加工或者购进的货物分配给股东或者投资者。

(7) 将自产、委托加工或者购进的货物无偿赠送其他单位或个人。

(8) 单位或者个体工商户向其他单位或者个人无偿提供服务,但用于公益事业或者以社会公众为对象的除外。

(9) 单位或者个人向其他单位或者个人无偿转让无形资产或者不动产,但用于公益事业或者以社会公众为对象的除外。

(10) 财政部和国家税务总局规定的其他情形。

2. 混合销售

混合销售是指一项销售行为既涉及货物又涉及服务。从事货物的生产、批发或者零售的单位和个体工商户的混合销售行为,按照销售货物缴纳增值税;其他单位和个体工商户的混合销售行为,按照销售服务缴纳增值税。

3. 兼营

兼营是指纳税人的经营范围包括销售货物、劳务以及销售服务、无形资产和不动产的行为。纳税人发生兼营行为,应当分别核算适用不同税率或征收率的销售额,未分别核算销售额的,按照以下办法适用税率或征收率:

(1) 兼有不同税率的销售货物、劳务、服务、无形资产或者不动产,从高适用税率。

(2) 兼有不同征收率的销售货物、劳务、服务、无形资产或者不动产,从高适用征收率。

(3) 兼有不同税率和征收率的销售货物、劳务、服务、无形资产或者不动产,从高适用税率。

(三) 税收优惠

1. 免税项目

(1) 农业生产者销售的自产农产品。

(2) 避孕药品和用具。

(3) 古旧图书。

(4) 直接用于科学研究、科学试验和教学的进口仪器、设备。

(5) 外国政府、国际组织无偿援助的进口物资和设备。

(6) 由残疾人的组织直接进口供残疾人专用的物品。

(7) 销售自己使用过的物品。自己使用过的物品,是指其他个人自己使用过的物品。

(8) 托儿所、幼儿园提供的保育和教育服务。

(9) 养老机构提供的养老服务。

(10) 残疾人福利机构提供的养育服务。

(11) 殡葬服务。

(12) 婚姻介绍服务。

(13) 残疾人员本人为社会提供的服务。

(14) 医疗机构提供的医疗服务。

(15) 从事学历教育的学校提供的教育服务。

(16) 学生勤工俭学提供的服务。

(17) 农业机耕、排灌、病虫害防治、植物保护、农牧保险及相关技术培训业务,家禽、牲畜、水生动物的配种和疾病防治。

(18) 纪念馆、博物馆、文化馆、文物保护单位管理机构、美术馆、展览馆、书画院、图书馆在自己的场所提供文化体育服务取得的第一道门票收入。

(19) 寺院、宫观、清真寺和教堂举办文化、宗教活动的门票收入。

(20) 行政单位之外的其他单位收取的符合规定条件的政府性基金和行政事业性收费。

(21) 个人转让著作权。

(22) 个人销售自建自用住房。

(23) 保险公司开办的一年期以上人身保险产品取得的保费收入。

(24) 纳税人提供技术转让、技术开发和与之相关的技术咨询、技术服务。

(25) 福利彩票、体育彩票的发行收入。

(26) 涉及家庭财产分割的个人无偿转让不动产、土地使用权。

(27) 提供社区养老、托育、家政等服务的机构提供以上服务取得的收入。

2. 起征点

纳税人发生应税销售行为的销售额未达到增值税起征点的，免征增值税；达到起征点的，全额计算、缴纳增值税。增值税起征点的适用范围限于个人，且不适用于登记为一般纳税人的个体工商户。增值税起征点的幅度规定如下：

(1) 按期纳税的，为月销售额 5 000～20 000 元（含本数）。

(2) 按次纳税的，为每次（日）销售额 300～500 元（含本数）。

三、增值税纳税义务发生时间

增值税纳税义务发生时间，是纳税人发生应税行为应当承担纳税义务的起始时间。纳税人发生销售行为，其纳税义务发生时间为收讫销售款或者取得销售款凭据的当天；先开具发票的，其纳税义务发生时间为开具发票的当天。纳税人进口货物，其纳税义务发生时间为报关进口当天。具体如表 2-2 所示。

表 2-2　增值税纳税义务发生时间

销售方式		纳税义务发生时间
直接收款		收到销售款或取得销售款凭据的当天
托收承付、委托银行收款		发出货物并办妥托收手续的当天
赊销、分期收款		有书面合同约定的，为收款日期当天；无合同或有合同无约定的，为货物发出的当天
预收货款	货物	货物发出的当天，生产工期超过 12 个月的，为收到预收款或书面合同约定的收款日期的当天
	租赁服务	收到预收款的当天
委托代销	收到代销清单	收到代销清单的当天
	收到货款	收到全部、部分货款的当天
	未收到代销清单及货款	发出货物满 180 天的当天
金融商品转让		所有权转移的当天
视同销售	货物	货物移送的当天
	劳务、服务、无形资产、不动产	劳务、服务、无形资产转让完成的当天或者不动产权属变更的当天

四、增值税税率及征收率

（一）税率

增值税一般纳税人采用比例税率，现行税率包括 13%、9%、6% 三档。具体内容如表 2-3 所示。

表 2-3　增值税一般纳税人适用税率

具体征税范围		税率
销售货物	基本税率	13%
	低税率： 1. 粮食等农产品、食用植物油、食用盐 2. 自来水、暖气、冷气、热水、煤气、石油液化气、天然气、二甲醚、沼气、居民用煤炭制品 3. 图书、报纸、杂志、音像制品、电子出版物 4. 饲料、化肥、农药、农机、农膜 5. 国务院规定的其他货物	9%
销售劳务	提供加工、修理修配劳务	13%
销售服务	交通运输服务：陆路运输服务、水路运输服务、航空运输服务和管道运输服务	9%
	邮政服务：邮政普遍服务、邮政特殊服务和其他邮政服务	9%
	电信服务：基础电信服务	9%
	电信服务：增值电信服务	6%
	建筑服务：工程服务、安装服务、修缮服务、装饰服务和其他建筑服务	9%
	租赁服务：有形动产租赁	13%
	租赁服务：不动产租赁	9%
	金融服务：贷款服务、直接收费金融服务、保险服务和金融商品转让	6%
	现代服务：研发和技术服务、信息技术服务、文化创意服务、物流辅助服务、鉴证咨询服务、广播影视服务、商务辅助服务和其他现代服务	6%
	生活服务：文化体育服务、教育医疗服务、旅游娱乐服务、餐饮住宿服务、居民日常服务和其他生活服务	6%
销售无形资产	专利技术、非专利技术、商标、著作权、商誉、其他权益性无形资产、自然资源使用权（土地使用权除外）	6%
	土地使用权	9%
销售不动产	销售不动产	9%

（二）征收率

增值税小规模纳税人及一般纳税人采用简易征收办法的，适用的税率称为征收率。具体内容如表 2-4 所示。

表 2-4　增值税征收率

纳税人	项目	征收率	备注
小规模纳税人	一般应税行为	3%	
	销售自己使用过的固定资产	3%	减按2%征收增值税,即:应纳税额＝含税销售额÷(1＋3%)×2%
	转让、出租其取得的不动产(不含个人出租住房)	5%	纳税人为非房企
	销售自行开发的房地产项目	5%	纳税人为房企
一般纳税人	销售2008年12月31日以前购入的固定资产或2013年8月1日以前购入的小汽车、摩托车和游艇	3%	减按2%征收增值税,即:应纳税额＝含税销售额÷(1＋3%)×2%
	销售、出租2016年4月30日前取得的不动产	5%	纳税人为非房企,选择简易计税方法项目
	销售2016年4月30日前自行开发的房地产项目	5%	纳税人为房企,选择简易计税方法项目

五、增值税应纳税额的计算

(一)应纳税额的计税方法

1. 一般纳税人适用的计税方法

增值税一般纳税人销售货物、提供劳务、销售服务、无形资产、不动产等,采取一般计税方法计算增值税应纳税额,其计算公式为:

$$当期应纳增值税税额＝当期销项税额－当期进项税额$$

2. 小规模纳税人适用的计税方法

增值税小规模纳税人销售货物、提供劳务、销售服务、无形资产、不动产等,适用简易计税方法计算增值税应纳税额,其计算公式为:

$$当期应纳增值税税额＝当期销售额×征收率$$

3. 扣缴义务人适用的计税方法

境外单位或者个人在境内提供应税行为,在境内未设有经营机构的,扣缴义务人计算扣缴税额,其计算公式为:

$$当期应扣缴增值税额＝购买方支付的价款÷(1＋税率)×税率$$

(二)一般纳税人销项税额的计算

销项税额是指一般纳税人发生应税销售行为,按照不含税销售额和适用税率计算并向购买方收取的增值税额,其计算公式为:

$$销项税额 = 不含税销售额 \times 税率$$

1. 一般销售方式下的销售额确定

销售额是指纳税人因发生应税销售行为而向购买方收取的全部价款和价外费用,但是不包括收取的销项税额。

1)价外费用

价外费用包括价外向购买方收取的手续费、补贴、基金、集资费、返还利润、奖励费、违约金、滞纳金、延期付款利息、赔偿金、代收款项、代垫款项、包装费、包装物租金、储备费、优质费、运输装卸费及其他各种性质的价外收费,但不包括下列项目:

(1)受托加工应征消费税的消费品所代收代缴的消费税。

(2)同时符合以下条件的代垫运输费用:①承运部门的运输费用发票开具给购买方的;②纳税人将该项发票转交给购买方的。

(3)同时符合以下条件代为收取的政府性基金或者行政事业性收费:①由国务院或者财政部批准设立的政府性基金,由国务院或者省级人民政府及其财政、价格主管部门批准设立的行政事业性收费;②收取时开具省级以上财政部门印制的财政票据;③所收款项全额上缴财政。

(4)销售货物的同时因代办保险等而向购买方收取的保险费,以及向购买方收取的代购买方缴纳的车辆购置税、车辆牌照费。

(5)以委托方名义开具发票代委托方收取的款项。

凡随同销售货物或提供应税劳务向购买方收取的价外费用,无论其会计制度如何核算,均应并入销售额计算应纳税额。国家税务总局规定,向购买方收取的价外费用应视为含税收入,在征税时需先换算成不含税收入,再并入销售额。

2)含税销售额的换算

增值税是价外税,销项税额的计税依据是不包含增值税税额的销售额。如果采用价税合并收取的方式结算,应将含税销售额换算成不含税销售额,其计算公式为:

$$不含税销售额 = 含税销售额 \div (1 + 税率)$$

2. 特殊销售方式下销售额的确定

(1)折扣销售。折扣销售又称为商业折扣,是指销售方在销售货物时,因购买方购货数量较大等原因而给予购买方的价格优惠。销售额和折扣额在同一张发票"金额"栏中分别注明的,按照折后价计税;销售额在"金额"栏中注明、折扣额在"备注"栏中注明的,或者将折扣额另外开票,均按照原价计税。销售折扣,即现金折扣,是指销售方在销售货物或应税劳务后,为鼓励购买方尽早偿还货款而协议给予购买方的一种折扣优待,是具有融资性质的理财费用,需按照原价计税。

(2)以旧换新。以旧换新是指纳税人在销售自己货物时,有偿收回旧货的行为,应按新货物同期销售价格确定销售额,不得扣减旧货物的收购价格。金银首饰可以按销售方实际收取的不含税价款计税。

(3)还本销售。还本销售是指纳税人在销售货物后,到一定期限时由销售方将全部或部分价款一次或分次退还给购买方。其销售额就是货物的销售价格,不得从销售额中减除还本支出。

(4) 以物易物。以物易物是指购销双方不是以货币结算，而是以同等价款的货物相互换算，实现货物购销的一种方式。以物易物双方都应作购销处理，以各自发出的货物核算销售额并计算销项税额，以各自收到的货物按规定核算购货额并计算进项税额。购销双方应分别开具合法的票据，如果收到的货物没有相应增值税专用发票或其他合法票据的，则不能抵扣进项税。

(5) 包装物押金。纳税人销售货物而收取的包装物押金没有逾期且没有超过1年的，不并入销售额征税；逾期或超过1年的，应按所包装的货物适用税率计算销项税；销售酒类产品(不包括啤酒、黄酒)，不论包装物押金是否逾期，均需在收取时并入销售额计税。

(6) 视同销售。视同销售业务按照下列顺序核定其销售额：按照纳税人最近时期同类应税货物、应税行为的平均销售价格确定；按照其他纳税人最近时期同类应税货物、应税行为的平均销售价格确定；按照组成计税价格确定。组成计税价格的计算公式为：

$$组成计税价格 = 成本 \times (1 + 成本利润率)$$

(三) 一般纳税人进项税额的计算

进项税额是指纳税人购进货物、劳务、服务、无形资产或者不动产时，支付或者负担的增值税额。

1. 准予抵扣进项税额

税法规定准予从销项税额中抵扣的进项税额，限于下列凭证注明的增值税税额或按规定扣除率计算的进项税额：

(1) 从销售方取得的增值税专用发票(含税控机动车销售统一发票)上注明的增值税税额。

(2) 从海关取得的海关进口增值税专用缴款书上注明的增值税税额。

(3) 购进农产品，除取得增值税专用发票和海关进口增值税专用缴款书外，按照农产品收购发票或者销售发票上注明买价的9%计算进项税额。购进用于深加工13%税率货物的农产品，按照10%的扣除率计算进项税额。

(4) 纳税人购进国内旅客运输服务未取得增值税专用发票的，准予从销项税额中抵扣进项税额，如表2-5所示。

表2-5 购进国内旅客运输服务可抵扣进项税的抵扣凭证及税额

抵扣凭证类别	可抵扣进项税额
增值税电子普通发票	发票上注明的税额
取得注明旅客身份信息的航空运输行程单	进项税额 = (票价 + 燃油附加费) ÷ (1 + 9%) × 9%
取得注明旅客身份信息的铁路车票	进项税额 = 票面金额 ÷ (1 + 9%) × 9%
取得注明旅客身份信息的公路、水路客票	进项税额 = 票面金额 ÷ (1 + 3%) × 3%

(5) 从境外单位或者个人购进劳务、服务、无形资产或者境内的不动产的，从税务机关或者扣缴义务人取得的代扣代缴税款的完税凭证上注明的增值税额。纳税人凭完税凭证抵扣进项税额的，应当具备书面合同、付款证明和境外单位的对账单或者发票。资料不全的，其进项税额不得从销项税额中抵扣。

2. 不得抵扣的进项税额

发生以下情况,相应的进项税额不得抵扣,如已抵扣,需作进项税额转出:

(1) 用于简易计税方法的项目、免征增值税的项目、集体福利或者个人消费的外购货物、劳务、服务、无形资产和不动产。其中涉及的固定资产、无形资产、不动产,仅指专用于上述项目的固定资产、无形资产(不包括其他权益性无形资产)、不动产。

如果是既用于不允许抵扣项目又用于抵扣项目的,该进项税额准予全部抵扣。自2018年1月1日起,纳税人租入固定资产、不动产,既用于一般计税方法又用于简易计税方法的项目、免征增值税项目、集体福利或者个人消费的,其进项税额准予从销项税额中全额抵扣。

(2) 非正常损失的购进货物,以及相关的劳务和交通运输服务。

(3) 非正常损失的在产品、产成品所耗用的购进货物(不包括固定资产)、劳务和交通运输服务。

(4) 非正常损失的不动产,以及该不动产所耗用的购进货物、设计服务和建筑服务。

(5) 非正常损失的不动产在建工程所耗用的购进货物、设计服务和建筑服务。

(6) 购进的贷款服务、餐饮服务、居民日常服务和娱乐服务。

(7) 适用一般计税方法的纳税人,兼营简易计税方法的项目、免征增值税项目而划分不得抵扣的进项税,按照下列公式计算不得抵扣的进项税额:

$$不得抵扣进项税额 = 当期无法划分进项税额 \times (当期简易征收项目销售额 + 免征增值税项目销售额) \div 当期全部销售额$$

(8) 财政部和国家税务总局规定的其他情形。

六、增值税纳税期限和地点

(一) 纳税期限

增值税的纳税期限分别为1日、3日、5日、10日、15日、1个月或者1个季度。纳税人的具体纳税期限,由主管税务机关根据纳税人应纳税额的大小分别核定;不能按照固定期限纳税的,可以按次纳税。

纳税人以1个月或者1个季度为一个纳税期的,自期满之日起15日内申报纳税;以1日、3日、5日、10日、15日为一个纳税期的,自期满之日起5日内预缴税款,于次月1日起15日内申报纳税并结清上月应纳税款。纳税人进口货物,应当自海关填发进口增值税专用缴款书之日起15日内缴纳税款。扣缴义务人解缴税款的期限,依照上述规定执行。

(二) 纳税地点

为了保证纳税人按期缴纳税款,税法具体规定了增值税的纳税地点。固定业户一般情况下应当向其机构所在地的主管税务机关申报纳税。增值税纳税地点具体如表2-6所示。

表2-6 增值税纳税地点

类别		纳税地点
固定业户	总分机构不在同一县(市)	(1) 总机构和分支机构不在同一县(市)的,应当分别向各自所在地的主管税务机关申报纳税 (2) 经批准,可以由总机构汇总向总机构所在地的主管税务机关申报纳税

(续表)

类别		纳税地点
固定业户	到外县（市）销售货物或者应税劳务	（1）应当向机构所在地的主管税务机关报告外出经营事项，并向机构所在地的主管税务机关申报纳税 （2）未报告的，应当向销售地或者劳务发生地的主管税务机关申报纳税 （3）未向销售地或者劳务发生地的主管税务机关申报纳税的，由机构所在地的主管税务机关补征税款
非固定业户	销售货物、应税劳务	应当向销售地或者劳务发生地的主管税务机关申报纳税；未向销售地或者劳务发生地的主管税务机关申报纳税的，由机构所在地或者居住地的主管税务机关补征税款
其他个人		提供建筑服务、销售或者租赁不动产、转让自然资源使用权，应向建筑劳务发生地、不动产所在地、自然资源所在地的主管税务机关申报纳税
进口货物		应当向报关地海关申报纳税
扣缴义务人		应向其机构所在地或者居住地的主管税务机关申报缴纳扣缴税款

七、附加税费纳税申报

（一）城市维护建设税

城市维护建设税是国家为加强城市的维护建设，扩大和稳定城市维护建设资金的来源而采取的一项税收措施。

1. 纳税人

在中华人民共和国境内缴纳增值税、消费税的单位和个人，为城市维护建设税的纳税人。

2. 征税范围

城市维护建设税的征税范围包括城市、县城、建制镇及税法规定征税的其他地区。

3. 纳税义务发生时间

城市维护建设税纳税义务发生时间与增值税、消费税纳税义务发生时间一致，同时缴纳。

4. 税率

城市维护建设税的税率因地区不同而有所差别，市区的税率为7％，县城和建制镇税率为5％，其他地区的税率为1％。

5. 计税依据

城市维护建设税的计税依据是纳税人实际缴纳的增值税税额和消费税税额。

6. 应纳税额的计算

城市维护建设税税额＝（实际缴纳的增值税税额＋实际缴纳的消费税税额）×税率

自2023年1月1日至2027年12月31日，国家对增值税小规模纳税人、小型微利企业和个体工商户减半征收城市维护建设税。

7. 纳税地点

城市维护建设税的纳税地点为实际缴纳增值税和消费税的地点。

8. 税收优惠

城市维护建设税随增值税和消费税的减免而减免、退税而退税；海关对进口产品代征增值税和消费税的，不征收城市维护建设税；对出口产品退还增值税、消费税的，不退还已缴纳的城市维护建设税。

9. 纳税申报

企业应当在进行增值税和消费税申报的同时，进行城市维护建设税的纳税申报。

（二）教育费附加和地方教育附加

教育费附加和地方教育附加是以纳税人实际缴纳的增值税税额、消费税税额为计税依据而征收的一种附加费，主要目的是加快教育事业发展、扩大教育经费资金来源。

1. 纳税人

教育费附加和地方教育附加的纳税人是在征税范围内负有缴纳增值税和消费税义务的单位和个人。

2. 征税范围

教育费附加和地方教育附加的征费范围与增值税、消费税征收范围一致。

3. 纳税义务发生时间

教育费附加和地方教育附加纳税义务发生时间与增值税、消费税纳税义务发生时间一致，同时缴纳。

4. 费率

教育费附加的费率为3%；地方教育附加的费率为2%。

5. 计费依据

教育费附加和地方教育附加的计费依据是纳税人实际缴纳的增值税税额和消费税税额。

6. 应纳费额的计算

教育费附加和地方教育附加应纳费额的计算公式如下：

$$教育费附加 = (实际缴纳的增值税税额 + 实际缴纳的消费税税额) \times 3\%$$

$$地方教育附加 = (实际缴纳的增值税税额 + 实际缴纳的消费税税额) \times 2\%$$

自2023年1月1日至2027年12月31日，国家对增值税小规模纳税人、小型微利企业和个体工商户减半征收教育费附加、地方教育附加。

7. 纳费地点

教育费附加和地方教育附加的纳费地点为实际缴纳增值税和消费税的地点。

8. 税收优惠

教育费附加和地方教育附加随增值税和消费税的减免而减免、退税而退税；海关对进口产品代征增值税和消费税的，不征收教育费附加和地方教育附加；对出口产品退还增值税、消费税的，不退还已缴纳的教育费附加和地方教育附加。

9. 纳税申报

企业应当在进行增值税和消费税申报的同时，进行教育费附加和地方教育附加的纳税申报。

知识练习

一、单选题

1. 根据增值税法律制度的相关规定,下列关于增值税纳税义务发生时间的表述中,不正确的是( )。

   A. 纳税人发生应税行为先开具发票的,为开具发票的当天

   B. 纳税人发生视同销售不动产的,为不动产权属变更的当天

   C. 纳税人委托其他纳税人代销货物的,为货物移送的当天

   D. 纳税人进口货物,为报关进口的当天

2. 下列关于增值税一般纳税人和小规模纳税人划分的规定的表述中,正确的是( )。

   A. 年应税销售额超过小规模纳税人标准的其他个人不得办理增值税一般纳税人资格登记

   B. 年应税销售额是指纳税人从1月1日到12月31日的年度销售额

   C. 年应税销售额未超过小规模纳税人标准的企业,不能办理增值税一般纳税人资格登记

   D. 个体工商户不需要办理增值税一般纳税人资格登记

3. 下列各项中,应按照"生活服务"税目计征增值税的是( )。

   A. 旅游娱乐服务　　　　　　　　B. 文化创意服务

   C. 车辆停放服务　　　　　　　　D. 广播影视服务

4. 增值税纳税人年应税销售额超过规定标准的,在所属申报期结束后规定时间内到主管税务机关办理资格登记,规定的时限是( )。

   A. 申报期结束后10日内　　　　　B. 申报期结束后15日内

   C. 申报期结束后20日内　　　　　D. 申报期结束后30日内

5. 下列增值税一般纳税人提供的服务中,可以选择适用简易计税方法计税的是( )。

   A. 贷款服务　　B. 仓储服务　　C. 娱乐服务　　D. 餐饮服务

6. 下列关于增值税小规模纳税人征税规定的表述中,不正确的是( )。

   A. 如需开具增值税专用发票必须请税务机关代开

   B. 应税服务年销售额为600万元的其他个人为增值税小规模纳税人

   C. 会计核算健全,能够提供准确税务资料的,可以向税务机关办理增值税一般纳税人登记

   D. 年应税销售额超过小规模纳税人标准的个体工商户,应按规定办理一般纳税人登记

7. 甲服装厂为增值税一般纳税人,2023年6月销售服装取得不含税价款70 000元,另收取优质费11 300元,则下列计算甲服装厂当月该笔销售业务销项税额的算式中,正确的是( )。

   A. $(70\,000+11\,300)\times 13\%=10\,569(元)$

   B. $(70\,000+11\,300)\div(1+13\%)\times 13\%=9\,353.10(元)$

   C. $[70\,000+11\,300\div(1+13\%)]\times 13\%=10\,400(元)$

   D. $[70\,000\div(1+13\%)+11\,300]\times 13\%=9\,522.10(元)$

8. 根据增值税法律制度的规定,下列行为中,属于视同销售货物行为的是( )。
   A. 公司将外购的矿泉水用于交际应酬
   B. 将外购的洗衣粉作为集体福利发给员工
   C. 将自产的玩具直接无偿赠送给福利院
   D. 将外购的布料用于玩具生产

9. 某企业因管理不善导致一批用于简单加工后直接出售的外购农产品腐烂变质,损毁的农产品总成本105万元,其中含运费成本5万元,则该企业应转出进项税额的下列算式中,正确的是( )。
   A. 105×9%=9.45(万元)
   B. 5×9%+(105-5)×(1-9%)×9%=8.64(万元)
   C. 105÷(1-9%)×9%=10.38(万元)
   D. 5×9%+(105-5)÷(1-9%)×9%=10.34(万元)

10. 甲商店为增值税小规模纳税人,2023年8月销售商品取得含税销售额123 600元,购入商品取得普通发票注明金额10 000元。已知该小规模纳税人减按1%征收率征收增值税,当月应缴纳增值税税额的下列算式中,正确的是( )。
    A. 123 600÷(1+1%)×1%-10 000×1%
    B. 123 600×1%
    C. 123 600×1%-10 000×1%
    D. 123 600÷(1+1%)×1%

11. 甲手机专卖店为增值税一般纳税人,2023年8月采取以旧换新方式销售某型号手机100部,该型号新手机的同期含税销售单价为3 164元,旧手机的收购单价为226元,已知增值税税率为13%,甲手机专卖店当月该业务增值税销项税额的下列算式中,正确的是( )。
    A. (3 164-226)×100×13%=38 194(元)
    B. (3 164-226)×100÷(1+13%)×13%=33 800(元)
    C. 3 164×100×13%=41 132(元)
    D. 3 164×100÷(1+13%)×13%=36 400(元)

12. 甲公司为增值税一般纳税人,2023年10月购进国内旅客运输服务,取得注明员工身份信息的高铁车票,票面金额共计10 900元。已知铁路旅客运输服务按照9%计算进项税额。计算甲公司当月购进国内旅客运输服务允许抵扣进项税额的下列算式中,正确的是( )。
    A. 10 900×(1+9%)×9%=1 069.29(元)
    B. 10 900×(1-9%)×9%=892.71(元)
    C. 10 900÷(1+9%)×9%=900(元)
    D. 10 900×9%=981(元)

13. 甲厂为增值税一般纳税人,2023年6月销售化学制品取得含增值税价款226万元,当月发生的可抵扣的进项税额4.8万元,上月月末留抵的进项税额3.6万元。已知增值税税率为13%,甲厂当月应缴纳增值税税额为( )。
    A. 226÷(1+13%)×13%-3.6=22.4(万元)
    B. 226÷(1+13%)×13%-4.8=21.2(万元)

C. $226 \times 13\% - 4.8 = 24.58$(万元)

D. $226 \div (1+13\%) \times 13\% - 4.8 - 3.6 = 17.6$(万元)

14. 根据增值税法律制度的规定，下列各项中，属于免税项目的是（　　）。
    A. 福利彩票的代销手续费收入
    B. 企业转让著作权
    C. 装修公司提供的装饰服务
    D. 养老机构提供的养老服务

15. 根据增值税法律制度的规定，下列各项中，进项税额可以抵扣的是（　　）。
    A. 甲公司因管理不善导致的原材料被盗损失
    B. 乙公司销售二手车并委托 M 公司提供运输，取得的 M 公司开具的运输费增值税专用发票
    C. 丙公司接受 A 银行的贷款服务
    D. 丁公司将外购的房屋一部分用于生产经营，一部分作为集体宿舍，以福利方式供员工居住

16. 甲进出口公司代理乙工业企业进口设备，同时委托丙货运代理人办理托运手续，海关进口增值税专用缴款书上的缴款单位是甲进出口公司，该进口设备的增值税纳税人是（　　）。
    A. 甲进出口公司
    B. 乙工业企业
    C. 丙货运代理人
    D. 国外销售商

17. 下列关于增值税纳税义务发生时间的表述中，不正确的是（　　）。
    A. 纳税人发生应税行为先开具发票的，为开具发票的当天
    B. 纳税人发生视同销售无形资产的，为无形资产转让完成的当天
    C. 纳税人提供租赁服务采取预收款方式的，为租期届满的当天
    D. 纳税人从事金融商品转让的，为金融商品所有权转移的当天

18. 甲商场为增值税一般纳税人，2023 年 6 月迎合店庆活动，全场服装 8 折优惠，开票时将销售额和折扣额在同一张发票上的"备注"栏分别注明，已知该批服装含税原价为 67 800 元，另收取优质费 5 650 元，已知服装增值税税率为 13%，根据增值税法律制度的规定，甲商场该笔业务的增值税销项税额的下列算式中，正确的是（　　）。
    A. $67\,800 \div (1+13\%) \times 13\% = 7\,800$(元)
    B. $(67\,800 + 5\,650) \div (1+13\%) \times 80\% \times 13\% = 6\,760$(元)
    C. $(67\,800 + 5\,650) \div (1+13\%) \times 13\% = 8\,450$(元)
    D. $[67\,800 + 5\,650 \div (1+13\%)] \times 13\% = 9\,464$(元)

19. 下列增值税一般纳税人的行为中，允许开具增值税专用发票的是（　　）。
    A. 汽车租赁公司向租赁者个人出租汽车
    B. 装修公司向消费者个人提供装修服务
    C. 专利代理公司向一般纳税人提供专利代理服务
    D. 超市向一般纳税人零售食品

20. 甲公司为增值税一般纳税人，2023 年 7 月将自产的 100 件新产品赠送给乙公司，生产成本为 50 元/件，无同类产品销售价格，已知增值税税率为 13%，成本利润率为 10%，甲公司当月该笔业务增值税销项税额的下列算式中，正确的是（　　）。

A. 100×50×13％＝650(元)
B. 100×50×(1－10％)×13％＝585(元)
C. 100×50×10％×(1＋13％)＝565(元)
D. 100×50×(1＋10％)×13％＝715(元)

二、多选题

1. 根据增值税法律制度的规定,下列各项中,应视同销售货物缴纳增值税的有(　　)。
   A. 将购进货物分配给股东　　　　B. 将购进货物用于集体福利
   C. 将购进货物无偿赠送给其他单位　D. 将购进货物投资给其他单位

2. 根据增值税法律制度的规定,纳税人销售货物向购买方收取的下列款项中,属于价外费用的有(　　)。
   A. 优质费　　　B. 包装物押金　　　C. 集资费　　　D. 违约金

3. 根据增值税法律制度的规定,增值税一般纳税人购进货物、服务取得的下列合法凭证中,属于增值税进项税扣税凭证的有(　　)。
   A. 农产品销售发票
   B. 增值税专用发票
   C. 注明旅客身份信息的国内航空运输电子客票行程单
   D. 海关进口增值税专用缴款书

4. 根据增值税法律制度的规定,增值税一般纳税人销售的下列货物中,可以选择简易计税方法计缴增值税的有(　　)。
   A. 食品厂销售的食用植物油
   B. 县级以下小型水力发电单位生产的自产电力
   C. 自来水公司销售自产的自来水
   D. 煤气公司销售的煤气

5. 根据增值税法律制度的规定,增值税一般纳税人提供的下列服务中,可以选择适用简易计税方法计税的有(　　)。
   A. 装卸搬运服务　　　　　　　B. 公交客运服务
   C. 餐饮服务　　　　　　　　　D. 文化体育服务

6. 下列各项中,应按照"交通运输服务"税目计征增值税的有(　　)。
   A. 湿租业务　　　　　　　　　B. 程租业务
   C. 期租业务　　　　　　　　　D. 道路通行服务

7. 下列增值税一般纳税人购进的服务中,不得抵扣进项税额的有(　　)。
   A. 娱乐服务　　B. 美容服务　　C. 贷款服务　　D. 餐饮服务

8. 根据增值税法律制度的规定,增值税一般纳税人购进货物的下列进项税额中,不得从销项税额中抵扣的有(　　)。
   A. 因管理不善造成被盗的购进货物的进项税额
   B. 被执法部门依法没收的购进货物的进项税额
   C. 被执法部门强令自行销毁的购进货物的进项税额
   D. 因地震造成毁损的购进货物的进项税额

9. 下列有关增值税纳税义务发生时间的表述中,正确的有(　　)。

A. 纳税人采取托收承付方式销售货物的,为发出货物并办妥托收手续的当天
B. 纳税人采取赊销和分期收款方式销售货物的,为货物发出的当天
C. 纳税人采取预收货款方式销售货物的,为收到预收款的当天
D. 纳税人发生视同销售货物行为(委托他人代销、销售代销货物除外),为货物移送的当天

10. 下列增值税一般纳税人的行为中,不允许开具增值税专用发票的有( )。
A. 家电商场向消费者个人销售电视机
B. 百货商店向小规模纳税人零售服饰
C. 手机专卖店向消费者个人提供手机修理劳务
D. 商贸公司向一般纳税人销售办公用品

11. 下列各项中,按照"销售货物"征收增值税的有( )。
A. 销售电力
B. 销售热力
C. 销售天然气
D. 销售商品房

12. 根据增值税法律制度的规定,下列纳税人以特殊方式销售货物的税务处理中,错误的有( )。
A. 纳税人用以物易物方式销售货物,双方都作购销处理
B. 纳税人用以旧换新方式销售金银首饰,按新货物的同期销售价格确定销售额
C. 纳税人以折扣方式销售货物,若将折扣额另开增值税专用发票,可从销售额中减除折扣额
D. 还本销售本质为筹资,税法规定,该行为不缴纳增值税

13. 甲公司为增值税一般纳税人,2023年5月进口产品20万元,取得进口增值税专用缴款书上注明的增值税额为2.6万元;发生运输费用,取得增值税普通发票上注明的价税合计金额为2 200元;向农业生产者购入免税农产品3万元,经简单加工后用于直接销售;购入原材料30万元,增值税专用发票上注明的增值税税额为3.9万元。已知该企业取得发票、缴款书等均符合规定,并已认证、比对,则下列关于准予抵扣的进项税额中,说法正确的有( )。
A. 进口产品准予抵扣的进项税额为2.6万元
B. 运输费用准予抵扣的进项税额为200元
C. 购入免税农产品准予抵扣的进项税额为2 700元
D. 购入原材料准予抵扣的进项税额为3.9万元

14. 根据增值税法律制度的规定,下列各项中,属于增值税免税项目的有( )。
A. 除个体工商户以外的其他个人销售自己使用过的物品
B. 古旧图书
C. 直接用于科学研究的进口设备
D. 农业生产者销售的自产农产品

15. 下列各项中,能进行增值税一般纳税人登记的有( )。
A. 公司年应征增值税销售额550万元
B. 个体工商户年应征增值税销售额600万元
C. 个人年应征增值税销售额530万元
D. 公司年应征增值税销售额300万元,会计核算健全,能够提供准确税务资料

16. 下列各项中,不得抵扣增值税进项税额的有( )。

A. 纳税人取得增值税电子普通发票的道路通行费
B. 个人消费的购进货物
C. 纳税人购进的娱乐服务
D. 纳税人支付的贷款利息

17. 下列各项中,免征增值税的有(   )。
A. 福利彩票发行单位发行福利彩票取得的收入
B. 在校大学生勤工俭学提供服务取得的收入
C. 养老机构提供养老服务取得的收入
D. 幼儿园提供保育服务取得的收入

18. 关于增值税一般纳税人购进和租用固定资产进项税额抵扣,下列说法中,正确的有(   )。
A. 购进固定资产,既用于一般计税方法计税项目,又用于简易计税项目,进项税额可以全额从销项税额中抵扣
B. 购进固定资产,既用于一般计税方法计税项目,又用于免征增值税项目,进项税额不得从销项税额中抵扣
C. 购进固定资产,专用于简易方法计税项目,进项税额不得从销项税额中抵扣
D. 租入固定资产,既用于一般计税方法计税项目,又用于免征增值税项目,其进项税额准予从销项税额中全额抵扣

19. 下列关于固定业户纳税人纳税地点的表述中,不正确的有(   )。
A. 销售商标使用权,应当向商标使用权购买方所在地税务机关申报纳税
B. 销售采矿权,应当向矿产所在地税务机关申报纳税
C. 销售设计服务,应当向设计服务发生地税务机关申报纳税
D. 销售广告服务,应当向机构所在地税务机关申报纳税

20. 下列各项中,属于增值税视同销售的有(   )。
A. 将委托加工收回的货物用于个人消费
B. 将外购的货物分配给投资者
C. 将自产货物作为鼓励分配给股东
D. 将外购的货物用于集体福利

三、判断题

1. 年应税销售额超过规定标准的个人,应当办理一般纳税人登记。(   )
2. 将外购货物用于免税项目不得抵扣进项税额。(   )
3. 增值税纳税人采取以旧换新方式销售金银首饰,可以按实际收取的不含增值税的全部价款征收增值税。(   )
4. 增值税一般纳税人外购货物发生非正常损失的,该外购货物的增值税进项税额不得从销项税额中抵扣。(   )
5. 建筑企业提供建筑服务适用简易计税方法的,以取得的全部价款和价外费用扣除支付的分包款后的余额为增值税销售额。(   )
6. 计算机生产企业将自产的计算机分配给投资者,应视同销售征收增值税。(   )

7. 增值税起征点的适用范围限于个人,且不适用于登记为一般纳税人的个体工商户。
（　　）

8. 增值税起征点的适用范围包括自然人和登记为一般纳税人的个体工商户。（　　）

9. 个人销售自建自用住房,应缴纳增值税。（　　）

10. 纳税人采取折扣方式销售货物,如果销售额和折扣额未在同一张发票上分别注明的,可按折扣后的销售额征收增值税。

11. 纳税人销售货物、销售应税劳务或者销售服务、无形资产、不动产适用免税规定的,可以放弃免税,依照有关规定缴纳增值税;纳税人放弃免税后,36个月内不得再申请免税。
（　　）

12. 增值税纳税人分为一般纳税人和小规模纳税人。（　　）

13. 增值税纳税人年应税销售额超过小规模纳税人标准的,除另有规定外,应当向主管税务机关办理一般纳税人登记。（　　）

14. 采取直接收款方式销售货物,不论货物是否发出,均在收到销售款或者取得索取销售款凭据的当天确认发生增值税纳税义务。（　　）

15. 增值税纳税人以1个月或者1个季度为一个纳税期的,自期满之日起30日内申报纳税。（　　）

16. 委托其他纳税人代销货物,纳税义务发生时间为收到代销单位的代销清单或者收到全部或者部分货款的当天,未收到代销清单及货款的,为发出代销货物满180天的当天。
（　　）

17. 增值税一般纳税人向消费者个人销售化妆品,不得开具增值税专用发票。（　　）

18. 商业企业增值税一般纳税人零售的烟、酒、食品、服装、帽(不包括劳保专用部分)、化妆品等消费品不得开具增值税专用发票。（　　）

19. 销售增值税免税货物的可以开具增值税专用发票。（　　）

20. 只有月销售额超过了起征点的增值税小规模纳税人才可以自行开具专票。（　　）

任务实训

实训一　增值税一般纳税人实训案例及申报

一、实训资料

（一）背景资料

背景资料一:纳税人基础信息。

企业名称:北京樟浩灯具有限公司

地址:北京市海淀区谊爱路901号

法定代表人:王浩辉

开户银行:中国工商银行北京分行

基本账号:8130400698233421141

电话:010-82044520

统一社会信用代码:91104245145295952X

操作视频

公司成立时间:2016年1月1日

公司登记为一般纳税人的时间:2020年2月15日

公司经营范围:生产、销售各类灯具

企业所得税:需判断是否符合小型微利企业条件,如符合,可享受小型微利企业所得税优惠政策(财税〔2022〕13号)。

背景资料二:主要产品销售价格,如表2-7所示。

表2-7　主要产品销售价格　　　　　　　　　　　　　　　　金额单位:元

项目	单位	不含税价	含税价
水晶吊灯	盏	2 500.00	2 825.00
锥形罩花灯	盏	2 000.00	2 260.00
橄榄吊灯	盏	1 500.00	1 695.00
落地灯	盏	648.00	732.24

背景资料三:本期销售情况汇总表,如表2-8所示。

表2-8　本期销售情况汇总表　　　　　　　　　　　　　　　　单位:元

项目	开具增值税专用发票		开具其他发票		未开具发票		合计	
	销售额	销项税额	销售额	销项税额	销售额	销项税额	销售额	销项税额
13%税率的货物及加工修理修配劳务	5 700 000.00	741 000.00	40 000.00	5 200.00	1 132 800.00	147 264.00	6 872 800.00	893 464.00
13%税率的服务、不动产和无形资产								
9%税率的货物及加工修理修配劳务								
9%税率的服务、不动产和无形资产								
6%税率								
5%税率征收率的货物及加工修理修配劳务								
5%征收率的服务、不动产和无形资产			35 000.00	1 750.00			35 000.00	1 750.00

(续表)

项目	开具增值税专用发票		开具其他发票		未开具发票		合计	
	销售额	销项税额	销售额	销项税额	销售额	销项税额	销售额	销项税额
3%征收率的货物及加工修理修配劳务			48 543.69	1 456.31			48 543.69	1 456.31
3%征收率的服务、不动产和无形资产								

背景资料四:客户基本信息。

1. 客户1资料

企业名称:北京宝利商贸有限公司

统一社会信用代码:91110105690015145P

地址:北京市朝阳区北苑路20号

电话:010-88543454

开户行:中国工商银行北京分行

账户:11010078973367644111

增值税纳税人:一般纳税人

2. 客户2资料

企业名称:北京安斯贸易有限公司

统一社会信用代码:91110017582476817B

地址:北京市丰台区梅市口路23号

电话:010-53571096

开户行:中国工商银行北京分行

账户:11010537126371975442

增值税纳税人:一般纳税人

3. 客户3资料

企业名称:北京琳琅贸易有限公司

统一社会信用代码:91110103412986232

地址:北京市小营中关村东升科技园二期西区18号

电话:010-83422341

开户行:中国农业银行北京分行

账户:11010078973367634

增值税纳税人:一般纳税人

4. 客户4资料

企业名称:北京绿茗贸易有限公司

统一社会信用代码:91110102682461628X

地址:北京市朝阳区北苑路36号

电话：010-66828255
开户行：中国工商银行北京分行
账户：1100016229602546798
增值税纳税人：一般纳税人

5. 客户5资料

企业名称：北京尚德贸易有限公司
统一社会信用代码：91110107076404531M
地址：北京市朝阳区崇明路3号
电话：010-98557842
开户行：中国工商银行北京分行
账户：1101094612637182532
增值税纳税人：小规模纳税人

6. 客户6资料

企业名称：北京昌源建筑工程有限公司
统一社会信用代码：91110017582476817B
地址：北京市丰台区梅市口路23号
电话：010-53571096
开户行：中国工商银行北京分行
账户：1101053712637197542
增值税纳税人：一般纳税人

7. 客户7资料

企业名称：北京宏达股份有限公司
统一社会信用代码：1101090804152514X
地址：北京市海淀中关村创新路5号
电话：010-88225414
开户行：中国工商银行北京分行
账户：1100050487080956320
增值税纳税人：一般纳税人

8. 客户8资料

企业名称：北京鑫荣贸易有限公司
统一社会信用代码：91110900456133675X
地址：北京市房山区大同路229号
电话：010-88227300
开户行：中国工商银行北京分行
账户：1100076090487080914
增值税纳税人：一般纳税人

9. 客户9资料

企业名称：上海康嘉计算机技术有限公司
统一社会信用代码：91310549858694 8543

地址：上海市黄浦区欣禾北路 134 号
电话：021-59683985
开户行：中国工商银行上海分行
账户：1100127359493849283
增值税纳税人：小规模纳税人

（二）业务资料

北京樟浩灯具有限公司 2023 年 7 月发生的经济业务如下：

【业务 2-1】7 月 1 日销售商品、收取押金、货款和优质费，有关凭证如凭 2-1 至凭 2-4 所示。

凭 2-1

ICBC 中国工商银行　业务回单（收款）

日期：2023 年 07 月 01 日
回单编号：21131405
付款人户名：北京宝利商贸有限公司　　　付款人开户行：中国工商银行北京分行
付款人账号（卡号）：11010078973367641111
收款人户名：北京樟浩灯具有限公司　　　收款人开户行：中国工商银行北京分行
收款人账号（卡号）：8130400698233421141
金额：壹佰贰拾叁万元整　　　　　　　　小写：1 230 000.00 元
业务（产品）种类：同行收款　凭证种类：000000000　凭证号码：00000000000000000
摘要：货款、押金　　用途：货款 113 万元，押金 10 万元　　　币种：人民币
交易机构：0410000298　　记账柜员：00023　　交易代码：52110　　渠道：其他

附言：
支付交易序号：23076309　　报文种类：普通贷记业务　　委托日期：2023 年 07 月 01 日
业务类型（种类）：普通汇兑

本回单为第 1 次打印，注意重复　打印日期：2023 年 07 月 01 日　打印柜员：9　验证码：536FE9A71006

（中国工商银行北京分行 自助回单机 专用章 (003)）

凭 2-2

收款收据　　No45678127

客户名称：北京宝利商贸有限公司　　2023 年 07 月 01 日

项目	单位	数量	单价	金额（十万 千 百 十 元 角 分）	备注
优质费				6 7 8 0 0 0 0	
备注：不开票					
				现金收讫	
合计人民币 （大写）陆万柒仟捌佰元整				¥ 6 7 8 0 0 0 0	

收款人：刘丽　　　　　会计：张乐　　　　　收款单位（盖章）：

（北京樟浩灯具有限公司 财务专用章）

第三联：会计联

凭 2-3

销 售 单

客户名称：北京宝利商贸有限公司　　2023 年 07 月 01 日　　No：63011000

品名	规格	单位	单价	数量	金额
水晶吊灯		盏	2 825.00	400	1 130 000.00
备注：不开票					

总计金额(大写)：壹佰壹拾叁万元整　　　　　　　　　　　¥ 1 130 000.00

信用审批：王浩辉　　　　　业务主管：陈烨　　　　　经办人：李沁

第一联：存根(白) 第二联：客户(红)

凭 2-4

物资类别：库存商品

出 库 单

NO 00802566

2023 年 07 月 01 日

提货单位或部门	北京宝利商贸有限公司	发票号码或销售单号	6301100	发出仓库	库存商品库	出库日期	2023-07-01

编号	名称及规格	单位	数量 要数	数量 实发	单价	金额
L001	水晶吊灯	盏	400	400		
	备注：不开票					
	合　计					

部门主管：叶宛竹　　　会计：陈飞　　　仓库：陈钦兰　　　制表：陈钦兰

第二联 记账

【业务2-2】7月3日销售商品、分期收款，已收到50%的款项，有关凭证如凭2-5至凭2-7所示。

凭2-5

ICBC 中国工商银行　业务回单（收款）

日期：2023 年 07 月 03 日
回单编号：12223770
付款人户名：北京安斯贸易有限公司　　　　　付款人开户行：中国工商银行北京分行
付款人账号(卡号)：1101053712637197542
收款人户名：北京樟浩灯具有限公司　　　　　收款人开户行：中国工商银行北京分行
收款人账号(卡号)：8130400698233421141
金额：肆拾万零陆仟捌佰元整　　　　　　　　小写：406 000.00 元
业务（产品）种类：同行收报　　凭证种类：000000000　　凭证号码：00000000000000000
摘要：50%货款　　　用途：50%货款　　　　　　　　　币种：人民币
交易机构：0410000298　　记账柜员：00023　　交易代码：52110　　渠道：其他

附言：
支付交易序号：23076093　报文种类：普通贷记业务　委托日期：2023 年 07 月 03 日
业务类型（种类）：普通汇兑

本回单为第1次打印，注意重复　打印日期：2023 年 07 月 03 日　打印柜员：9　验证码：536FE9A71006

（中国工商银行北京分行 自助回单机专用章 (003)）

凭2-6

销售单

客户名称：北京安斯贸易有限公司　　2023 年 07 月 03 日　　No：63011001

品名	规格	单位	单价	数量	金额
水晶吊灯		盏	2 825.00	320	904 000.00
折扣(10%)					−90 400.00

总计金额（大写）：捌拾壹万叁仟陆佰元整　　　　¥813 600.00

信用审批：王浩辉　　　业务主管：陈烨　　　经办人：李沁

第一联：存银(白)　第二联：客户(红)

凭 2-7

物资类别	库存商品								

出 库 单 NO 00802567

2023 年 07 月 03 日

提货单位或部门	北京安斯贸易有限公司	发票号码或销售单号	63011001	发出仓库	库存商品库	出库日期	2023-07-03
编号	名称及规格	单位	数量 要数	数量 实发	单价	金额	
L001	水晶吊灯	盏	320	320			
		合 计					

部门主管：叶宛竹　　会计：陈飞　　仓库：陈钦兰　　制表：陈钦兰

【业务 2-3】7 月 4 日销售商品，有关凭证如凭 2-8、凭 2-9 所示。

凭 2-8

物资类别	库存商品

出 库 单 NO 00802568

2023 年 07 月 04 日

提货单位或部门	北京鑫荣贸易有限公司	发票号码或销售单号		发出仓库	库存商品库	出库日期	2023-07-04
编号	名称及规格	单位	数量 要数	数量 实发	单价	金额	
L001	水晶吊灯	盏	500	500			
K300	橄榄吊灯	盏	500	500			
		合 计					

部门主管：叶宛竹　　会计：陈飞　　仓库：陈钦兰　　制表：陈钦兰

凭 2-9

销 售 单

客户名称：北京鑫荣贸易有限公司　　2023 年 07 月 04 日　　No：63011002

品名	规格	单位	单价	数量	金额
水晶吊灯		盏	2 825.00	500	1 412 500.00
橄榄吊灯		盏	1 695.00	500	847 500.00

总计金额（大写）：贰佰贰拾陆万元整　　　　￥2 260 000.00

信用审批：王浩辉　　　　业务主管：陈烨　　　　经办人：李沁

第一联：存银（白）第二联：客户（红）

【业务 2-4】7 月 5 日销售退货，有关凭证如凭 2-10 至凭 2-12 所示。

凭 2-10

退货协议书

协议号：QF200401

甲方：北京樟浩灯具有限公司
乙方：北京琳琅贸易有限公司

　　由于乙方收到的商品存在无法通电等问题，质量达不到合同规定，经甲、乙双方协商决定，乙方将 2023 年 06 月 10 日购入的一批货物向甲方申请退回部分不符合规定的货物，由甲方申请填开信息表开具红字发票冲减 2023 年 06 月 10 日的发票，并按扣除退货数量后的金额和数量重新开具蓝字发票。
退货部分详见下列内容：

货物名称	规格型号	单位	数量	单价	金额	税额
锥形罩花灯		盏	24	2 000.00	48 000.00	6 240.00

　　我单位确保提供的上述资料真实、完整、准确，符合有关法律、法规，否则我单位将承担一切法律责任。

甲方：北京樟浩灯具有限公司

日期：2023 年 07 月 05 日

乙方：北京琳琅贸易有限公司

日期：2023 年 07 月 05 日

凭 2-11

退 货 单

单位：北京琳琅贸易有限公司　　金额单位：元(列至角分)　　日期：2023 年 07 月 05 日

退货单编码	QF064728	退货日期	2023 年 07 月 05 日	收回日期	2023 年 07 月 05 日
原采购单号	5300426	部门	采购部	业务员	方思
供应商编码	001	供应商	北京樟浩灯具有限公司		

序号	编码	品名	规格	退货原因	单位	数量	含税单价	含税金额
1	ZD001	锥形罩花灯		无法通电	盏	24	2 260.00	54 240.00

审核：王泽和　　　　　　　　　　　　　　制表：赫允熙

凭 2-12

入 库 单

No 07030007

交货单位：北京琳琅贸易有限公司　　2023 年 07 月 05 日

品名	单位	规格	数量	单价	金额 千 百 十 万 千 百 十 元 角 分
锥形罩花灯	盏		24		

合计大写　　仟 佰 拾 万 仟 佰 拾 元 角 分　¥_____

记账：陈飞　　　　保管：陈钦兰　　　　制票：陈钦兰

第二联　会计联

【业务2-5】7月6日销售商品，有关凭证如凭2-13、凭2-14所示。

凭2-13

销售单

客户名称：北京安斯贸易有限公司　　2023年07月06日　　No：63011003

品名	规格	单位	单价	数量	金额
落地灯		盏	732.24	1 000	732 240.00

总计金额（大写）：柒拾叁万贰仟贰佰肆拾元整　　　　￥732 240.00

信用审批：王浩辉　　　　业务主管：陈烨　　　　经办人：李沁

第一联：存根（白）　第二联：客户（红）

凭2-14

物资类别	库存商品

出 库 单

NO 00802569

2023年07月06日

提货单位或部门	北京安斯贸易有限公司	发票号码或销售单号	63011003	发出仓库	库存商品库	出库日期	2023-07-06

编号	名称及规格	单位	数量		单价	金额
			要数	实发		
L004	落地灯	盏	1 000	1 000		
合　计						

部门主管：叶宛竹　　　会计：陈飞　　　仓库：陈钦兰　　　制表：陈钦兰

第二联　记账

【业务2-6】 7月8日以旧换新，有关凭证如凭2-15至凭2-19所示。

凭2-15

以旧换新协议

协议号：QF202405

甲方：北京樟浩灯具有限公司
乙方：北京绿茗贸易有限公司

甲方委托乙方采取以旧换新的销售方式，以橄榄吊灯440盏（每盏含税价1 695元）换取民国吊灯100盏（每盏含税价8 023元）。甲方支付乙方每盏灯565元差价。甲方据此次活动统一开票给乙方。详见下列内容：

货物名称	规格型号	单位	数量	单价	金额	税额
橄榄吊灯		盏	440	1 500.00	660 000.00	85 800.00

我单位确保提供的上述资料真实、完整、准确，符合有关法律、法规，否则我单位将承担一切法律责任。

甲方：北京樟浩灯具有限公司

日期：2023年07月08日

乙方：北京绿茗贸易有限公司

日期：2023年07月08日

凭2-16

电子发票（普通发票）

发票号码：23110006265009619986
开票日期：2023年07月08日

购买方信息	名　称：北京樟浩灯具有限公司 统一社会信用代码/纳税人识别号：91104245145295952X	销售方信息	名　称：北京绿茗贸易有限公司 统一社会信用代码/纳税人识别号：91110102682461628X

项目名称	规格型号	单位	数量	单价	金额	税率/征收率	税额
*照明装置*民国吊灯		盏	100	7 100.00	710 000.00	13%	92 300.00
合　计					￥710 000.00		￥92 300.00

价税合计（大写）	⊗ 捌拾万零贰仟叁佰圆整	（小写） ￥802 300.00

备注：

开票人：王蔷薇

下载次数：1

凭 2-17

中国工商银行 ICBC 业务回单(付款)

日期：2023 年 07 月 08 日
回单编号：21131905
付款人户名：北京樟浩灯具有限公司　　　　　　付款人开户行：中国工商银行北京分行
付款人账号(卡号)：8130400698233421141
收款人户名：北京绿茗贸易有限公司　　　　　　收款人开户行：中国工商银行北京分行
收款人账号(卡号)：11000162229602546798
金额：伍万陆仟伍佰元整　　　　　　　　　　　小写：56 500.00 元
业务(产品)种类：同行发报　　凭证种类：000000000　　凭证号码：00000000000000000
摘要：产品差价　　用途：产品差价　　　　　　　币种：人民币
交易机构：0410000298　　记账柜员：00023　　交易代码：52062　　渠道：网上银行

附言：
支付交易序号：23076093　　报文种类：普通贷记业务　　委托日期：2023 年 07 月 08 日
业务类型(种类)：普通汇兑　　指令编号：HQP1102126134　　提交人：13774551526.c.4100
最终授权人：0920007080300001.c.4100

本回单为第 1 次打印，注意重复　　打印日期：2023 年 07 月 08 日　　打印柜员：9　　验证码：1B5FB9A63006

（中国工商银行北京分行 自助回单机 专用章 (003)）

凭 2-18

入库单　　No 07030008

交货单位：北京绿茗贸易有限公司　　　2023 年 07 月 08 日

品名	单位	规格	数量	单价	金额								
					千	百	十	万	千	百	十	元	角	分
民国吊灯	盏		100											

合计大写：　仟　佰　拾　万　仟　佰　拾　元　角　分　¥_____

记账：陈飞　　　　保管：陈钦兰　　　　制票：陈钦兰

第二联 会计联

凭 2-19

物资类别	库存商品							

出库单　　NO 00802570

2023 年 07 月 08 日

提货单位或部门	北京绿茗贸易有限公司	发票号码或销售单号		发出仓库	库存商品库	出库日期	2023-07-08
编号	名称及规格	单位	数量要数	数量实发	单价	金额	
K300	橄榄吊灯	盏	440	440			
	合　计						

部门主管：叶宛竹　　会计：陈飞　　仓库：陈钦兰　　制表：陈钦兰

第二联 记账

【业务 2-7】7 月 10 日以物抵债，有关凭证如凭 2-20 至凭 2-22 所示。

凭 2-20

债务重组协议

协议号：ZWCZ1801

债务方(甲方)：北京樟浩灯具有限公司
债权方(乙方)：北京尚德贸易有限公司
　　甲方赊购乙方一批商品，含税价为 40 000.00 元。2023 年 07 月 10 日，乙方与甲方协商进行债务重组。
　　双方达成债务重组，内容如下：
　　1. 乙方同意甲方用其 20 盏锥形罩花灯抵偿 40 000.00 元的债款。
　　2. 2023 年 07 月 10 日，抵债商品已交货。其中抵债商品公允价值为 45 200.00 元。同时，乙方用银行存款支付补价，乙方未对该项债权计提坏账准备。
　　3. 本协议经双方签署后即生效。

甲方：北京樟浩灯具有限公司　　　　　　　乙方：北京尚德贸易有限公司

日期：2023 年 07 月 10 日　　　　　　　　日期：2023 年 07 月 10 日

凭 2-21

中国工商银行 ICBC　业务回单（收款）

日期：2023 年 07 月 10 日
回单编号：21258005
付款人户名：北京尚德贸易有限公司
付款人账号（卡号）：1101094612637182532
收款人户名：北京樟浩灯具有限公司
收款人账号（卡号）：8130400698233421141
金额：伍仟贰佰元整
业务（产品）种类：同行收款　　凭证种类：000000000
摘要：支付差价　　用途：支付差价
交易机构：0410000298　　记账柜员：00023　　交易代码：52110

付款人开户行：中国工商银行北京分行
收款人开户行：中国工商银行北京分行
小写：5 200.00 元
凭证号码：00000000000000000
币种：人民币
渠道：其他

附言：
支付交易序号：23076093　　报文种类：普通贷记业务　　委托日期：2023 年 07 月 10 日
业务类型（种类）：普通汇兑

本回单为第 1 次打印，注意重复　　打印日期：2023 年 07 月 10 日　　打印柜员：9　　验证码：536FE9A71006

（中国工商银行北京分行 自助回单机 专用章 (003)）

凭 2-22

出 库 单

物资类别：库存商品　　　　　　　　　　　　　　　　NO 00802569

2023 年 07 月 10 日

提货单位或部门	北京尚德贸易有限公司	发票号码或销售单号		发出仓库	库存商品库	出库日期	2023-07-10

| 编号 | 名称及规格 | 单位 | 数量 | | 单价 | 金额 |
			要数	实发		
D200	锥形罩花灯	盏	20	20		
合 计						

部门主管：叶宛竹　　会计：陈飞　　仓库：陈钦兰　　制表：陈钦兰

第二联 记账

【业务 2-8】 7 月 13 日对外投资，有关凭证如凭 2-23、凭 2-24 所示。

凭 2-23

投资协议

甲方：北京昌源建筑工程有限公司

乙方：北京樟浩灯具有限公司

甲、乙双方本着互惠互利的原则，经过友好协商，现达成一致协议如下：

一、甲方同意乙方向甲方公司投资。

二、出资方式及占股比例：乙方以橄榄吊灯 220 盏投资于甲方，投资后甲方注册资本为 1 000 万元整，乙方占甲方 3.3% 股权。

三、甲方董事会成员共 3 人，3 人都同意此次投资。

四、甲收到乙方商品后 10 个工作日内完成股东变更的工商登记手续。

五、本次股权投资过程中，发生的相关费用（如鉴证、审计、工商变更等），由甲方承担。

六、本协议一式四份，甲乙双方各执两份具有同等法律效力。

七、本协议未尽事宜由甲乙双方另行协商。

甲方：北京昌源建筑工程有限公司

日期：2023 年 07 月 13 日

乙方：北京樟浩灯具有限公司

日期：2023 年 07 月 13 日

凭 2-24

出 库 单

NO 00802572

2023 年 07 月 13 日

物资类别	库存商品								
提货单位或部门	北京昌源建筑工程有限公司	发票号码或销售单号		发出仓库	库存商品库	出库日期	2023-07-13		
编号	名称及规格		单位	数量		单价		金额	
				要数	实发				
K300	橄榄吊灯		盏	220	220				
合 计									

部门主管：叶宛竹　　　　会计：陈飞　　　　仓库：陈钦兰　　　　制表：陈钦兰

第二联 记账

【业务2-9】7月15日销售商品，有关凭证如凭2-25、凭2-26所示。

凭2-25

销 售 单

客户名称：北京宏达股份有限公司　　2023年07月15日　　　　　　No：63011004

品名	规格	单位	单价	数量	金额
锥形罩花灯		盏	2 260.00	80	180 800.00

总计金额(大写)：壹拾捌万零捌佰元整　　　　　　　　　　　￥180 800.00

信用审批：王浩辉　　　　　业务主管：陈烨　　　　　　　经办人：李沁

第一联：存根(白) 第二联：客户(红)

凭2-26

物资类别	库存商品

出 库 单

NO 00802573

2023年07月15日

提货单位或部门	北京宏达股份有限公司	发票号码或销售单号		发出仓库	库存商品库	出库日期	2023-07-15

编号	名称及规格	单位	数量		单价	金额
			要数	实发		
D200	锥形罩花灯	盏	80	80		
	合　　计					

部门主管：叶宛竹　　　会计：陈飞　　　仓库：陈钦兰　　　制表：陈钦兰

第二联 记账

【业务2-10】7月15日不动产进项抵扣,有关凭证如凭2-27至凭2-30所示。

凭2-27

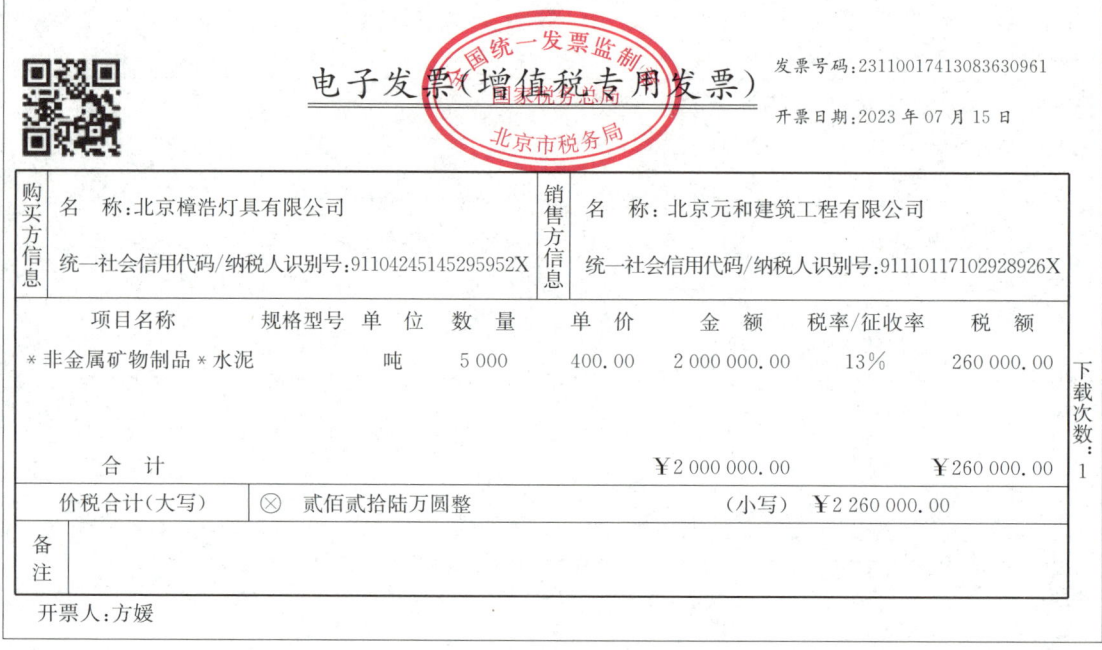

凭2-28

凭 2-29

领 料 单

NO 10501091

领料部门：基建工程
用　　途：职工食堂
2023 年 07 月 15 日

编号	品名	规格及型号	单位	数量		计划价格	
				请领	实发	单价	总价
1001	水泥		吨	500	500		
		合　计					

记账：陈飞　　　　　　　　发料：陈钦兰　　　　　　　　领料：曾书华

第二联 记账

凭 2-30

领 料 单

NO 10501092

领料部门：基建工程
用　　途：办公楼
2023 年 07 月 15 日

编号	品名	规格及型号	单位	数量		计划价格	
				请领	实发	单价	总价
1001	水泥		吨	4 500	4 500		
		合　计					

记账：陈飞　　　　　　　　发料：陈钦兰　　　　　　　　领料：曾书华

第二联 记账

【业务 2-11】 7月16日自产商品用作周年庆和福利领用,有关凭证如凭 2-31、凭 2-32 所示。

凭 2-31

出 库 单　　NO 00802574

2023 年 07 月 16 日

物资类别	库存商品						
提货单位或部门	周年庆福利领用	发票号码或销售单号	发出仓库	库存商品库	出库日期	2023-07-16	
编号	名称及规格	单位	数量要数	数量实发	单价	金额	
S400	落地灯	盏	100	100			
合 计							

部门主管:叶宛竹　　会计:陈飞　　仓库:陈钦兰　　制表:陈钦兰

凭 2-32

出 库 单　　NO 00802575

2023 年 07 月 16 日

物资类别	库存商品						
提货单位或部门	会客厅领用	发票号码或销售单号	发出仓库	库存商品库	出库日期	2023-07-16	
编号	名称及规格	单位	数量要数	数量实发	单价	金额	
S400	落地灯	盏	2	2			
合 计							

部门主管:叶宛竹　　会计:陈飞　　仓库:陈钦兰　　制表:陈钦兰

【业务2-12】7月17日收到委托代销清单，有关凭证如凭2-33、凭2-34所示。

凭2-33

委托代销清单

受托方：北京宏达股份有限公司　　日期：2023年07月17日　　委托方：北京樟浩灯具有限公司

商品名称	单位	接收数量	已售数量	结存数量	销售单价	销售金额	税额
水晶吊灯	盏	1 000	100	900	2 500.00	250 000.00	32 500.00

凭2-34

委托代销合同

合同编号：JYXS0928

甲方（委托方）：北京樟浩灯具有限公司
乙方（代销方）：北京宏达股份有限公司

甲乙双方经友好协商，甲方委托乙方销售水晶吊灯，达成如下协议，以供双方共同遵守。

产品	单位	数量	单价（含税）	金额
水晶吊灯	盏	1 000	2 825.00	2 825 000.00

一、代销合同双方的权利义务：
甲方按双方约定的时间、数量、质量、品种交付货物，由甲方送货上门，运费由甲方承担。乙方以适当方式销售代销的货物。
二、付款方式：
委托代销手续费为销售额的5%，均不含税，费用在销售款项中扣除。
三、违约责任：
1. 甲方如不能按时供货或货物质量不合格应赔偿乙方损失。
2. 乙方拖欠实销货款不按期清偿，应赔偿甲方损失。
3. 乙方若欠总货款超过500 000.00元，甲方有权解除合同。
四、双方发生争议解决办法：
双方发生争议后，先协商解决，协商不成任何一方均可向人民法院提起诉讼。
五、本协议有效期自2023年07月17日至2024年07月16日止。
六、本协议自双方签字盖章时开始生效，一式两份，双方各执一份，均具有同等的法律效力。

甲方：北京樟浩灯具有限公司　　　　　　　　乙方：北京宏达股份有限公司
法人：王浩辉　　　　　　　　　　　　　　　法人：马化云
日期：2023年07月15日　　　　　　　　　　日期：2023年07月15日

【业务2-13】7月18日销售折让，有关凭证如凭2-35所示。

凭2-35

折让协议

协议号：BLXS1703027-1

甲方：北京樟浩灯具有限公司　　　　　　　　乙方：北京鑫荣贸易有限公司
地址：北京市海淀区谊爱路901号　　　　　　　地址：北京市房山区大同路229号
电话：010-82044520　　　　　　　　　　　　电话：010-88227300
法定代表人：王浩辉　　　　　　　　　　　　法定代表人：陈达江

经甲乙双方共同协商，在平等、公平、公正、自愿的原则下，达成如下折让事项：

第一条：折让原因
　　甲方于2023年7月18日发现400盏水晶吊灯存在质量问题，决定以一盏灯折让50元的价格出售。经双方协商一致，甲方给予乙方销售折让（水晶吊灯原不含税单价2 500元，优惠单价2 450元）并签署销售折让协议。

第二条：双方责任
　　甲方责任：全额开具红字发票冲减3月27日的蓝字发票，再按减去折让后的金额重新开具发票。
　　乙方责任：折让货款。如有未尽事宜，由双方另行商定。

第三条：协议生效、中止与结束
　　（一）本协议一式两份，甲乙双方各执一份，需经双方签字认可后生效。
　　（二）以货款两讫之日，结束本协议。

第四条：纠纷解决方式
　　因执行本协议发生的或与本协议有关的一切争议，甲乙双方应通过友好协商解决，如双方协商仍不能达成一致意见时，则提交仲裁机构。

第五条：双方单位所提供的退货协议和附送资料内容真实、完整、准确，并对此承担相应的法律责任

甲方：北京樟浩灯具有限公司
盖章：
日期：2023年07月18日

乙方：北京鑫荣贸易有限公司
盖章：
日期：2026年07月18日

【业务2-14】7月19日将自产产品发放给股东,有关凭证如凭2-36所示。

凭2-36

物资类别	库存商品			出 库 单				NO 00802576	
				2023年07月19日					
提货单位或部门	分配股东领用		发票号码或销售单号		发出仓库	库存商品库		出库日期	2023-07-19
编号		名称及规格		单位	数量		单价	金额	
					要数	实发			
D200		锥形罩灯花		盏	4	4			
合 计									

部门主管:叶宛竹　　会计:陈飞　　仓库:陈钦兰　　制表:陈钦兰

第二联　记账

【业务2-15】7月19日采购周转材料,有关凭证如凭2-37至凭2-40所示。

凭2-37

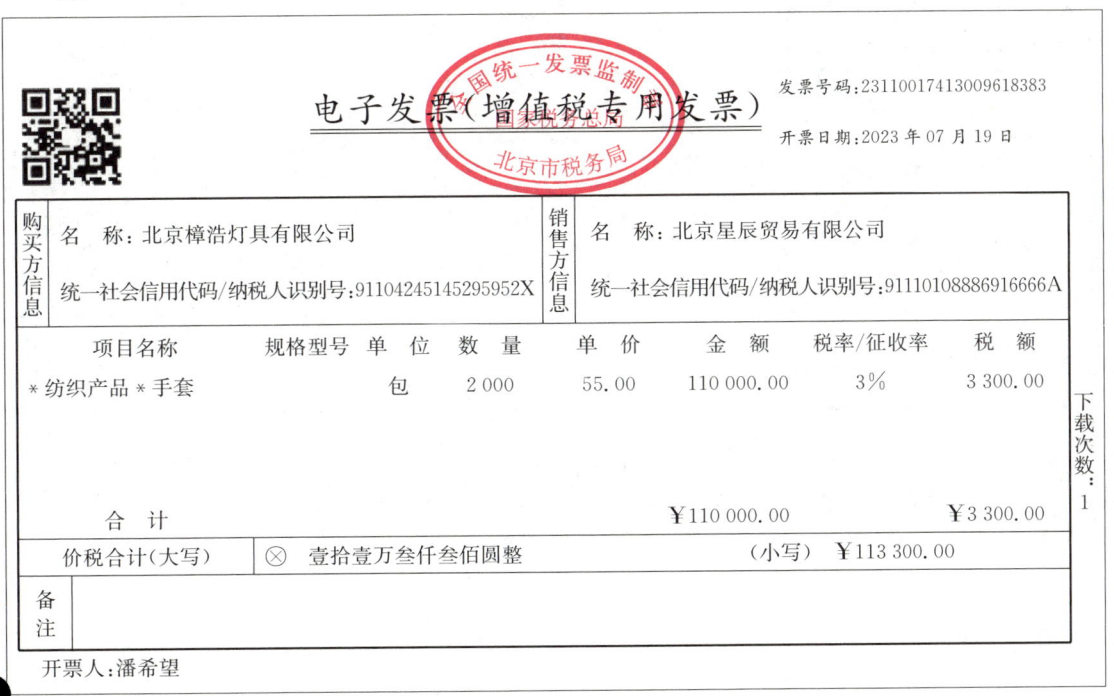

凭 2-38

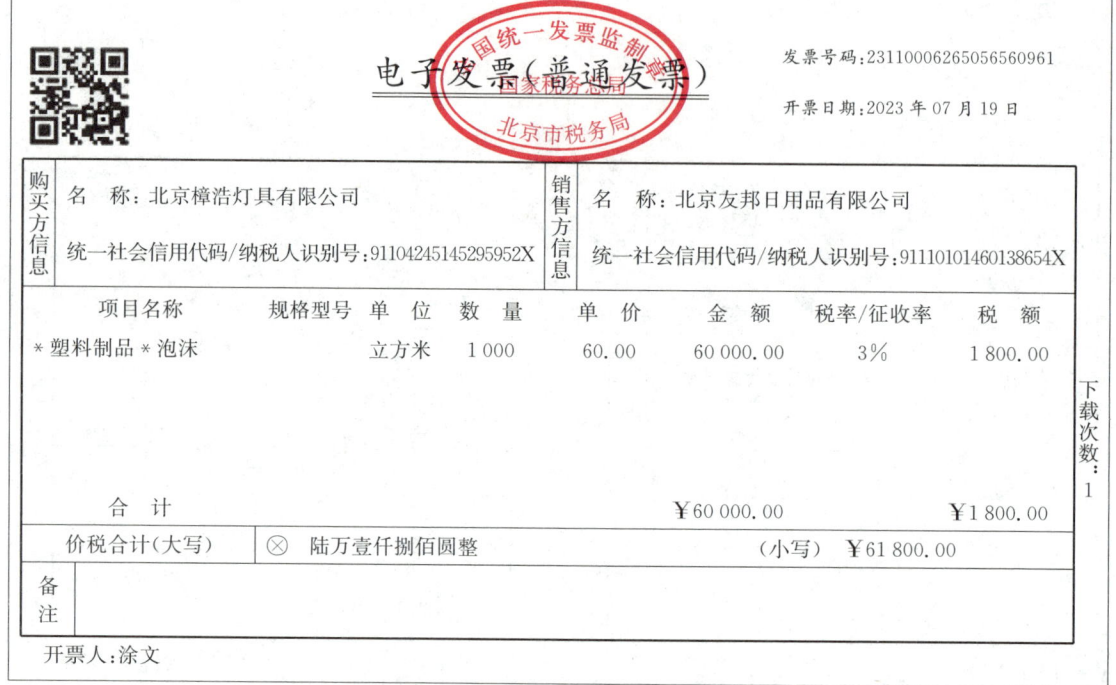

凭 2-39

品名	单位	规格	数量	单价	金额
泡沫	桶		300		

入库单　　2023 年 07 月 19 日　　No 07030010

交货单位：北京程泰食品有限公司

合计大写：仟佰拾万仟佰拾元角分 ¥_____

记账：陈飞　　保管：陈钦兰　　制票：陈钦兰

第二联 会计联

凭 2-40

入库单
No 07030009

交货单位：北京星辰贸易有限公司　　2023 年 07 月 19 日

品名	单位	规格	数量	单价	金额（千百十万千百十元角分）
手套	包		2 000		

合计大写　仟佰拾万仟佰拾元角分　¥_____

记账：陈飞　　　　保管：陈钦兰　　　　制票：陈钦兰

第二联　会计联

【业务 2-16】7 月 20 日用于集体福利、免税项目的进项，有关凭证如凭 2-41 至凭 2-44 所示。

凭 2-41

凭 2-42

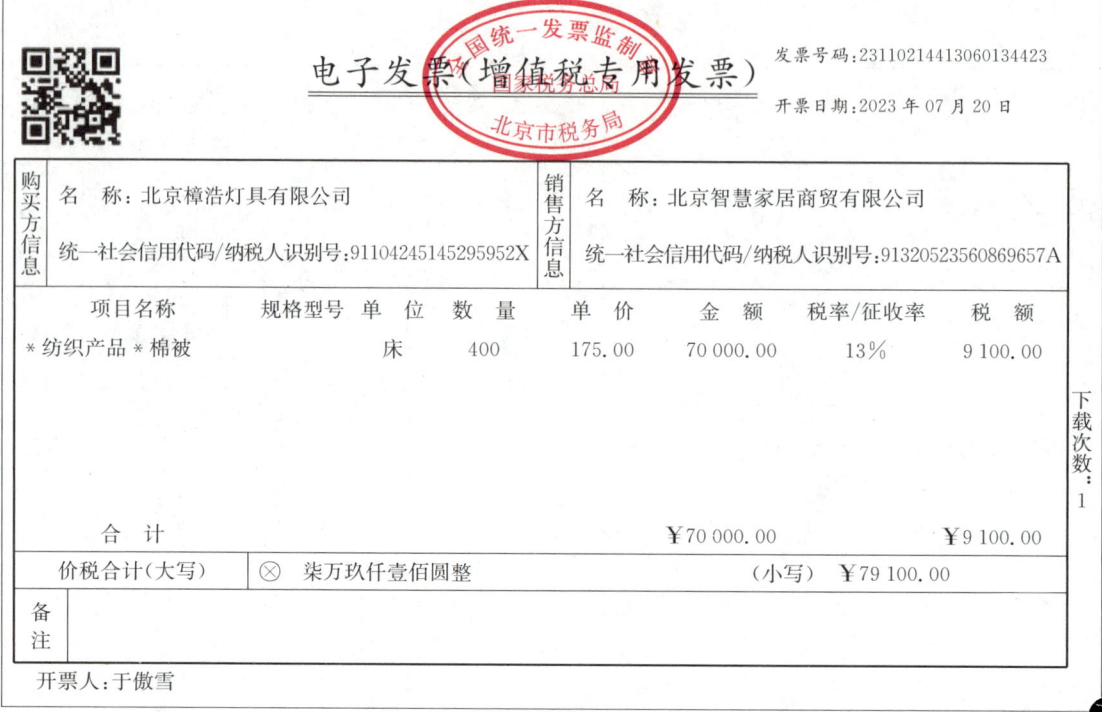

凭 2-43

物资类别	库存商品	出 库 单					NO 00802577
		2023 年 07 月 20 日					
提货单位或部门	捐赠灾区领用	发票号码或销售单号		发出仓库	成品库	出库日期	2023/07/20
编号	名称及规格		单位	数量		单价	金额
				要数	实发		
1001	棉被		床	400	400		
	合 计						

部门主管:张乐　　会计:陈飞　　仓库:陈钦兰　　制表:曾书华

凭 2-44

出库单

NO 00802578

2023 年 07 月 20 日

物资类别	库存商品							
提货单位或部门	员工福利领用	发票号码或销售单号		发出仓库	成品库	出库日期	2023/07/20	
编号	名称及规格	单位	数量		单价	金额		
			要数	实发				
1002	空气炸锅	台	125	125				
合 计								

部门主管：张乐　　会计：陈飞　　仓库：陈钦兰　　制表：曾书华

【业务 2-17】7 月 21 日进口设备，有关凭证如凭 2-45、凭 2-46 所示。

凭 2-45

中华人民共和国海关进口货物报关单

预录入编号：80102018012　　　　　　　　　　　　海关编号：80102018012

进口口岸	北京首都机场	备案号	1130101	进口日期	2023/7/21	申报日期	2023/7/21
经营单位	北京樟浩灯具有限公司	运输方式	航空运输	运输工具名称	0148765N89375	提运单号	03XZ456102
收货单位	北京樟浩灯具有限公司	贸易方式	一般贸易	征免性质	一般征税	征税比例	
许可证号		起运国（地区）	美国	装货港	洛杉矶	境内目的地	北京
批准文号		成交方式	CIF	运费	10 000	保费	3 000	杂费	5 000
合同协议	China-US-SAT18-0003	件数	1	包装种类	其他	毛重（千克）	123.27	净重（千克）	108.88
集装箱号	CAU3835744-1(2)	随附单据					

标记唛码及备注

备注：电子支付/自报自缴

项目	商品编号	商品名称	数量及单位	原产国（地区）	单价	总价	币制	免征
1		设备	1 台	美国	232 000.00	232 000.00	USD	照章征税

（当期美元汇率 1：6.0）

特殊关系确认：是　　　　　　　与货物相关的特许使用费支付确认　　否

录入员	录入单位	兹申明对以上内容承担如实申报，依法纳税的法律责任	海关批注及签章
893000083351			
报关人员		申报单位（签章）	

凭 2-46

海关专用缴款书
北京 进口增值税

收入系统：海关系统　　填发日期：2023 年 07 月 21 日　　号码 No:0103216521332644-B02

收款单位	收入机关	中央金库			缴款单位（人）	名　称	北京樟浩灯具有限公司
	科　目	进口关税	预算级次	中央		账　号	8130400698233421141
	收款国库	北京市中心支库				开户银行	中国工商银行北京分行

税号	货物名称	数量	单位	完税价格	税率	税款金额
1.625 969 8	设备	1	台	￥1 800 000.00	13%	￥234 000.00

金额人民币（大写）	贰拾叁万肆仟元整			合计（￥）	￥234 000.00
申请单位编号	22000000338	报关单编号	001230101	填制单位	
合同（批文）号	13	运输工具号	ESRA	制单人	524329
缴款期限	2023 年 07 月 31 日前	提/装货单号	COB000032	复核人	
备注	一般贸易　照章征税　2023-07-21　　国家代码:11010571785226XUSD7.15				

从填发缴款书之日起限 15 日内缴纳（期末遇法定节假日顺延），逾期按日征收税款总额万分之五的滞纳金。

第一联（收据）国库收款签章后交缴款单位
收款国库（银行）
中国工商银行北京朝阳支行　2023.07.21　转讫

【业务 2-18】7 月 23 日异地房屋收取租金，有关凭证如凭 2-47、凭 2-48 所示。

凭 2-47

ICBC 中国工商银行　业务回单（收款）

日期:2023 年 07 月 23 日
回单编号:21121807
付款人户名:上海康嘉计算机技术有限公司　　　付款人开户行:中国工商银行上海分行
付款人账号（卡号）:11001273594938492 83
收款人户名:北京樟浩灯具有限公司　　　收款人开户行:中国工商银行北京分行
收款人账号（卡号）:8130400698233421141
金额:叁万肆仟柒佰玖拾元整　　　　　　　小写:34 790.00 元
业务（产品）种类:同行收款　　凭证种类:000000000　　凭证号码:0000000000000000
摘要:租金　　用途:扣除异地预缴后的租金　　币种:人民币
交易机构:0410000298　　记账柜员:00023　　交易代码:52110　　渠道:其他

附言:
支付交易序号:23076093　　报文种类:普通贷记业务　　委托日期:2023 年 07 月 23 日
业务类型（种类）:普通汇兑

本回单为第 1 次打印，注意重复　　打印日期:2023 年 07 月 23 日　　打印柜员:9　　验证码:536FE9A71006

中国工商银行北京分行　自助回单机专用章（003）

凭 2-48

房屋租赁合同

甲方：上海康嘉计算机技术有限公司
乙方：北京樟浩灯具有限公司
经甲、乙双方协商，就甲方租用乙方的空闲房屋达成如下协议：
一、甲方租用乙方房屋 2 000 平方米，不含税月租金 35 000 元，租用期间是 2023 年 1 月 1 日至 2025 年 12 月 31 日，甲方每月 23 日支付租金（扣除代乙方缴纳异地预缴的增值税和附加税）。
房屋地址：上海市静安区霞浦路 001 号，房产证号：上海市不动产权第 0030693 号。
二、该房屋于 2016 年 3 月 1 日购入，适用简易计税办法。
三、承租期间，水电费用由甲方承担并按时缴纳。甲方应保证房屋设备完整，不得随意破坏。
四、如乙方拖欠租金超过 2 个月，甲方有权收回房屋，并要求甲方支付未付的租金及相应损失。
五、房屋的正常定期维修由乙方负责。
以上协议甲、乙双方各执壹份。如有异议另签补充协议，其与本协议具有同等法律效力。

甲方：上海康嘉计算机技术有限公司
日期：2022 年 12 月 18 日

乙方：北京樟浩灯具有限公司
日期：2022 年 12 月 18 日

【业务 2-19】7 月 25 日为异地出租房购买涂料，有关凭证如凭 2-49 所示。

凭 2-49

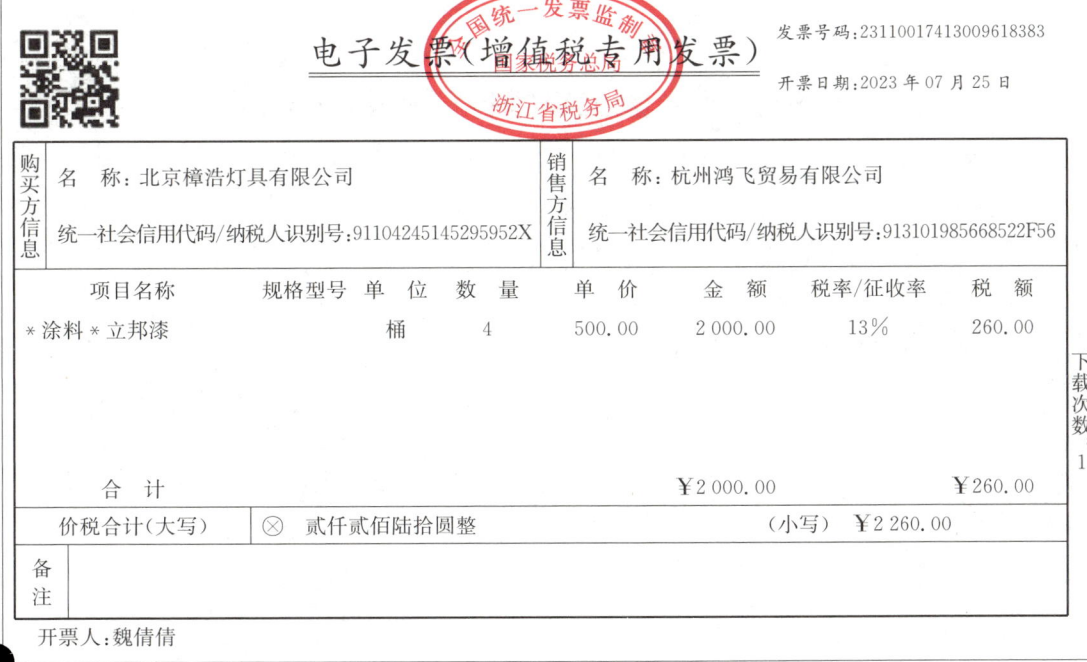

【业务 2-20】7月31日盘点存货,有关凭证如凭 2-50 所示。

凭 2-50

存货盘点表

单位:北京樟浩灯具有限公司　　　　　　　　　　　　　　　　　2023 年 7 月 31 日

名称	账存数	实存数	单价	盘点情况		原因
				盘盈	盘亏	
钨丝	3 000	2 900	324.00		100	管理不善丢失
芯片	5 020	5 000	350.00		20	暴风雨损毁

【业务 2-21】7月31日出售使用过的固定资产,有关凭证如凭 2-51 至凭 2-53 所示。

凭 2-51

固定资产状况明细表

单位:北京樟浩灯具有限公司　　　　　　　　　　　　　　日期:2023 年 07 月 31 日

资产名称	原值	入账时间	摊销方法	累计摊销
汽车	100 000.00	2019-12-15	年限平均法	81 700.00

凭 2-52

ICBC 中国工商银行　业务回单(收款)

日期:2023 年 07 月 31 日
回单编号:26680405
付款人户名:北京尚德贸易有限公司　　　付款人开户行:中国工商银行北京分行
付款人账号(卡号):11010946126371 82532
收款人户名:北京樟浩灯具有限公司　　　收款人开户行:中国工商银行北京分行
收款人账号(卡号):81304006982334 21141
金额:伍万元整　　　　　　　　　　　　小写:50 000.00 元
业务(产品)种类:同行收款　凭证种类:000000000　凭证号码:00000000000000000
摘要:汽车货款　　用途:汽车货款　　币种:人民币
交易机构:0410000298　　记账柜员:00023　　交易代码:52110　　渠道:其他

附言:
支付交易序号:23076093　报文种类:普通贷记业务　委托日期:2023 年 07 月 31 日
业务类型(种类):普通汇兑

本回单为第 1 次打印,注意重复　　打印日期:2023 年 07 月 31 日　　打印柜员:9　　验证码:536FE9A71006

(中国工商银行北京分行 自助回单机专用章(003))

凭 2-53

购销合同

供方：北京樟浩灯具有限公司　　　　　　合同号：XSHT0731
需方：北京尚德贸易有限公司　　　　　　签订日期：2023 年 07 月 31 日

经双方协议，订立本合同如下：

名称	规格型号	单位	数量	含税单价	金额
汽车	本田	辆	1	50 000.00	50 000.00
合计	—	—	—	—	50 000.00

货款总计（大写）：伍万元整

质量验收标准：外观无瑕疵，货品名称、规格、材质符合需方要求。
交货日期：2023 年 07 月 31 日
交货地点：北京市海淀区谊爱路 901 号
结算方式：供方发货后，需方使用银行存款支付全部货款。
违约条款：违约方须赔偿对方一切经济损失。但遇天灾人祸或其他人力不能控制的因素而导致延误交货，需方不能要求供方赔偿任何损失。
解决合同纠纷的方式：经双方友好协商解决，如协商不成的，可向当地仲裁委员会提出申诉解决。
本合同一式两份，供需双方各执一份，自签订之日起生效。

供方(盖章)：北京樟浩灯具有限公司　　　　需方(盖章)：北京尚德贸易有限公司
税号：91104245145295952X　　　　　　　税号：91110107076404531M
开户银行名称：中国工商银行北京分行　　　开户银行名称：中国工商银行北京分行
开户银行账号：8130400698233421141　　　开户银行账号：1101094612637182532
地址：北京市海淀区谊爱路 901 号　　　　　地址：北京市朝阳区崇明路 1 号
法定代表人：王浩辉　　　　　　　　　　　法定代表人：王一迪
公司联系电话：010-82044520　　　　　　　公司联系电话：010-98557842

二、实训任务

实训任务 1：根据业务资料判断是否开票，并开出正确的销售发票。
实训任务 2：根据业务资料计算应纳增值税，并填写表 2-9。

表 2-9　应纳增值税计算表

单位：北京樟浩灯具有限公司　　　　　　　　　　　　　　　　　　　　　　　金额单位：人民币元

项目	栏次	金额
销项税额	11	
进项税额	12	
上期留抵税额	13	
进项税额转出	14	
免、抵、退应退税额	15	
应抵扣税额合计	17	
实际抵扣税额	18	
应纳税额	19＝11－18	
期末留抵税额	20＝17－18	
简易计税办法计算的应纳税额	21	
应纳税额减征额	23	
应纳税额合计	24＝19＋21－23	
本期已缴税额	27	
期末未缴税额	32＝24－27	

实训任务 3：根据业务资料到电子税务局系统申报 7 月增值税，如表 2-10 至表 2-16 所示。

表 2-10 增值税及附加税费申报表

（一般纳税人适用）

根据国家税收法律法规及增值税相关规定制定本表。纳税人不论有无销售额，均应按税务机关核定的纳税期限填写本表，并向当地税务机关申报。

税款所属时间：自　年　月　日至　年　月　日　　填表日期：　年　月　日

纳税人识别号(统一社会信用代码)：　　　　　　　　　　　　　　　　　　金额单位：元（列至角分）

纳税人名称：		法定代表人姓名		注册地址		生产经营地址		所属行业：	
开户银行及账号		登记注册类型				电话号码			
			栏次	一般项目			即征即退项目		
	项目			本月数	本年累计	本月数		本年累计	
销售额	（一）按适用税率计税销售额		1			—		—	
	其中：应税货物销售额		2			—		—	
	应税劳务销售额		3			—		—	
	纳税检查调整的销售额		4			—		—	
	（二）按简易办法计税销售额		5						
	其中：纳税检查调整的销售额		6						
	（三）免、抵、退办法出口销售额		7			—		—	
	（四）免税销售额		8			—		—	
	其中：免税货物销售额		9			—		—	
	免税劳务销售额		10			—		—	
税款计算	销项税额		11						
	进项税额		12						
	上期留抵税额		13						
	进项税额转出		14						

(续表)

	项目	栏次	一般项目		即征即退项目	
			本月数	本年累计	本月数	本年累计
税款计算	免、抵、退应退税额	15			—	—
	按适用税率计算的纳税检查应补缴税额	16			—	—
	应抵扣税额合计	17＝12＋13－14－15＋16		—	—	—
	实际抵扣税额	18（如17＜11,则为17,否则为11）			—	—
	应纳税额	19＝11－18				—
	期末留抵税额	20＝17－18		—	—	—
	简易计税办法计算的应纳税额	21				—
	按简易计税办法计算的纳税检查应补缴税额	22			—	—
	应纳税额减征额	23				—
	应纳税额合计	24＝19＋21－23				—
税款缴纳	期初未缴税额（多缴为负数）	25				—
	实收出口开具专用缴款书退税额	26			—	—
	本期已缴税额	27＝28＋29＋30＋31		—		—
	①分次预缴税额	28		—		—
	②出口开具专用缴款书预缴税额	29		—	—	—
	③本期缴纳上期应纳税额	30				—
	④本期缴纳欠税税额	31				—
	期末未缴税额（多缴为负数）	32＝24＋25＋26－27				—
	其中:欠缴税额（≥0）	33＝25＋26－27		—		—

（续表）

	项目	栏次	一般项目		即征即退项目	
			本月数	本年累计	本月数	本年累计
税款缴纳	本期应补（退）税额	34=24－28－29		—		—
	即征即退实际退税额	35	—	—		—
	期初未缴查补税额	36			—	—
	本期入库查补税额	37			—	—
	期末未缴查补税额	38=16+22+36－37			—	—
附加税费	城市维护建设税本期应补（退）税额	39			—	—
	教育费附加本期应补（退）费额	40			—	—
	地方教育附加本期应补（退）费额	41			—	—

声明：此表是根据国家税收法律法规及相关规定填写的，本人（单位）对填报内容（及附带资料）的真实性、可靠性、完整性负责。

纳税人（签章）：　　　　　　　　　　　　　　　年　月　日

	受理人：	
经办人：	受理税务机关（章）：	
经办人身份证号：	受理日期：　年　月　日	
代理机构签章：		
代理机构统一社会信用代码：		

表 2-11　增值税及附加税费申报表附列资料（一）

（本期销售情况明细）

纳税人名称：（公章）　　　　　　　税款所属时间：　　年　月　日至　　年　月　日　　　　　　　　金额单位：元（列至角分）

项目及栏次			开具增值税专用发票		开具其他发票		未开具发票		纳税检查调整		合计		价税合计	服务、不动产和无形资产扣除项目本期实际扣除金额	扣除后	
			销售额	销项（应纳）税额	销售额	销项（应纳）税额	销售额	销项（应纳）税额	销售额	销项（应纳）税额	销售额 9=1+3+5+7	销项（应纳）税额 10=2+4+6+8	11=9+10		含税（免税）销售额 13=11-12	销项（应纳）税额 14=13÷(100%+税率或征收率)×税率或征收率
			1	2	3	4	5	6	7	8	9	10	11	12	13	14
一、一般计税方法计税	全部征税项目	13%税率的货物及加工修理修配劳务	1													
		13%税率的服务、不动产和无形资产	2													
		9%税率的货物及加工修理修配劳务	3													
		9%税率的服务、不动产和无形资产	4													
		6%税率	5													
	其中：即征即退项目	即征即退货物及加工修理修配劳务	6	—	—	—	—	—	—	—	—	—	—	—	—	—
		即征即退服务、不动产和无形资产	7	—	—	—	—	—	—	—	—	—	—	—	—	—

(续表)

项目及栏次		开具增值税专用发票		开具其他发票		未开具发票		纳税检查调整		合计			服务、不动产和无形资产扣除项目本期实际扣除金额	扣除后	
		销售额	销项(应纳)税额	销售额	销项(应纳)税额	销售额	销项(应纳)税额	销售额	销项(应纳)税额	销售额	销项(应纳)税额	价税合计		含税(免税)销售额	销项(应纳)税额
		1	2	3	4	5	6	7	8	9=1+3+5+7	10=2+4+6+8	11=9+10	12	13=11-12	14=13÷(100%+税率或征收率)×税率或征收率
二、简易计税方法计税	6%征收率	8												—	—
	5%征收率的货物及加工修理修配劳务	9a							—					—	—
	5%征收率的服务、不动产和无形资产	9b							—						
	4%征收率	10							—					—	—
	3%征收率的货物及加工修理修配劳务	11							—					—	—
	3%征收率的服务、不动产和无形资产	12							—						
	预征率 %	13a							—					—	—
	预征率 %	13b							—					—	—
	预征率 %	13c							—					—	—

（续表）

项目及栏次		开具增值税专用发票		开具其他发票		未开具发票		纳税检查调整		合计			服务、不动产和无形资产扣除项目本期实际扣除金额	扣除后	
		销售额	销项（应纳）税额	销售额	销项（应纳）税额	销售额	销项（应纳）税额	销售额	销项（应纳）税额	销售额	销项（应纳）税额	价税合计		含税（免税）销售额	销项（应纳）税额
		1	2	3	4	5	6	7	8	9＝1＋3＋5＋7	10＝2＋4＋6＋8	11＝9＋10	12	13＝11－12	14＝13÷（100%＋税率或征收率）×税率或征收率
二、简易计税方法计税	其中：即征即退项目	即征即退货物及加工修理修配劳务	14	—	—	—	—	—	—	—	—	—	—	—	—	—
		即征即退服务、不动产和无形资产	15	—	—	—	—	—	—	—	—	—	—	—	—	—
三、免抵退税		货物及加工修理修配劳务	16	—	—	—	—	—	—	—	—	—	—	—	—	—
		服务、不动产和无形资产	17	—	—	—	—	—	—	—	—	—	—	—	—	—
四、免税		货物及加工修理修配劳务	18	—	—	—	—	—	—	—	—	—	—	—	—	—
		服务、不动产和无形资产	19	—	—	—	—	—	—	—	—	—	—	—	—	—

表 2-12 增值税及附加税费申报表附列资料(二)

(本期进项税额明细)

税款所属时间： 年 月 日至 年 月 日

纳税人名称：(公章) 金额单位：元(列至角分)

一、申报抵扣的进项税额				
项目	栏次	份数	金额	税额
(一)认证相符的增值税专用发票	1=2+3			
其中:本期认证相符且本期申报抵扣	2			
前期认证相符且本期申报抵扣	3			
(二)其他扣税凭证	4=5+6+7+8a+8b			
其中:海关进口增值税专用缴款书	5			
农产品收购发票或者销售发票	6			
代扣代缴税收缴款凭证	7		—	
加计扣除农产品进项税额	8a		—	
其他	8b			
(三)本期用于购建不动产的扣税凭证	9			
(四)本期用于抵扣的旅客运输服务扣税凭证	10			
(五)外贸企业进项税额抵扣证明	11		—	
当期申报抵扣进项税额合计	12=1+4+11			
二、进项税额转出额				
项目	栏次		税额	
本期进项税额转出额	13=14至23之和			
其中:免税项目用	14			
集体福利、个人消费	15			
非正常损失	16			
简易计税方法征税项目用	17			
免抵退税办法不得抵扣的进项税额	18			
纳税检查调减进项税额	19			
红字专用发票信息表注明的进项税额	20			
上期留抵税额抵减欠税	21			
上期留抵税额退税	22			
异常凭证转出进项税额	23a			
其他应作进项税额转出的情形	23b			

(续表)

三、待抵扣进项税额				
项目	栏次	份数	金额	税额
（一）认证相符的增值税专用发票	24	—	—	—
期初已认证相符但未申报抵扣	25			
本期认证相符且本期未申报抵扣	26			
期末已认证相符但未申报抵扣	27			
其中:按照税法规定不允许抵扣	28			
（二）其他扣税凭证	29＝30至33之和			
其中:海关进口增值税专用缴款书	30			
农产品收购发票或者销售发票	31			
代扣代缴税收缴款凭证	32		—	
其他	33			
	34			
四、其他				
项目	栏次	份数	金额	税额
本期认证相符的增值税专用发票	35			
代扣代缴税额	36		—	—

表 2-13 增值税及附加税费申报表附列资料(三)
(服务、不动产和无形资产扣除项目明细)

税款所属时间: 年 月 日 至 年 月 日

纳税人名称:(公章)　　　　　　　　　　　　　　　　　　　　　　　　　金额单位:元(列至角分)

项目及栏次		本期服务、不动产和无形资产价税合计额(免税销售额)	服务、不动产和无形资产扣除项目			
			期初余额	本期发生额	本期应扣除金额	本期实际扣除金额	期末余额
		1	2	3	4＝2＋3	5(5≤1且5≤4)	6＝4－5
13%税率的项目	1						
9%税率的项目	2						
6%税率的项目(不含金融商品转让)	3						
6%税率的金融商品转让项目	4						
5%征收率的项目	5						
3%征收率的项目	6						
免抵退税的项目	7						
免税的项目	8						

表 2-14　增值税及附加税费申报表附列资料（四）

（税额抵减情况表）

税款所属时间：　年　月　日至　年　月　日

纳税人名称：（公章）　　　　　　　　　　　　　　　　　　　　　　　　　　　金额单位：元（列至角分）

一、税额抵减情况

序号	抵减项目	期初余额	本期发生额	本期应抵减税额	本期实际抵减税额	期末余额
		1	2	3=1+2	4≤3	5=3-4
1	增值税税控系统专用设备费及技术维护费					
2	分支机构预征缴纳税款					
3	建筑服务预征缴纳税款					
4	销售不动产预征缴纳税款					
5	出租不动产预征缴纳税款					

二、加计抵减情况

序号	加计抵减项目	期初余额	本期发生额	本期调减额	本期可抵减额	本期实际抵减额	期末余额
		1	2	3	4=1+2-3	5	6=4-5
6	一般项目加计抵减额计算						
7	即征即退项目加计抵减额计算						
8	合计						

表 2-15 增值税及附加税费申报表(一般纳税人适用)附列资料(五)
(附加税费情况表)

税(费)款所属时间: 年 月 日至 年 月 日

纳税人名称(公章):

金额单位:元(列至角分)

本期是否适用小微企业"六税两费"减免政策	□是 □否													
税(费)种	计税(费)依据			税(费)率	本期应纳税(费)额	减免政策适用主体 □个体工商户 □小型微利企业	适用减免政策起止时间 年 月 至 年 月	减免政策		小微企业"六税两费"减免政策		试点建设培育产教融合型企业		本期已缴税(费)额	本期应补(退)税(费)额
	增值税税额	增值税免抵税额	留抵退税本期扣除额					减免性质代码	本期减免税(费)额	减征比例	减征额	减免性质代码	本期抵免金额		
	1	2	3	4	5=(1+2-3)×4			6	7	8	9=(5-7)×8	10	11	12	13=5-7-9-11-12
城市维护建设税 1															
教育费附加 2			—							—	—				
地方教育附加 3			—							—	—				
合计 4	—	—	—							—	—				

本期是否适用试点建设培育产教融合型企业抵免政策	□是 □否
当期新增投资额	5
上期留抵可抵免金额	6
结转下期可抵免金额	7
可用于扣除的增值税留抵退税额使用情况	当期新增可用于扣除的留抵退税额	8
	上期结存可用于扣除的留抵退税额	9
	结转下期可用于扣除的留抵退税额	10

表2-16 增值税减免税申报明细表

税款所属时间：自 年 月 日 至 年 月 日

纳税人名称（公章）： 金额单位：元（列至角分）

一、减税项目

减税性质代码及名称	栏次	期初余额 1	本期发生额 2	本期应抵减税额 3=1+2	本期实际抵减税额 4≤3	期末余额 5=3-4
合　计	1					
	2					
	3					
	4					
	5					
	6					

二、免税项目

免税性质代码及名称	栏次	免征增值税项目销售额 1	免税销售额扣除项目本期实际扣除金额 2	扣除后免税销售额 3=1-2	免税销售额对应的进项税额 4	免税额 5
合　计	7					
出口免税	8				—	—
其中：跨境服务	9				—	—
	10					
	11					
	12					
	13					
	14					
	15					
	16					

实训二　增值税小规模纳税人实训案例及申报

一、实训资料
（一）背景资料

背景资料一：纳税人基础信息。

企业名称：北京拾忆摄影有限公司
地址：北京市朝阳区新华路3号102室
法定代表人：李佳
开户银行：中国工商银行北京分行
基本账号：1013991627280904056
电话：010-78061988
统一社会信用代码：91110322337328752X
公司成立时间：2011年6月4日
公司经营范围：活动策划、摄影、销售摆台相框
销售开具发票类型：开具增值税电子普通发票
增值税优惠政策：根据财政部税务总局公告2023年第1号享受以下优惠政策：

（1）自2023年1月1日至2023年12月31日，对月销售额10万元以下（含本数）的增值税小规模纳税人，免征增值税。

（2）自2023年1月1日至2023年12月31日，增值税小规模纳税人适用3%征收率的应税销售收入，减按1%征收率征收增值税。

操作视频

背景资料二：主要产品销售价格，如表2-17所示。

表2-17　主要产品销售价格　　　　　　　　　　　　　　　　金额单位：元

项目	单位	不含税价	含税价
跟拍策划	场	18 356.44	18 540.00
生活照	张	285.54	288.40
艺术照	组	1 815.25	1 833.40
纳米相框	幅	815.84	824.00
12寸摆台	个	265.15	267.80
10寸摆台	个	163.17	164.80
8寸摆台	个	101.98	103.00

背景资料三：相关财务数据，如表2-18所示。

表2-18　相关财务数据　　　　　　　　　　　　　　　　　　　　单位：元

项目	1~3月	4~5月	合计
应税货物销售额	148 000	107 000	255 000
应税服务销售额	36 000	18 000	54 000
应纳税额	1 840	1 250	3 090

背景资料四：客户基本信息。

1. 客户1资料

企业名称：北京佳美股份有限公司

统一社会信用代码：91110270590544369X
地址：北京电信园甄姬路 56 号
电话：010-65135897
开户行：中国工商银行北京西城支行
账户：1100076323130010755
增值税纳税人：一般纳税人

2. 客户 2 资料
企业名称：北京安斯贸易有限公司
统一社会信用代码：91110017582476817B
地址：北京市丰台区梅市口路 23 号
电话：010-53571096
开户行：中国工商银行北京分行
账户：1101053712637197542
增值税纳税人：一般纳税人

3. 客户 3 资料
企业名称：北京琳琅贸易有限公司
统一社会信用代码：911101034129862232
地址：北京市小营中关村东升科技园二期西区 18 号
电话：010-83422341
开户行：中国农业银行北京分行
账户：11010078973367634
增值税纳税人：一般纳税人

4. 客户 4 资料
企业名称：北京绿茗贸易有限公司
统一社会信用代码：91110102682461628X
地址：北京市朝阳区北苑路 36 号
电话：010-66828255
开户行：中国工商银行北京分行
账户：1100016229602546798
增值税纳税人：一般纳税人

5. 客户 5 资料
企业名称：北京星辰贸易有限公司
统一社会信用代码：91110108886916666A
地址：北京市房山区良乡西路南大街 5 号
电话：010-66710234
开户行：中国工商银行北京分行
账户：1101136028479321578
增值税纳税人：小规模纳税人

（二）业务资料

北京拾忆摄影有限公司是一家小规模摄影公司，主营婚纱摄影、写真、活动策划、跟拍，同时销售相框和摆台。

请根据背景资料完成题目操作（备注：销售方当月开出发票，购买方未对取得的发票进行用途确认与发票入账）。

【业务2-21】6月1日发放员工福利，有关凭证如凭2-54至凭2-56所示。

凭2-54

ICBC 中国工商银行　业务回单（付款）

日期：2023年06月01日
回单编号：9281036284
付款人户名：北京拾忆摄影有限公司　　　付款人开户行：中国工商银行北京分行
付款人账号（卡号）：1013991627280904056
收款人户名：北京宝利商贸有限公司　　　收款人开户行：中国工商银行北京分行
收款人账号（卡号）：1101007897336764111
金额：贰仟零贰拾元整　　　　　　　　　小写：2 020.00元
业务（产品）种类：同行发报　凭证种类：000000000　凭证号码：00000000000000000
摘要：货款　用途：货款　　　　　　　　币种：人民币
交易机构：0410000298　记账柜员：00023　交易代码：52062　渠道：网上银行

附言：
支付交易序号：23076093　报文种类：普通贷记业务　委托日期：2023年06月01日
业务类型（种类）：普通汇兑　指令编号：HQP1102126134　提交人：13774551526.c.4100
最终授权人：0920007080300001.c.4100

本回单为第1次打印，注意重复　打印日期：2023年06月01日　打印柜员：9　验证码：1B5FB9A63006

凭2-55

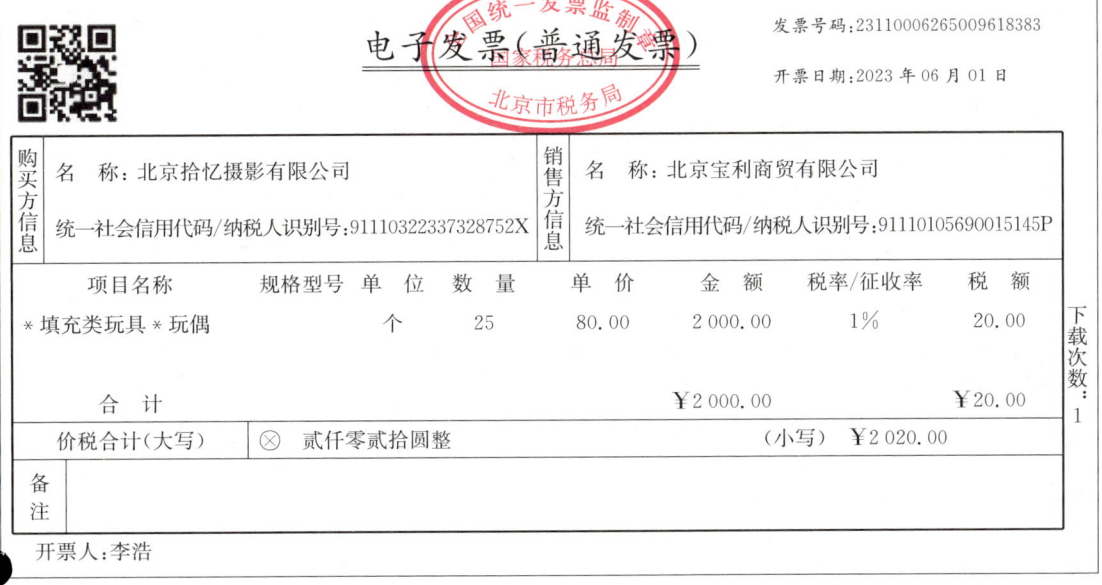

凭 2-56

出库单

NO 00501097

2023 年 06 月 01 日

物资类别	库存商品						
提货单位或部门	发放职工福利领用	发票号码或销售单号		发出仓库	库存商品库	出库日期	2023-06-01

编号	名称及规格	单位	数量		单价	金额
			要数	实发		
B003	8寸摆台	个	25	25		
W001	玩偶	个	25	25		
合 计						

部门主管:李安　　　会计:陈静　　　仓库:肖平　　　制表:肖平

第二联　记账

【业务 2-22】6 月 2 日承接周年庆活动策划与跟拍,有关凭证如凭 2-57 至凭 2-59 所示。

凭 2-57

ICBC 中国工商银行　业务回单(收款)

日期:2023 年 06 月 02 日
回单编号:9281071273
付款人户名:北京佳美股份有限公司　　付款人开户行:中国工商银行北京西城支行
付款人账号(卡号):1100076323130010755
收款人户名:北京拾忆摄影有限公司　　收款人开户行:中国工商银行北京分行
收款人账号(卡号):1013991627280904056
金额:玖仟贰佰柒拾元整　　　　　　　小写:9 270.00 元
业务(产品)种类:同行收报　凭证种类:000000000　凭证号码:00000000000000000
摘要:定金　　　用途:定金　　　　　　币种:人民币
交易机构:0410000298　记账柜员:00023　交易代码:52110　渠道:其他

附言:
支付交易序号:23076093　报文种类:普通贷记业务　委托日期:2023 年 06 月 02 日
业务类型(种类):普通汇兑

本回单为第 1 次打印,注意重复　打印日期:2023 年 06 月 02 日　打印柜员:9　验证码:536FE9A71006

(中国工商银行北京分行 自助回单机 专用章 (003))

凭 2-58

销 售 单

客户名称：北京佳美股份有限公司　　　2023 年 06 月 02 日　　　No：63011001

品名	规格	单位	单价	数量	金额
跟拍策划		场	18 540.00	1	18 540.00

总计金额(大写)：壹万捌仟伍佰肆拾元整　　　　　　　　　¥18 540.00

信用审批：李佳　　　业务主管：叶晴晴　　　经办人：李琳娴

第一联：存银(白)　第二联：客户(红)

凭 2-59

购销合同

供方：北京拾忆摄影有限公司　　　合同号：XSHT0602
需方：北京佳美股份有限公司　　　签订日期：2023 年 06 月 02 日

经双方协议，订立本合同如下：

名称	规格型号	单位	数量	含税单价	金额
跟拍策划		场	1	18 540.00	18 540.00
合计	—	—	—	—	18 540.00

贷款总计(大写)：壹万捌仟伍佰肆拾元整

质量验收标准：活动完成无差错，跟拍视频完成1份，照片不少于200张。
交货日期：2023 年 06 月 05 日
交货地点：北京市朝阳区新华路3号102室
结算方式：合同签订时，需方需支付9 270元，活动完成需方拿到所有产品后支付剩余货款。
违约条款：违约方须赔偿对方一切经济损失。但遇天灾人祸或其他人力不能控制的因素而导致延误交货，需方不能要求供方赔偿任何损失。
解决合同纠纷的方式：经双方友好协商解决，如协商不成的，可向当地仲裁委员会提出申诉解决。
本合同一式两份，供需双方各执一份，自签订之日起生效。

供方(盖章)：北京拾忆摄影有限公司　　　需方(盖章)：北京佳美股份有限公司
税号：91110322337328752X　　　税号：91110270590544869X
开户银行名称：中国工商银行北京分行　　　开户银行名称：中国工商银行北京西城支行
开户银行账号：1013991627280904056　　　开户银行账号：11000763231300107551
地址：北京市朝阳区新华路3号102室　　　地址：北京电信园甄姬路56号
法定代表人：李佳　　　法定代表人：杨光
公司联系电话：010-78061988　　　公司联系电话：010-65135897

【业务2-23】6月5日无偿捐赠12寸摆台,有关凭证如凭2-60至凭2-62所示。

凭2-61

捐赠合同

甲方:北京拾忆摄影有限公司
乙方:中国红十字会

经甲乙双方友好协商,就甲方无偿捐赠给乙方的12寸摆台达成如下协议:
一、甲方于2023年06月05日向乙方无偿捐赠12寸摆台30个。捐赠商品总金额为8 034元,人民币(大写)捌仟零叁拾肆元整。
二、乙方承担运费等相关费用。
三、甲方捐赠给乙方的12寸摆台作为福利院小朋友的礼物,乙方不得挪作他用。
四、甲方确保商品的质量,如发现由于商品导致小朋友的健康出现问题,甲方承担全部责任。甲方不提供发票。
以上协议甲乙双方各执壹份,如有异议另签订补充协议,补充协议与本协议具有同等法律效力。

甲方:北京拾忆摄影有限公司　　　　　乙方:中国红十字会
2023年06月05日　　　　　　　　　　　2023年06月05日

凭2-61

物资类别	库存商品	出 库 单					NO 00501098
		2023年06月05日					
提货单位或部门	捐赠红十字会领用	发票号码或销售单号		发出仓库	库存商品库	出库日期	2023-06-05
编号	名称及规格	单位	数量		单价	金额	
			要数	实发			
B001	12寸摆台	个	30	30			
		合　计					
部门主管:李安		会计:陈静		仓库:肖平		制表:肖平	

凭 2-62

公益性单位接受捐赠统一收据
UNIFIED IN VOICE OF DONATION FOR PUBLIC WELFARE ORGANIZATION

国财 00202　　　　　　　　　2023 年 06 月 05 日　　　　　　　　No 1165437001
　　　　　　　　　　　　　　　　Y　M　D

捐赠者
Donor 北京拾忆摄影有限公司

捐赠项目
For Purpose 中国红十字会福利院儿童健康成长

捐赠金额(实物价值)大写
Total Amount　　in Words 捌仟零叁拾肆元整
　　　　　　　　　　小写
　　　　　　　　　　in Figures ￥8 034.00

货币(实物)种类
Currency (Material Objects)

备注
Nores

接收单位(签章)　　　　审核　　　　　　　经手人
Receiver's Seal　　　　Verifed by　　　　Handling Person

感谢您的慷慨捐赠！　Thank you for your generous donation!

第二联　Secoend Donor　捐赠者

【业务 2-24】6 月 5 日对外投资,有关凭证如凭 2-63、凭 2-64 所示。

凭 2-63

投资协议

甲方:北京琳琅贸易有限公司
乙方:北京拾忆摄影有限公司
甲、乙双方本着互惠互利的原则,经过友好协商,现达成一致协议如下:
一、甲方同意乙方向甲方公司投资。
二、出资方式及占股比例:乙方以 100 幅纳米相框(价值 82 400 元)投资给甲方,接受投资后甲方注册资本从 100 000 元增加至 1 080 000 元,乙方占整体股权的 7.41%。
三、甲方董事会成员共 2 人,其中 2 人同意此次投资。
四、甲方须在乙方接受货物后的 10 个工作日内完成股东变更的工商登记手续。
五、本次股权投资过程中,发生的相关费用(如鉴证、审计、工商变更等),由乙方承担。
六、协议一式四份,甲乙双方各执两份具有同等法律效力。
七、本协议未尽事宜由甲乙双方另行协商。

甲方:北京琳琅贸易有限公司　　　　　　乙方:北京拾忆摄影有限公司

时间:2023 年 06 月 05 日　　　　　　　时间:2023 年 06 月 05 日

凭 2-64

物资类别	库存商品			出 库 单 NO 00501099				
				2023 年 06 月 05 日				
提货单位或部门	北京琳琅贸易有限公司	发票号码或销售单号		发出仓库	库存商品库	出库日期	2023-06-06	
编号	名称及规格	单位	数量		单价	金额		
			要数	实发				
B004	纳米相框	幅	100	100				
		合 计						
部门主管:李安		会计:陈静			仓库:肖平		制表:肖平	

第二联 记账

【业务 2-25】6月8日发放股东福利,有关凭证如凭 2-65 所示。

凭 2-65

物资类别	库存商品			出 库 单 NO 00501100				
				2023 年 06 月 08 日				
提货单位或部门	发放股东福利	发票号码或销售单号		发出仓库	库存商品库	出库日期	2023-06-08	
编号	名称及规格	单位	数量		单价	金额		
			要数	实发				
B001	12寸摆台	个	3	3				
B002	10寸摆台	个	3	3				
B003	8寸摆台	个	3	3				
		合 计						
部门主管:李安		会计:陈静			仓库:肖平		制表:肖平	

第二联 记账

【业务2-26】6月10日收到委托代销清单,有关凭证如凭2-66、凭2-67所示。

凭2-66

委托代销清单

受托方:北京绿茗贸易有限公司　　　　日期:2023年06月10日　　　　委托方:北京拾忆摄影有限公司

商品名称	单位	接收数量	已售数量	结存数量	含税单价	含税销售金额	税额
12寸摆台	个	100	50	50	267.80	13 390.00	132.57
10寸摆台	个	200	80	120	164.80	13 184.00	130.53
8寸摆台	个	100	90	10	103.00	9 270.00	91.78

凭2-67

委托代销合同

合同编号:JYXS0628

甲方(委托方):北京拾忆摄影有限公司
乙方(代销方):北京绿茗贸易有限公司

甲乙双方经友好协商,甲方委托乙方销售空气净化器,达成如下协议,以供双方共同遵守。

产品	单位	数量	单价(含税)	金额
12寸摆台	个	100	267.80	26 780.00
10寸摆台	个	200	164.80	32 960.00
8寸摆台	个	100	103.00	10 300.00
合计	—	—	—	70 040.00

一、代销合同双方的权利义务:
甲方按双方约定的时间、数量、质量、品种交付货物,由甲方送货上门,运费由甲方承担。乙方以适当方式销售代销的货物。
二、付款方式:
委托代销手续费为销售额的4.5%,均不含税,费用在销售款项中扣除。
三、违约责任:
1. 甲方如不能按时供货或货物质量不合格应赔偿乙方损失。
2. 乙方拖欠实销货款不按期清偿,应赔偿甲方损失。
3. 乙方若欠总货款超过500 000.00元,甲方有权解除合同。
四、双方发生争议解决办法:
双方发生争议后,先协商解决,协商不成任何一方均可向人民法院提起诉讼。
五、本协议有效期自2023年05月10日至2023年07月16日止。
六、本协议自双方签字盖章时开始生效。
七、本协议一式两份,双方各执一份,均具有同等的法律效力。

甲方:北京拾忆摄影有限公司　　　　　　　　乙方:北京绿茗贸易有限公司
法人:李佳　　　　　　　　　　　　　　　　法人:叶霖鑫
时间:2023年05月10日　　　　　　　　　　　时间:2023年05月10日

【业务 2-27】6 月 12 日给职工免费拍摄艺术照,有关凭证如凭 2-68 所示。

凭 2-68

公　告

　　2023 年 6 月 12 日,恰逢公司十二周年庆,公司发展的这十余年中,感恩每位优秀员工辛勤的付出,在公司的发展历程中书写了浓墨重彩的一笔。特此分别为在公司发展周期超过 6 年的 20 位员工免费拍摄艺术照一组。

北京拾忆摄影有限公司
2023 年 06 月 12 日

【业务 2-28】6 月 14 日周年庆促销打折,有关凭证如凭 2-69 至凭 2-71 所示。

凭 2-69

ICBC 中国工商银行　业务回单(收款)

日期:2023 年 06 月 14 日
回单编号:9823674517
付款人户名:北京星辰贸易有限公司　　　　　付款人开户行:中国工商银行北京分行
付款人账号(卡号):1101136028479321578
收款人户名:北京拾忆摄影有限公司　　　　　收款人开户行:中国工商银行北京分行
收款人账号(卡号):1013991627280904056
金额:壹万肆仟柒佰肆拾玖元陆角整　　　　　小写:14 749.60 元
业务(产品)种类:同行收报　凭证种类:000000000　凭证号码:000000000000000000
摘要:货款　　用途:货款　　　　　　　　　　币种:人民币
交易机构:0410000298　记账柜员:00023　交易代码:52110　渠道:其他
附言:
支付交易序号:23076093　报文种类:普通贷记业务　委托日期:2023 年 06 月 14 日
业务类型(种类):普通汇兑

本回单为第 1 次打印,注意重复　　打印日期:2023 年 06 月 14 日　　打印柜员:9　　验证码:536FE9A71006

中国工商银行北京分行
自助回单机
专用章
(003)

凭 2-70

销 售 单

客户名称：北京星辰贸易有限公司　　2023 年 06 月 14 日　　No：63012511

品名	规格	单位	单价	数量	金额
跟拍策划		场	18 540.00	1	18 540.00
艺术照		组	1 833.40	10	18 334.00
折扣 20%					－7 374.80

总计金额（大写）：贰万玖仟肆佰玖拾玖元贰角整　　￥29 499.20

信用审批：李佳　　业务主管：叶晴晴　　经办人：李琳娴

第一联：存银（白）　第二联：客户（红）

凭 2-71

购销合同

供方：北京拾忆摄影有限公司　　合同号：XSHT0614
需方：北京星辰贸易有限公司　　签订日期：2023 年 06 月 14 日

经双方协议，订立本合同如下：

名称	规格型号	单位	数量	含税单价	金额
跟拍策划		场	1	18 540.00	18 540.00
艺术照		组	10	1 833.40	18 334.00
折扣 20%					－7 374.80
合计	—	—	—		29 499.20

贷款总计（大写）：贰万玖仟肆佰玖拾玖元贰角整

质量验收标准：活动策划正常完成，照片视频交付，效果与沟通相符。
交货日期：2023 年 06 月 18 日
交货地点：北京市房山区良乡西路南大街 5 号
结算方式：合同签订时，需方支付 14 749.60 元，剩余货款在照片视频交付后支付。
违约条款：违约方须赔偿对方一切经济损失。但遇天灾人祸或其他人力不能控制的因素而导致延误交货，需方不能要求供方赔偿任何损失。
解决合同纠纷的方式：经双方友好协商解决，如协商不成，可向当地仲裁委员会提出申诉解决。
本合同一式两份，供需双方各执一份，自签订之日起生效。

供方（盖章）：北京拾忆摄影有限公司　　需方（盖章）：北京星辰贸易有限公司
税号：91110322337328752X　　税号：91110108886916666A
开户银行名称：中国工商银行北京分行　　开户银行名称：中国工商银行北京分行
开户银行账号：1013991627280904056　　开户银行账号：1011360284793215718
地址：北京市朝阳区新华路 3 号 102 室　　地址：北京市房山区良乡西路南大街 5 号
法定代表人：李佳　　法定代表人：宇文海
公司联系电话：010-78061988　　公司联系电话：010-66710234

【业务 2-29】 6 月 15 日采购摄像机,有关凭证如凭 2-72 至凭 2-74 所示。

凭 2-72

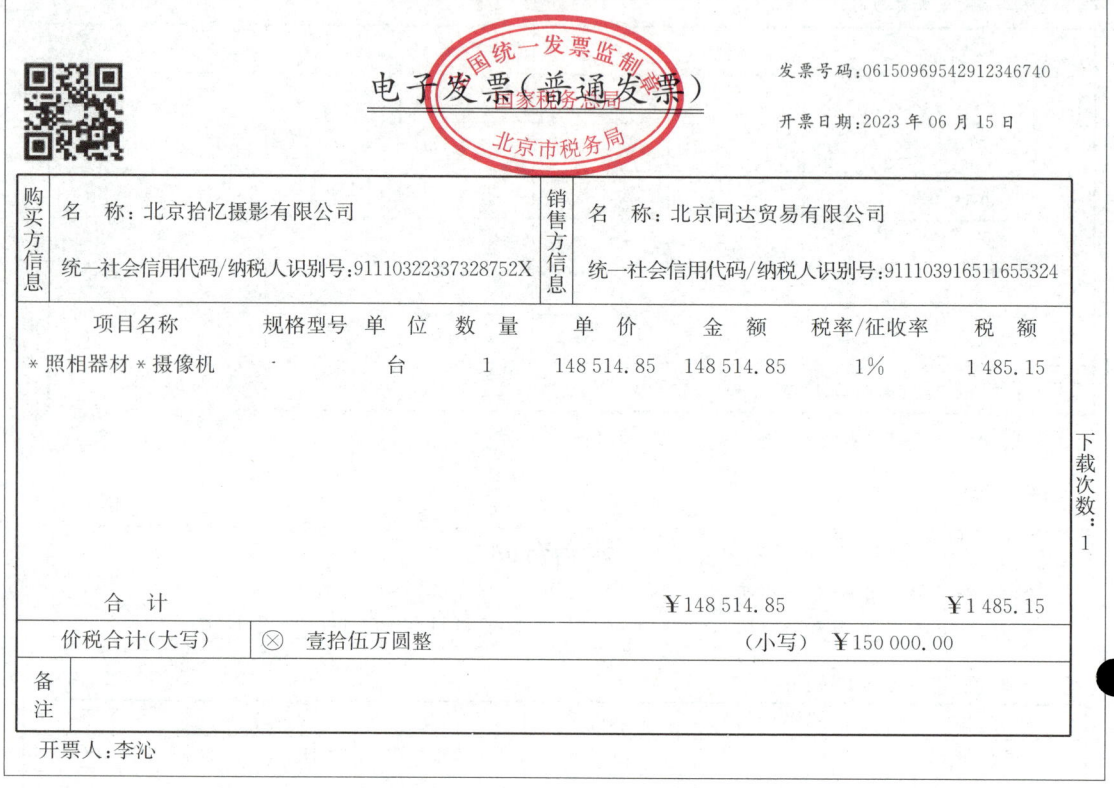

凭 2-73

销 售 单

客户名称:北京拾忆摄影有限公司　　2023 年 06 月 15 日　　No:3357789

品名	规格	单位	单价	数量	金额
摄像机		台	1	150 000	150 000.00

总计金额(大写):壹拾伍万元整　　　　　　　　　　　　　￥150 000.00

信用审批:江昱达　　　　　业务主管:叶问　　　　　经办人:武曌

第一联:存银(白)　第二联:客户(红)

凭 2-74

固定资产验收单
2023 年 06 月 15 日

资产编号	198			资产来源	外购		
名　称	摄像机			规格型号		购（造）价	150 000.00
安装费	0.00	使用年限	10	预计残值率	5%	预计残值	7 500.00
建造单位				交工日期	2023 年 06 月 15 日		
验收部门	行政部	验收人员	李蕾	管理部门	业务部	管理人员	方一凡
备　注	机械设备类						

审核：林宛　　　　　　　　　　制表：陈芳

【业务 2-30】6 月 17 日以货易货，有关凭证如凭 2-75 至凭 2-77 所示。

凭 2-75

非货币性资产交换合同

甲方：北京拾忆摄影有限公司
乙方：北京安斯贸易有限公司

　　甲、乙双方在平等、互惠、互利的基础上，经双方友好协商，就合作互换事宜达成如下协议：
　　1. 甲方将商品，10 幅纳米相框，共计 8 240.00 元（含税）。交换乙方柯达美颜相机一台，相机价值 8 240.00 元（含税）。甲、乙双方分别就销售商品按公允价值开具发票，且该笔交易具有商业实质。
　　2. 甲、乙双方采用"送货上门"的方式交货，各自承担送货费用，互换产品清单上列明的产品均应一次性送达，不得分批分次。
　　3. 甲方的义务：
　　保证向乙方提供的用于互换的产品无任何质量问题。
　　4. 乙方的义务：
　　保证向甲方提供的用于互换的产品无任何质量问题。
　　5. 本协议一式两份，经双方签字盖章后生效。未尽事宜，另行商议。甲、乙双方各执一份，具有同等效力。

甲方：北京拾忆摄影有限公司
签章：
日期：2023 年 06 月 17 日

乙方：北京安斯贸易有限公司
签章：
日期：2023 年 06 月 17 日

凭 2-76

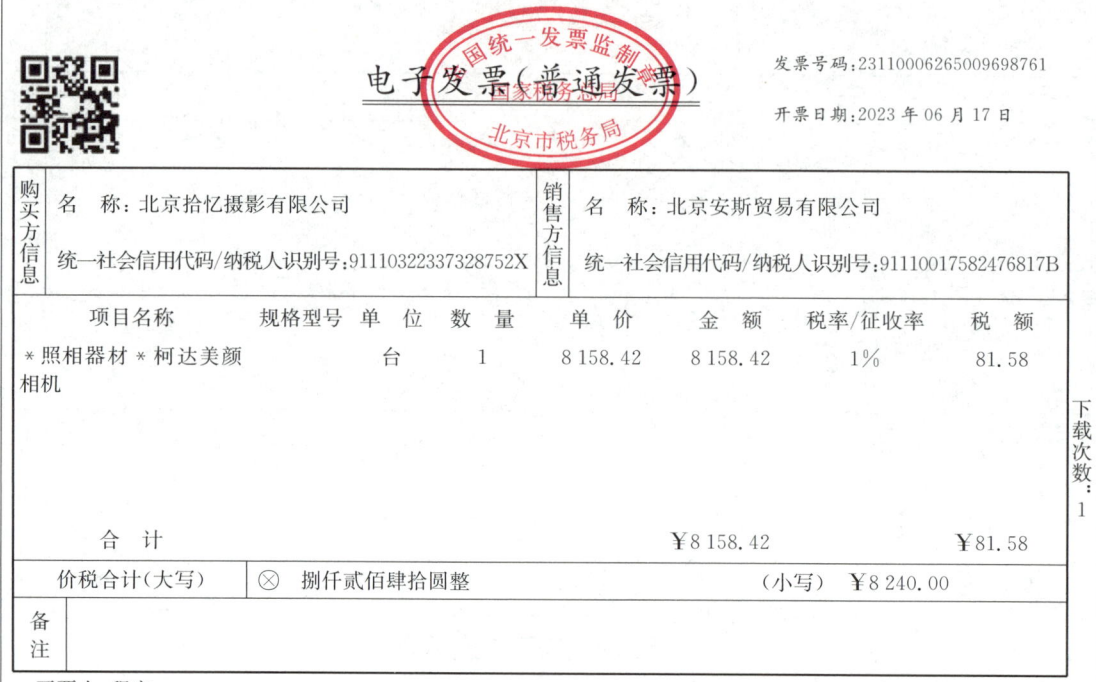

凭 2-77

固定资产验收单

2023 年 06 月 17 日

资产编号	199			资产来源	外购		
名　称	柯达美颜相机			规格型号		购(造)价	8 240.00
安装费		使用年限	5 年	预计残值率	5%	预计残值	412.00
建造单位				交工日期	2023 年 06 月 17 日		
验收部门	行政部	验收人员	李蕾	管理部门	业务部	管理人员	方一凡
备　注	机械设备类						

审核：林宛　　　　　　　　　　　　制表：陈芳

【业务2-31】 6月18日债务重组，有关凭证如凭2-78、凭2-79所示。

凭2-78

债务重组协议

甲方：北京星辰贸易有限公司
乙方：北京拾忆摄影有限公司

　　甲方赊购乙方一批商品，含税价格为6 592.00元，现甲乙双方协商进行债务重组。
　　甲乙双方达成债务重组，内容如下：
　　1. 截至本合同签署之日，甲方对乙方有总额为6 592.00元整的债权待收回，其中已计提329.60元的减值准备。
　　2. 甲方同意将乙方债务6 592.00元，以8幅纳米相框（账面单价600.00元，市场公允含税单价824.00元）进行债务重组。
　　3. 本协议自各方授权代表签字并加盖公章之日起生效。

甲方：北京星辰贸易有限公司　　　　　　乙方：北京拾忆摄影有限公司

法人：宇文海　　　　　　　　　　　　　法人：李佳

凭2-79

出 库 单

NO 00501101

2023年06月18日

物资类别	库存商品				发出仓库	库存商品库	出库日期	2023-06-18
提货单位或部门	北京星辰贸易有限公司	发票号码或销售单号						
编号	名称及规格	单位	数量		单价	金额		
			要数	实发				
B004	纳米相框	幅	8	8				
	合　　计							

部门主管：李安　　会计：陈静　　仓库：肖平　　制表：肖平

【业务2-32】6月20日销售退货，有关凭证如凭2-80至凭2-82所示。

凭2-80

退货协议书

协议号：QF200409

甲方：北京拾忆摄影有限公司
乙方：北京琳琅贸易有限公司

由于乙方收到的商品有磕碰划痕等原因，质量达不到合同规定，经甲、乙双方协商决定，乙方将2023年05月10日购入的一批货物向甲方申请全部退回不符合规定的货物，由甲方申请填开信息表开具红字发票冲减2023年05月10日的发票。
退货部分详见下列内容：

货物名称	规格型号	单位	数量	含税单价	含税金额	税额
纳米相框		幅	100	824.00	82 400.00	815.84
12寸摆台		个	20	267.80	5 356.00	53.03
10寸摆台		个	20	164.80	3 296.00	32.63

我单位确保提供的上述资料真实、完整、准确，符合有关法律、法规，否则我单位将承担一切法律责任。

甲方：北京拾忆摄影有限公司　　　　　乙方：北京琳琅贸易有限公司
甲方签章　　　　　　　　　　　　　　乙方签章
日期：2023年06月20日　　　　　　　　日期：2023年06月20日

凭2-81

退货单

单位：北京琳琅贸易有限公司　　金额单位：元（列至角分）　　日期：2023年06月20日

退货单编码	QF051350	退货日期	2023年06月20日	收回日期	2023年06月20日
原采购单号	5300318	部门	采购部	业务员	方思
供应商编码	3	供应商	北京拾忆摄影有限公司		

序号	编码	品名	规格	退货原因	单位	数量	含税单价	含税金额
1	BC001	纳米相框		划痕	幅	100	824.00	82 400.00
2	BC002	12寸摆台		划痕	个	20	267.80	5 356.00
3	BC003	10寸摆台		划痕	个	20	164.80	3 296.00

审核：王泽和　　　　　　制表：赫允熙

凭2-82

入库单

No 07029981

交货单位：北京琳琅贸易有限公司　　　2023年06月20日

品名	单位	规格	数量	单价	金额 千 百 十 万 千 百 十 元 角 分
纳米相框	幅		100		
12寸摆台	个		20		
10寸摆台	个		20		
合计大写	仟 佰 拾 万 仟 佰 拾 元 角 分 ￥				

第二联 会计联

记账：陈飞　　　保管：肖平　　　制票：肖平

【业务2-33】6月22日销售折让，有关凭证如凭2-83所示。

凭2-83

折让协议

协议号：BLXS1703027-1

甲方：北京拾忆摄影有限公司　　　　　乙方：北京佳美股份有限公司
地址：北京市朝阳区新华路3号102室　　地址：北京电信园甄姬路56号
电话：010-78061988　　　　　　　　　电话：010-65135897
法定代表人：李佳　　　　　　　　　　法定代表人：杨光

经甲乙双方共同协商，在平等、公平、公正、自愿的原则下，达成如下折让事项：

第一条：折让原因
　　甲方于2023年06月02日向乙方签订周年庆活动策划和跟拍事宜，由于乙方不需要化妆，剔除化妆部分折让，经双方协商一致，甲方给予乙方销售折让1000元（大写金额壹仟元整，含税），并签署销售折让协议。
第二条：双方责任
　　甲方责任：全额开具红字发票冲减06月02日的蓝字发票，再按减去折让后的金额重新开具发票。
　　乙方责任：折让货款。如有未尽事宜，由双方另行商定。
第三条：协议生效、中止与结束
　　（一）本协议一式两份，甲乙双方各执一份，需经双方签字认可后生效。
　　（二）以货款两讫之日，结束本协议。
第四条：纠纷解决方式
　　因执行本协议发生的或与本协议有关的一切争议，甲乙双方应通过友好协商解决，如双方协商仍不能达成一致意见时，则提交仲裁机构。
第五条：双方单位所提供的退货协议和附送资料内容真实、完整、准确，并对此承担相应的法律责任

甲方：北京拾忆摄影有限公司　　　　　乙方：北京佳美股份有限公司
盖章：　　　　　　　　　　　　　　　盖章：
日期：2023年06月22日　　　　　　　　日期：2023年06月22日

二、实训任务

实训任务 1：根据业务资料判断是否开票，并开出正确的销售发票。

实训任务 2：根据业务资料计算应纳增值税，并填写表 2-19。

表 2-19　应纳税额计算表

单位：北京拾忆摄影有限公司　　　　　　　　　　　　　　　　　金额单位：人民币元(列至角分)

项目	4～5月销售额(不含税)	本月销售额(不含税)	税额
应税货物销售额			
应税服务销售额			
本期应纳税额合计			
本期应纳减征额			
本期免税额			
本期预缴税额			
本期应补(退)税额			

实训任务 3：根据业务资料到电子税务局系统申报第二季度增值税，如表 2-20 至表 2-23 所示。

表 2-20　增值税及附加税费申报表
(小规模纳税人适用)

纳税人识别号(统一社会信用代码)：
纳税人名称：　　　　　　　　　　　　　　　　　　　　　　　金额单位：元(列至角分)
税款所属期：　年　月　日至　年　月　日　　　　　　　　　　填表日期：　年　月　日

	项目	栏次	本期数		本年累计	
			货物及劳务	服务、不动产和无形资产	货物及劳务	服务、不动产和无形资产
一、计税依据	(一)应征增值税不含税销售额(3%征收率)	1				
	增值税专用发票不含税销售额	2				
	其他增值税发票不含税销售额	3				
	(二)应征增值税不含税销售额(5%征收率)	4		—		—
	增值税专用发票不含税销售额	5		—		—
	其他增值税发票不含税销售额	6		—		—
	(三)销售使用过的固定资产不含税销售额	7(7≥8)				
	其中：其他增值税发票不含税销售额	8				

(续表)

	项　目	栏次	本期数		本年累计	
			货物及劳务	服务、不动产和无形资产	货物及劳务	服务、不动产和无形资产
一、计税依据	（四）免税销售额	9＝10＋11＋12				
	其中：小微企业免税销售额	10				
	未达起征点销售额	11				
	其他免税销售额	12				
	（五）出口免税销售额	13（13≥14）				
	其中：其他增值税发票不含税销售额	14				
二、税款计算	本期应纳税额	15				
	本期应纳税额减征额	16				
	本期免税额	17				
	其中：小微企业免税额	18				
	未达起征点免税额	19				
	应纳税额合计	20＝15－16				
	本期预缴税额	21			—	—
	本期应补（退）税额	22＝20－21			—	—
三、附加税费	城市维护建设税本期应补（退）税额	23				
	教育费附加本期应补（退）费额	24				
	地方教育附加本期应补（退）费额	25				

声明：此表是根据国家税收法律法规及相关规定填写的，本人（单位）对填报内容（及附带资料）的真实性、可靠性、完整性负责。

纳税人（签章）：　　年　月　日

经办人：
经办人身份证号：
代理机构签章：
代理机构统一社会信用代码：

受理人：

受理税务机关（章）：
受理日期：　　年　月　日

表 2-21 增值税及附加税费申报表(小规模纳税人适用)附列资料(一)
（服务、不动产和无形资产扣除项目明细）

税款所属期：　年　月　日至　年　月　日　　　　　　　　　　　填表日期：　年　月　日
纳税人名称(公章)：　　　　　　　　　　　　　　　　　　　　　　金额单位:元(列至角分)

应税行为(3%征收率)扣除额计算			
期初余额	本期发生额	本期扣除额	期末余额
1	2	3(3≤1+2之和,且3≤5)	4=1+2-3
应税行为(3%征收率)计税销售额计算			
全部含税收入（适用3%征收率）	本期扣除额	含税销售额	不含税销售额
5	6=3	7=5-6	8=7÷1.03
应税行为(5%征收率)扣除额计算			
期初余额	本期发生额	本期扣除额	期末余额
9	10	11(11≤9+10之和,且11≤13)	12=9+10-11
应税行为(5%征收率)计税销售额计算			
全部含税收入（适用5%征收率）	本期扣除额	含税销售额	不含税销售额
13	14=11	15=13-14	16=15÷1.05

表 2-22 增值税及附加税费申报表(小规模纳税人适用)附列资料(二)
（附加税费情况表）

税(费)款所属时间：　年　月　日至　年　月　日　　　　　　　　金额单位:元(列至角分)
纳税人名称:(公章)

税(费)种	计税(费)依据	税(费)率	本期应纳税(费)额	本期减免税(费)额		增值税小规模纳税人"六税两费"减征政策		本期已缴税(费)额	本期应补(退)税(费)额
	增值税税额			减免性质代码	减免税(费)额	减征比例	减征额		
	1	2	3=1×2	4	5	6	7=(3-5)×6	8	9=3-5-7-8
城市维护建设税									
教育费附加									
地方教育附加									
合计	—		—		—		—		

表 2-23 增值税减免税申报明细表

税款所属时间:自 年 月 日至 年 月 日

纳税人名称(公章): 金额单位:元(列至角分)

一、减税项目						
减税性质代码及名称	栏次	期初余额	本期发生额	本期应抵减税额	本期实际抵减税额	期末余额
		1	2	3＝1＋2	4≤3	5＝3－4
合计	1					
	2					
	3					
	4					
	5					
	6					

二、免税项目						
免税性质代码及名称	栏次	免征增值税项目销售额	免税销售额扣除项目本期实际扣除金额	扣除后免税销售额	免税销售额对应的进项税额	免税额
		1	2	3＝1－2	4	5
合　计	7					
出口免税	8		—	—	—	—
其中:跨境服务	9		—	—	—	—
	10					
	11					
	12					
	13					
	14					
	15					
	16					

工作任务三　消费税及附加税费纳税申报

知识目标

　　掌握消费税的概念。
　　了解消费税纳税人、征税范围及税率、纳税义务发生时间、纳税环节、应纳税额的计算、纳税期限和地点。

技能目标

　　准确核算消费税税额。
　　熟知已纳消费税的扣除。
　　准确按期进行消费税及附加税费纳税申报。

思政目标

　　掌握消费税的征税范围、税目，树立理性消费意识，形成节能减排观念。
　　准确计算消费税的应纳税额，强化依法依规的责任意识，践行社会主义核心价值观诚实守信要求。

思维导图

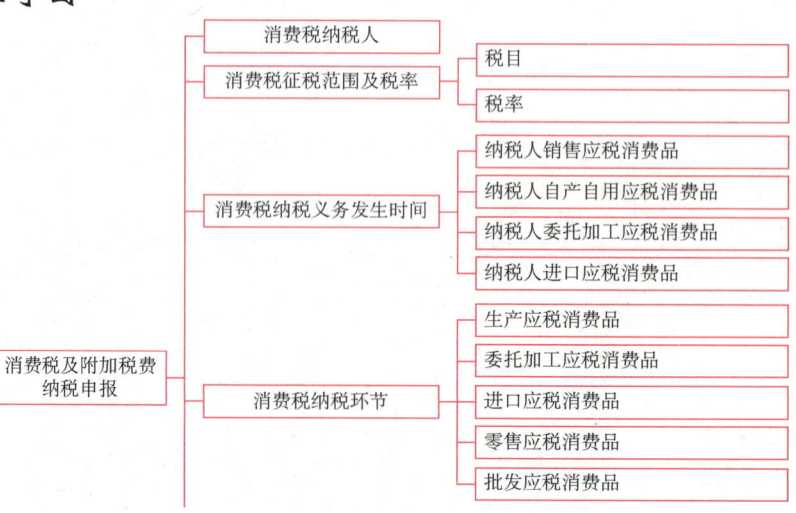

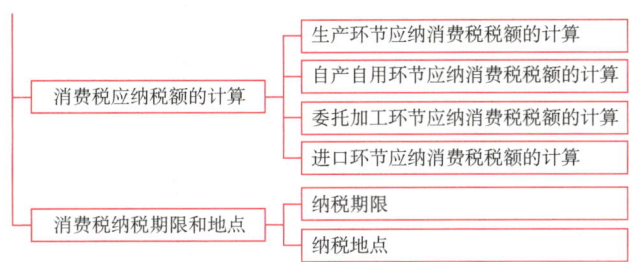

 任务背景

北京禾颂化妆品有限公司属于增值税一般纳税人,经营范围为生产、销售各类化妆品。2023年3月,公司发生采购与销售业务,包括委托加工和委托代销业务,所有业务均取得合理凭证,公司税务人员需根据当月业务票据资料计算申报当期应纳消费税及附加税费。

知识储备

消费税是对我国境内从事生产、委托加工和进口应税消费品的单位和个人,按其销售额或销售数量,在特定环节征收的一种税。

一、消费税纳税人

消费税纳税人是在我国境内生产、委托加工和进口应税消费品的单位和个人。

二、消费税征税范围及税率

我国消费税是在对货物普遍征收增值税的基础上,再选择少数消费品而征收的。消费税的税目共有15个。

(一) 税目

1. 烟

凡是以烟叶为原料加工生产的产品,不论使用何种辅料,均属于本税目的征收范围,包括卷烟、雪茄烟和烟丝。其中,卷烟又分为甲类卷烟和乙类卷烟。甲类卷烟是指每标准条(200支,下同)不含增值税的调拨价格在70元(含)以上的卷烟;乙类卷烟是指每标准条不含增值税的调拨价格在70元以下的卷烟。

2. 酒

本税目是指酒精度在1度以上的各种酒类饮料,包括白酒、黄酒、啤酒和其他酒。其中啤酒每吨不含增值税的出厂价(含包装物及包装物押金,下同)在3 000元(含)以上的是甲类啤酒,每吨不含增值税的出厂价在3 000元以下的是乙类啤酒。

3. 高档化妆品

本税目是指生产环节销售价格或进口环节完税价格(不含增值税)在10元/毫升(克)或15元/片(张)及以上的各类高档美容、修饰类化妆品、高档护肤类化妆品和成套化妆品。

4. 贵重首饰及珠宝玉石

本税目包括各种金银珠宝首饰和经采掘、打磨、加工的各种珠宝玉石。

5. 鞭炮焰火

本税目包括各种鞭炮、焰火。体育上用的发令纸、鞭炮药引线,不按本税目征收。

6. 成品油

本税目包括汽油、柴油、石脑油、溶剂油、润滑油、航空煤油、燃料油等。

7. 摩托车

本税目包括气缸容量为 250 毫升的轻便摩托车和气缸容量在 250 毫升以上摩托车。

8. 小汽车

小汽车包括乘用车/中轻型商用客车及改装车、超豪华小汽车。超豪华小汽车是指每辆不含增值税的零售价在 130 万元(含)以上的乘用车和中轻型商用客车。超豪华小汽车在生产(进口)环节按现行税率征收消费税基础上,在零售环节加征消费税。

9. 高尔夫球及球具

高尔夫球及球具是指从事高尔夫球运动所需的各种专用装备,包括高尔夫球、高尔夫球杆、高尔夫球杆的杆头、杆身和握把及高尔夫球包(袋)等。

10. 高档手表

高档手表是指销售价格(不含增值税)每只在 10 000 元(含)以上的各类手表。

11. 游艇

游艇是指艇身长度大于 8 米小于 90 米,内置发动机,可以在水上移动,主要用于水上运动和休闲娱乐等非营利活动的各类机动艇。

12. 木制一次性筷子

木制一次性筷子是指以木材为原料经过锯断、浸泡、旋切、刨切、烘干、筛选、打磨、倒角、包装等环节加工而成的各类一次性使用的筷子。

13. 实木地板

实木地板是指以木材为原料,经锯割、干燥、刨光、截断、开榫、涂漆等工序加工成的地面装饰材料。

14. 电池

电池是一种将化学能、光能等直接转换为电能的装置。对无汞原电池、金属氢化物镍蓄电池、锂原电池、锂离子蓄电池、太阳能电池、燃料电池和全钒液流电池免征增值税。

15. 涂料

涂料是指涂于物体表面能形成具有保护、装饰或特殊性能的固态涂膜的一类液体或固体材料的总称。

(二) 税率

消费税的税率有比例税率和定额税率两种形式,税率形式的选择,主要根据课税对象的具体情况来确定。消费税各税目的税率如表 3-1 所示。

表 3-1 消费税税目税率表

税目	税率	计税方式
一、烟		
1. 卷烟		

（续表）

税目	税率	计税方式
（1）甲类卷烟	56％加 0.003 元/支（生产环节）	从价与从量复合计税
（2）乙类卷烟	36％加 0.003 元/支（生产环节）	
（3）批发环节	11％加 0.005 元/支	
2. 雪茄烟	36％	从价计税
3. 烟丝	30％	
二、酒		
1. 白酒	20％加 0.5 元/500 克（或 500 毫升）	从价与从量复合计税
2. 黄酒	240 元/吨	从量计税
3. 啤酒		
（1）甲类啤酒	250 元/吨	从量计税
（2）乙类啤酒	220 元/吨	
4. 其他酒	10％	从价计税
三、高档化妆品	15％	
四、贵重首饰及珠宝玉石		
1. 金银首饰、铂金首饰和钻石及钻石饰品	5％	从价计税
2. 其他贵重首饰和珠宝玉石	10％	
五、鞭炮、焰火	15％	
六、成品油		
1. 汽油	1.52 元/升	从量计税
2. 柴油	1.2 元/升	
3. 航空煤油	1.2 元/升	
4. 石脑油	1.52 元/升	
5. 溶剂油	1.52 元/升	
6. 润滑油	1.52 元/升	
7. 燃料油	1.2 元/升	
七、摩托车		
1. 气缸容量（排气量，下同）250 毫升	3％	从价计税
2. 气缸容量在 250 毫升（不含）以上	10％	

（续表）

税目	税率	计税方式
八、小汽车		
1. 乘用车		
（1）气缸容量在 1.0 升（含 1.0 升）以下	1%	
（2）气缸容量在 1.0 升以上至 1.5 升（含 1.5 升）	3%	
（3）气缸容量在 1.5 升以上至 2.0 升（含 2.0 升）	5%	
（4）气缸容量在 2.0 升以上至 2.5 升（含 2.5 升）	9%	
（5）气缸容量在 2.5 升以上至 3.0 升（含 3.0 升）	12%	
（6）气缸容量在 3.0 升以上至 4.0 升（含 4.0 升）	25%	
（7）气缸容量在 4.0 升以上	40%	
2. 中轻型商用客车	5%	从价计税
3. 超豪华小汽车(零售环节)	10%	
九、高尔夫球及球具	10%	
十、高档手表	20%	
十一、游艇	10%	
十二、木制一次性筷子	5%	
十三、实木地板	5%	
十四、电池	4%	
十五、涂料	4%	

三、消费税纳税义务发生时间

消费税纳税义务发生时间，以货款结算方式或行为发生时间确定。

（一）纳税人销售应税消费品

（1）纳税人采取赊销和分期收款结算方式的，其纳税义务时间为书面合同约定的收款日期当天，书面合同没有约定收款日期或无书面合同的，为发出应税消费品的当天。

（2）纳税人采取预收货款结算方式的，其纳税义务发生时间为发出应税消费品的当天。

（3）纳税人采取托收承付和委托银行收款结算方式的，其纳税义务时间为发出应税消费品并办妥托收手续的当天。

（4）采取其他结算方式的，其纳税义务时间为收讫销售款或取得索取销售款凭据的当天。

（二）纳税人自产自用应税消费品

其纳税义务发生时间为移动使用当天。

（三）纳税人委托加工应税消费品

其纳税义务发生时间为纳税人提货的当天。

（四）纳税人进口应税消费品

其纳税义务发生时间为报关进口的当天。

四、消费税纳税环节

消费税的纳税环节具有单一性，在消费品生产、流通的特定环节一次征收，而不是在消费品生产、流通和消费的每一个环节征收。

（一）生产应税消费品

在生产销售环节缴纳消费税，自产自用的消费品于移送使用环节缴纳消费税。

（二）委托加工应税消费品

在委托方收回应税消费品时由受托方代收代缴消费税。

（三）进口应税消费品

单位和个人进口应税消费品，在报关进口环节由海关征收消费税。

（四）零售应税消费品

零售环节征收消费税的消费品是金银首饰、钻石及钻石饰品、铂金首饰；豪华小汽车在零售环节加征一道消费税。

（五）批发应税消费品

卷烟在批发销售环节加征一道消费税。

五、消费税应纳税额的计算

消费税的计税依据为消费品销售额、销售数量。应纳消费税税额的计算公式，如表3-2所示。

表3-2 消费税应纳税额计算公式

计税方式	计算公式
从价计税	应纳税额＝销售额×比例税率
从量计税	应纳税额＝销售量×定额税率
从价与从量复合计税	应纳税额＝销售额×比例税率＋销售量×定额税率

（一）生产环节应纳消费税税额的计算

1. 销售额的一般规定

应税消费品的销售额包括销售应税消费品向购买方收取的全部价款和价外费用，不包括向购买方收取的增值税。

2. 包装物计入销售额的规定

纳税人连同包装物一起销售应税消费品时：

（1）包装物作价的，无论它是否单独计价、会计如何核算，均应并入计算消费品的销售额征收消费税。

（2）包装物不作价随同消费品销售，收取的包装物押金不应并入消费品的销售额计税，逾期包装物押金除外。

（3）包装物作价随同消费品销售，另外收取的包装物押金，逾期时应并入应税消费品销售额,按照消费品适用的税率征收消费税。

(4) 酒类产品生产企业,销售除啤酒、黄酒以外的其他酒类产品,收取的包装物押金,无论押金是否返还及会计如何核算,均应并入酒类产品销售额中征收消费税。

3. 销售数量的确定

(1) 纳税人生产销售应税消费品的,为应税消费品的销售数量。

(2) 纳税人自产自用应税消费品的,为移送使用数量。

(3) 纳税人委托加工应税消费品的,为委托方收回的应税消费品数量。

(4) 进口应税消费品的,为海关核定的应税消费品进口数量。

实际销售过程中,计量单位有时会出现混用的情况,《中华人民共和国消费税暂行条例实施细则》中规定了吨与升两个计量单位的换算标准:

啤酒　1吨＝988升　　　黄酒　1吨＝962升
汽油　1吨＝1 388升　　柴油　1吨＝1 176升
石脑油　1吨＝1 385升　溶剂油　1吨＝1 282升
润滑油　1吨＝1 126升　燃料油　1吨＝1 015升
航空煤油　1吨＝1 246升

4. 已纳消费税税额的扣除计算

为了避免重复课税,对外购应税消费品用于连续生产应税消费品销售的,允许扣除外购消费品已缴纳的消费税,扣除范围包括:

(1) 以外购或委托加工收回的已税烟丝为原料生产的卷烟。

(2) 以外购或委托加工收回的已税化妆品为原料生产的化妆品。

(3) 以外购或委托加工收回的已税珠宝玉石为原料生产的贵重首饰及珠宝玉石。

(4) 以外购或委托加工收回的已税鞭炮、焰火为原料生产的鞭炮、焰火。

(5) 以外购或委托加工收回的汽油、柴油、石脑油、燃料油、润滑油为原料生产应税成品油。

(6) 以外购或委托加工收回的已税杆头、杆身和握把为原料生产的高尔夫球杆。

(7) 以外购或委托加工收回的已税木制一次性筷子为原料生产的木制一次性筷子。

(8) 以外购或委托加工收回的已税实木地板为原料生产的实木地板。

当期允许扣除的已纳消费税税额应按当期生产领用消费品数量计算,计算公式为:

$$\text{当期准予扣除的外购应税消费品已纳税额} = \text{当期准予扣除的外购应税消费品买价} \times \text{外购应税消费品适用税率}$$

$$\text{当期准予扣除的外购应税消费品买价} = \text{期初库存外购应税消费品买价} + \text{当期购进应税消费品买价} - \text{期末库存外购应税消费品买价}$$

(二) 自产自用环节应纳消费税税额的计算

纳税人自产自用的应税消费品用于连续生产应税消费品的不缴纳消费税;用于其他方面的,于移送使用时纳税。

纳税人自产自用的应税消费品用于其他方面,包括用于生产非应税消费品、在建工程、管理部门、非生产机构、提供劳务、馈赠、赞助、集资、广告、样品、职工福利、奖励等。纳税人无同类消费品销售价格时,按照组成计税价格计算缴纳消费税,组价公式如表3-3所示。

表 3-3　自产自用消费品的消费税税额组价公式

计税方式	税基	应纳税额
从价定率计税	组价＝(成本＋利润)÷(1－比例税率)	应纳税额＝组价×比例税率
从价与从量复合计税	组价＝(成本＋利润＋自产自用数量×定额税率)÷(1－比例税率)	应纳税额＝销售额×比例税率＋自产自用数量×定额税率

(三)委托加工环节应纳消费税税额的计算

我国税法规定,委托加工的应税消费品于委托方提货时,由受托方代收代缴消费税。委托加工收回的应税消费品直接用于销售的,在销售时不再缴纳消费税;用于连续生产应税消费品,已纳税款按规定准予抵扣。

委托加工应税消费品,在提货时,按照受托方同类消费品销售价格计算纳税;受托方没有同类消费品销售价格的,按照组价计算纳税,组价公式如表 3-4 所示。

表 3-4　委托加工环节应纳消费税税额组价公式

计税方式	税基	应纳税额
从价定率计税	组价＝(材料成本＋加工费)÷(1－比例税率)	应纳税额＝组价×比例税率
从价与从量复合计税	组价＝(材料成本＋加工费＋委托加工数量×定额税率)÷(1－比例税率)	应纳税额＝销售额×比例税率＋委托加工数量×定额税率

(四)进口环节应纳消费税税额的计算

进口应税消费品按照组成计税价格和规定税率计算应纳税额,于报关进口时由海关代征消费税,组价公式如表 3-5 所示。

表 3-5　进口环节应纳消费税税额组价公式

计税方式	税基	应纳税额
从价定率计税	组价＝(关税完税价格＋关税)÷(1－比例税率)	应纳税额＝组价×比例税率
从量定额计税	海关核定的应税消费品进口数量	应纳税额＝进口数量×定额税率
从价与从量复合计税	组价＝(关税完税价格＋关税＋进口数量×定额税率)÷(1－比例税率)	应纳税额＝销售额×比例税率＋进口数量×定额税率

六、消费税纳税期限和地点

(一)纳税期限

消费税的纳税期限为 1 日、3 日、5 日、10 日、15 日、1 个月或者 1 个季度。纳税人的具体纳税期限,由主管税务机关根据纳税人应纳税额的大小分别核定;不能按照固定期限纳税的,可以按次纳税。

纳税人以 1 个月或者 1 个季度为一个纳税期的,自期满之日起 15 日内申报纳税;以 1 日、3 日、5 日、10 日或者 15 日为一个纳税期的,自期满之日起 5 日内预缴税款,于次月 1 日起至 15 日内申报纳税并结清上月应纳税款。纳税人进口应税消费品,应当自海关填发海关进口消费税专用缴款书之日起15日内缴纳税款。

（二）纳税地点

纳税人销售以及自产自用的应税消费品,除国务院另有规定外,应当向纳税人核算地主管税务机关申报纳税。委托加工的应税消费品,除委托个人加工以外,由受托方向所在地或居住地的主管税务机关缴纳消费税。委托个人加工的应税消费品,由委托方向其机构所在地或居住地主管税务机关申报纳税。进口的应税消费品由进口人或者其代理人向报关地海关申报纳税。

知识练习

一、单选题

1. 根据消费税法律制度的规定,下列关于消费税纳税义务发生时间的表述中,不正确的是(　　)。

   A. 纳税人自产自用应税消费品的,为移送使用的当天
   B. 纳税人进口应税消费品的,为报关进口的当天
   C. 纳税人委托加工应税消费品的,为支付加工费的当天
   D. 纳税人采取预收货款结算方式销售应税消费品的,为发出应税消费品的当天

2. 根据消费税法律制度的规定,下列关于消费税纳税地点的表述中,正确的是(　　)。

   A. 纳税人销售的应税消费品,除另有规定外,应当向纳税人机构所在地或居住地的税务机关申报纳税
   B. 纳税人总机构与分支机构不在同一省的,由总机构汇总向总机构所在地的税务机关申报纳税
   C. 进口的应税消费品,由进口人或者其代理人向机构所在地的税务机关申报纳税
   D. 委托加工的应税消费品,受托方为个人的,由受托方向居住地的税务机关申报纳税

3. 根据消费税法律制度的规定,下列各项中,不征收消费税的是(　　)。

   A. 酒厂用于交易会样品的自产白酒
   B. 卷烟厂用于连续生产卷烟的自产烟丝
   C. 日化厂用于职工奖励的自产高档化妆品
   D. 地板厂用于本厂办公室装修的自产实木地板

4. 甲地板厂为增值税一般纳税人,2023年8月销售自产实木地板取得含增值税销售额107.35万元。已知实木地板增值税税率为13%,消费税税率为5%。甲地板厂当月该业务应缴纳消费税税额的下列算式中,正确的是(　　)。

   A. $107.35 \div (1+13\%) \times 5\% = 4.75$(万元)
   B. $107.35 \div (1-5\%) \times 5\% = 5.65$(万元)
   C. $107.35 \times 5\% = 5.37$(万元)
   D. $107.35 \div (1+13\%) \div (1-5\%) \times 5\% = 5$(万元)

5. 甲企业为增值税一般纳税人,主要从事小汽车的制造和销售业务,销售1辆定制小汽车取得含增值税价款226 000元,另收取手续费33 900元,已知,小汽车增值税税率为13%,消费税税率为5%。甲企业该业务应缴纳消费税税额的下列算式中,正确的是(　　)。

A. $226\,000÷(1+13\%)×5\%=10\,000(元)$

B. $(226\,000+33\,900)÷(1+13\%)×5\%=11\,500(元)$

C. $226\,000×5\%=11\,300(元)$

D. $(226\,000+33\,900)×5\%=12\,995(元)$

6. 某卷烟生产企业为增值税一般纳税人,本月销售乙类卷烟1 500标准条,取得含增值税销售额87 000元。已知乙类卷烟适用的消费税比例税率为36%,定额税率为0.003元/支,1标准条有200支;增值税税率为13%。则该企业本月应纳消费税税额的下列算式中,正确的是(   )。

A. $87\,000÷(1+13\%)×36\%=27\,716.81(元)$

B. $1\,500×200×0.003=900(元)$

C. $87\,000×36\%+1\,500×200×0.003=32\,220(元)$

D. $87\,000÷(1+13\%)×36\%+1\,500×200×0.003=28\,616.81(元)$

7. 甲酒厂为增值税一般纳税人,2023年10月销售白酒50吨,取得含增值税销售额3 390 000元。已知增值税税率为13%,白酒消费税比例税率为20%,从量税税额为0.5元/500克。关于甲酒厂当月应缴纳消费税税额的下列算式中,正确的是(   )。

A. $3\,390\,000×20\%+50×2\,000×0.5=728\,000(元)$

B. $3\,390\,000÷(1+13\%)×20\%+50×2\,000×0.5=650\,000(元)$

C. $3\,390\,000×20\%=678\,000(元)$

D. $3\,390\,000÷(1+13\%)×20\%=600\,000(元)$

8. 某酒厂下设一非独立核算的门市部,2023年10月该酒厂共生产黄酒150吨,当月将其中100吨由总机构移送到非独立核算门市部用于销售,当月门市部实际对外销售黄酒80吨,则该酒厂当月就上述业务计算缴纳消费税的黄酒销售数量为(   )吨。

A. 150　　　　　B. 100　　　　　C. 80　　　　　D. 0

9. 甲化妆品厂为增值税一般纳税人,2023年9月销售高档化妆品"元旦"套装400套,每套含增值税售价678元,将同款"元旦"套装30套用于对外赞助。已知增值税税率为13%,消费税税率为15%。甲化妆品厂当月"元旦"套装应缴纳消费税税额的下列算式中,正确的是(   )。

A. $400×678÷(1+13\%)×15\%=36\,000(元)$

B. $400×678×15\%=40\,680(元)$

C. $(400+30)×678÷(1+13\%)×15\%=38\,700(元)$

D. $(400+30)×678×13\%=37\,900.2(元)$

10. 2023年9月甲啤酒厂生产150吨啤酒,销售100吨,取得不含增值税销售额30万元,增值税税额3.9万元。甲啤酒厂当月销售啤酒消费税计税依据为(   )。

A. 100吨　　　　B. 33.9万元　　　　C. 30万元　　　　D. 150吨

11. 根据消费税法律制度的规定,下列应税消费品中,应当以纳税人同类应税消费品的最高销售价格作为计税依据计缴消费税的是(   )。

A. 用于职工福利的自产高档化妆品　　　　B. 用于广告宣传的自产白酒

C. 用于运输车队的自产柴油　　　　D. 用于抵偿债务的自产小汽车

12. 甲汽车厂将1辆生产成本5万元的自产小汽车用于抵偿债务,同型号小汽车不含增值税的平均售价10万元/辆,不含增值税最高售价12万元/辆。已知小汽车消费税税率为5%。甲汽车厂该笔业务应缴纳消费税税额的下列算式中,正确的是( )。

A. $1 \times 5 \times 5\% = 0.25$(万元)
B. $1 \times 10 \times 5\% = 0.5$(万元)
C. $1 \times 12 \times 5\% = 0.6$(万元)
D. $1 \times 5 \times (1+5\%) \times 5\% = 0.2625$(万元)

13. 2023年9月,甲酒厂销售自产红酒,取得含增值税价款45.2万元,另收取包装物押金2.26万元、手续费1.13万元。已知红酒增值税税率为13%,消费税税率为10%。甲酒厂该笔业务应缴纳消费税税额的下列算式中,正确的是( )。

A. $(45.2+1.13) \div (1+13\%) \times 10\% = 4.1$(万元)
B. $45.2 \div (1+13\%) \times 10\% = 4$(万元)
C. $(45.2+2.26+1.13) \div (1+13\%) \times 10\% = 4.3$(万元)
D. $(45.2+2.26) \div (1+13\%) \times 10\% = 4.2$(万元)

14. 某化妆品厂销售高档化妆品取得含税收入45.2万元,收取手续费1.5万元,另收取包装物押金1万元。已知,增值税税率为13%,消费税税率为15%。下列关于该化妆品厂本月应交消费税的计算中,正确的是( )。

A. $45.2 \times 15\% = 6.78$(万元)
B. $45.2 \div (1+13\%) \times 15\% = 6$(万元)
C. $(45.2+1.5) \div (1+13\%) \times 15\% = 6.20$(万元)
D. $(45.2+1.5+1) \div (1+13\%) \times 15\% = 6.33$(万元)

15. 甲卷烟厂为增值税一般纳税人,受托加工一批烟丝,委托方提供的烟叶成本49 140元,甲卷烟厂收取含增值税加工费2 373元。已知增值税税率为13%,消费税税率为30%,无同类烟丝销售价格。计算甲卷烟厂该笔业务应代收代缴消费税税额的下列算式中,正确的是( )。

A. $[49\,140+2\,373 \div (1+13\%)] \div (1-30\%) \times 30\% = 21\,960$(元)
B. $(49\,140+2\,373) \div (1-30\%) \times 30\% = 22\,077$(元)
C. $49\,140 \div (1-30\%) \times 30\% = 21\,060$(元)
D. $(49\,140+2\,373) \div (1+13\%) \div (1-30\%) \times 30\% = 19\,537.17$(元)

16. 甲外贸公司为增值税一般纳税人,2023年9月进口一批高档手表,海关审定关税完税价格100万元,已缴纳关税10万元。已知,增值税税率为13%,消费税税率为20%。计算甲外贸公司当月该笔业务应缴纳消费税税额的下列算式中,正确的是( )。

A. $(100+10) \div (1-20\%) \times 20\% = 27.5$(万元)
B. $100 \div (1-20\%) \times 20\% = 25$(万元)
C. $100 \times 20\% = 20$(万元)
D. $(100+10) \times 20\% = 22$(万元)

17. 根据消费税法律制度的规定,企业发生的下列经营行为中,外购应税消费品已纳消费税税额准予从应纳消费税税额中扣除的是( )。

A. 外购已税蒸馏酒生产配制酒
B. 外购已税溶剂油为原料生产成品油
C. 外购已税烟丝生产卷烟
D. 外购已税电池生产应税摩托车

18. 甲企业为增值税一般纳税人,2023年7月初库存烟丝不含增值税买价37万元,本月外购烟丝不含增值税买价126万元,月末库存烟丝不含增值税买价30万元,领用的烟丝全部用于连续生产卷烟。已知烟丝的消费税税率为30%。下列计算甲企业本月准予扣除的外购烟丝已缴纳的消费税的算式中,正确的是( )。

   A. (37+126)×30%
   B. 126×30%
   C. (37+126-30)×30%
   D. (37-30)×30%

19. 某公司为增值税一般纳税人,外购高档香水精生产高档香水,2023年4月生产销售高档香水取得不含税销售收入100万元。该公司4月初库存高档香水精10万元,4月购进高档香水精100万元,4月底库存高档香水精20万元。已知高档化妆品适用的消费税税率为15%。根据消费税法律制度的规定,该公司当月应缴纳消费税税额的下列算式中,正确的是( )。

   A. 100×15%-100×15%=0(万元)
   B. 100×15%-(10+100-20)×15%=1.5(万元)
   C. 100×15%-(20-10)×15%=13.5(万元)
   D. 100×15%=15(万元)

20. 根据消费税法律制度的规定,下列各项中,不缴纳消费税的是( )。

   A. 零售超豪华小汽车
   B. 进口钻石饰品
   C. 生产销售白酒
   D. 委托加工烟丝

二、多选题

1. 根据消费税法律制度的规定,下列应税消费品中,采用从量计征办法计缴消费税的有( )。

   A. 黄酒
   B. 葡萄酒
   C. 啤酒
   D. 药酒

2. 根据消费税法律制度的规定,下列应税消费品中,实行从量定额与从价定率相结合的复合计征办法征收消费税的有( )。

   A. 雪茄烟
   B. 卷烟
   C. 黄酒
   D. 白酒

3. 根据消费税法律制度的规定,下列应税消费品中,实行从量定额计征消费税的有( )。

   A. 电池
   B. 涂料
   C. 柴油
   D. 黄酒

4. 下列各项中,不属于消费税征税范围的有( )。

   A. 施工状态下挥发性有机物含量低于420克/升的涂料
   B. 太阳能电池
   C. 汽车轮胎
   D. 酒精

5. 下列关于金银首饰零售环节缴纳消费税的说法中,正确的有( )。

   A. 金银首饰仅限于金、银以及金基、银基合金首饰和金基、银基合金的镶嵌首饰
   B. 对既销售金银首饰,又销售非金银首饰的生产、经营单位,应将两类商品划分清楚,分别核算销售额,凡划分不清楚或不能分别核算的一律按金银首饰征收消费税
   C. 金银首饰连同包装物一起销售的,无论包装物是否单独计价,均应并入金银首饰的销售额,计征消费税
   D. 带料加工的金银首饰,应按委托方销售同类金银首饰的销售价格确定计税依据征收

消费税,没有同类金银首饰销售价格的,按照组成计税价格计算纳税

6. 根据消费税法律制度的规定,下列各项中,准予抵扣已纳消费税的有( )。
   A. 外购已税珠宝、玉石原料生产的金银首饰
   B. 外购已税素板原料生产的实木地板
   C. 外购已税高档化妆品原料生产的高档化妆品
   D. 外购已税鞭炮、焰火原料生产的鞭炮、焰火

7. 下列各项中,属于消费税征税范围的有( )。
   A. 黄酒   B. 调味料酒   C. 白酒   D. 啤酒

8. 甲酒厂主要从事白酒生产销售业务。该酒厂销售白酒收取的下列款项中,应并入销售额缴纳消费税的有( )。
   A. 向Z公司收取的储备费   B. 向Y公司收取的品牌使用费
   C. 向X公司收取的包装物租金   D. 向W公司收取的产品优质费

9. 2023年12月甲酒厂发生的下列业务中,应缴纳消费税的有( )。
   A. 以自产低度白酒用于奖励职工   B. 以自产高度白酒用于馈赠客户
   C. 以自产高度白酒用于连续加工低度白酒 D. 以自产低度白酒用于市场推广

10. 根据消费税法律制度的规定,纳税人销售下列酒类产品同时收取的包装物押金,无论是否返还均应并入当期销售额计征消费税的有( )。
    A. 葡萄酒   B. 黄酒   C. 啤酒   D. 白酒

11. 根据消费税法律制度的规定,下列各项中,应征收消费税的有( )。
    A. 太阳能电池   B. 丁百货公司零售钻石胸针
    C. 丙首饰厂生产销售玉手镯   D. 乙超市零售啤酒

12. 关于企业单独收取的包装物押金,下列消费税税务处理错误的有( )。
    A. 销售葡萄酒收取的包装物押金不并入当期销售额计征消费税
    B. 销售黄酒收取的包装物押金应并入当期销售额计征消费税
    C. 销售白酒收取的包装物押金应并入当期销售额计征消费税
    D. 销售啤酒收取的包装物押金应并入当期销售额计征消费税

13. 下列各项中,纳税人应缴纳消费税的有( )。
    A. 将自产的网球及球拍作为福利发放给本企业职工
    B. 销售白酒同时收取的包装物押金,合同约定3个月后到期
    C. 将自产的实木地板用于本企业职工宿舍装修
    D. 使用自产高档香水生产高档化妆品

14. 下列各项中,不属于消费税征税范围的有( )。
    A. 高档护肤类化妆品与普通修饰类化妆品组成的礼品套装
    B. 电动汽车
    C. 体育上用的发令纸
    D. 植物性润滑油

15. 某高尔夫球生产企业是增值税一般纳税人,其生产的高尔夫球不含增值税的平均销售价格为25 000元/箱,最高销售价格为26 000元/箱;该企业10月份将5箱自产高尔夫球用于换取一批生产材料。已知消费税税率为10%。有关该企业上述业务应缴纳的增值税

和消费税,下列算式中,正确的有(   )。
  A. 应纳增值税＝25 000×5×13％＝16 250(元)
  B. 应纳增值税＝26 000×5×13％＝16 900(元)
  C. 应纳消费税＝25 000×5×10％＝12 500(元)
  D. 应纳消费税＝26 000×5×10％＝13 000(元)

16. 根据消费税法律制度的规定,下列各项中,应按照高档化妆品税目计缴消费税的有(   )。
  A. 高档护肤类化妆品   B. 成套化妆品
  C. 高档修饰类化妆品   D. 高档美容类化妆品

17. 下列各项中,在零售环节征收消费税的有(   )。
  A. 金银首饰   B. 珍珠   C. 铂金首饰   D. 钻石首饰

18. 下列关于委托加工应税消费品的消费税处理中,说法正确的有(   )。
  A. 受托方没有代收代缴消费税款,委托方应补缴税款,受托方不再补税
  B. 委托加工的加工费包括代垫辅助材料的实际成本
  C. 委托加工应税消费品的消费税纳税人是受托方
  D. 受托方已代收代缴消费税的应税消费品,委托方收回后以高于受托方计税价格出售的,应申报缴纳消费税

19. 根据消费税法律制度的规定,下列应税消费品中,实行从量计征消费税的有(   )。
  A. 柴油   B. 高档手表   C. 黄酒   D. 游艇

20. 下列各项中,属于消费税纳税人的有(   )。
  A. 委托加工白酒的超市   B. 进口白酒的贸易商
  C. 商场销售白酒   D. 生产白酒厂商

三、判断题

1. 企业购进货车或厢式货车改装生产的商务车,应按规定征收消费税。(   )
2. 白酒生产企业向商业销售单位收取的"品牌使用费",应并入白酒的销售额缴纳消费税。(   )
3. 纳税人采用以旧换新方式销售的金银首饰,应按实际收取的不含增值税的全部价款征收消费税。(   )
4. 某卷烟厂通过自设独立核算门市部销售自产卷烟,应当按照门市部对外销售额或销售数量计算征收消费税。(   )
5. 用自产的应税消费品连续生产应税消费品,在计征消费税时,可以按当期生产领用数量计算准予扣除的应税消费品已纳消费税税款。(   )
6. 雪茄烟适用从价定率和从量定额相结合的复合计征办法征收消费税。(   )
7. 纳税人通过自设非独立核算门市部销售的自产应税消费品,应当按照门市部对外销售额或者销售数量征收消费税。(   )
8. 某汽车厂为增值税一般纳税人,主要生产销售小汽车,下设一非独立核算门市部,本月将其生产的一批成本价为150万元的小汽车移送门市部,门市部将其中的90％销售,取得含增值税销售额为226万元。已知,消费税税率为9％,成本利润率为8％。该项业务汽车厂应缴纳的消费税为14.42万元[150×(1＋8％)÷(1－9％)×90％×9％]。(   )

9. 白酒生产企业销售白酒收取的包装物押金应并入白酒销售额征收消费税。（   ）

10. 委托加工应税消费品的消费税处理中，委托加工消费税纳税地点（除受托人为个人的情形外）是受托方所在地。（   ）

操作视频

消费税实训案例及申报

一、实训资料

（一）背景资料

背景资料一：纳税人基础信息。

企业名称：北京禾颂化妆品有限公司

地址：北京市朝阳区东三环北路甲19号

法定代表人：林沁柠

开户银行：中国工商银行北京分行

基本账号：11000838252073 15964

电话：010-86886688

统一社会信用代码：91112819898637752X

公司成立时间：2010年3月14日

公司登记为一般纳税人的时间：2015年2月15日

公司经营范围：生产、销售各种化妆品

消费税税率：15％

背景资料二：主要产品销售价格，如表3-6所示。

表3-6 主要产品销售价格 金额单位：元

类别	产品名称	规格	平均售价（不含税）	最高售价（不含税）	备注
美容、修饰化妆品	口红	3.8克/支	180	185	自产
	香水	30毫升/瓶	890	900	自产
高档护肤化妆品	面霜	50毫升/瓶	670	690	自产
	精华乳	50毫升/瓶	690	720	自产
	眼霜	30毫升/瓶	430	500	自产
	安瓶精华	50毫升/盒	580	590	委托加工
	面膜	1片/包	10	11	自产
成套化妆品	护肤套装	160毫升/套	2 250	2 310	自产

（二）业务资料

北京禾颂化妆品有限公司2023年3月发生的经济业务如下。

【业务3-1】3月7日采购材料，有关凭证如凭3-1、凭3-2所示。

凭3-1

电子发票(增值税专用发票)

发票号码：23110017413009618383
开票日期：2023 年 03 月 07 日

购买方信息	名　称：北京禾颂化妆品有限公司 统一社会信用代码/纳税人识别号：91112819898637752X	销售方信息	名　称：北京毅锦生物科技有限公司 统一社会信用代码/纳税人识别号：91110000101968668H

项目名称	规格型号	单位	数量	单价	金额	税率/征收率	税额
*有机化学原料*双丙甘醇		千克	1 000	120.00	120 000.00	13%	15 600.00
*有机化学原料*角鲨烷		千克	100	180.00	18 000.00	13%	2 340.00
*有机化学原料*透明质酸钠		千克	150	1 600.00	240 000.00	13%	31 200.00
合　计					¥378 000.00		¥49 140.00

价税合计(大写)	⊗ 肆拾贰万柒仟壹佰肆拾圆整	(小写) ¥427 140.00

备注：

开票人：李瑾

下载次数：1

凭3-2

入库单　　　　　　　　　　　　　　　No 07030007

交货单位：北京毅锦生物科技有限公司　　　2023 年 03 月 07 日

品名	单位	规格	数量	单价	金额									
					千	百	十	万	千	百	十	元	角	分
双丙甘醇	千克		1 000											
角鲨烷	千克		100											
透明质酸钠	千克		150											
合计大写	仟佰拾万仟佰拾元角分 ¥ _____													

记账：李无双　　　　保管：陈清怡　　　　制票：陈清怡

第二联　会计联

【业务 3-2】3 月 12 日销售商品，有关凭证如凭 3-3 至凭 3-5 所示。

凭 3-3

电子发票（增值税专用发票）

发票号码：23110016213007311510
开票日期：2023 年 03 月 12 日

购买方信息	名　称：北京宝利商贸有限公司 统一社会信用代码/纳税人识别号：91110105690015145P			销售方信息	名　称：北京禾颂化妆品有限公司 统一社会信用代码/纳税人识别号：91112819898637752X		

项目名称	规格型号	单位	数　量	单　价	金　额	税率/征收率	税　额
*美容、修饰化妆品*口红		支	300	180.00	54 000.00	13%	7 020.00
*美容、修饰化妆品*口红		支			−1 080.00	13%	−140.40
*高档护肤化妆品*面霜		瓶	1 000	670.00	670 000.00	13%	87 100.00
*高档护肤化妆品*面霜		瓶			−13 400.00	13%	−1 742.00
*美容、修饰化妆品*香水		瓶	500	890.00	445 000.00	13%	57 850.00
*美容、修饰化妆品*香水		瓶			−8 900.00	13%	−1 157.00
*高档护肤化妆品*面膜		包	4 000	10.00	40 000.00	13%	5 200.00
*高档护肤化妆品*面膜		包			−800.00	13%	−104.00
合　计					¥1 184 820.00		¥154 026.60
价税合计（大写）	⊗ 壹佰叁拾叁万捌仟捌佰肆拾陆圆陆角整				（小写）¥1 338 846.60		
备注							

开票人：李晴华

下载次数：1

凭 3-4

销　售　单

客户名称：北京宝利商贸有限公司　　　　　2023 年 03 月 12 日　　　　　No：63011001

品名	规格	单位	单价	数量	金额
口红		支	203.40	300	61 020.00
面霜		瓶	757.10	1 000	757 100.00
香水		瓶	1 005.70	500	502 850.00
面膜		包	11.30	4 000	45 200.00
折扣（2%）					−27 323.40

总计金额（大写）：壹佰叁拾叁万捌仟捌佰肆拾陆元陆角整　　　　　¥1 338 846.60

信用审批：林沁柠　　　　　业务主管：秦淮　　　　　经办人：商胤

第一联：存银（白）第二联：客户（红）

凭 3-5

物资类别	库存商品		出 库 单					NO 00501097	
			2023 年 03 月 12 日						
提货单位或部门	北京宝利商贸有限公司	发票号码或销售单号	63011001		发出仓库	库存商品库	出库日期	2023-03-12	
编号	名称及规格		单位	数量		单价		金额	
				要数	实发				
1001	口红		支	300	300				
1002	香水		瓶	1 000	1 000				
1003	面霜		瓶	500	500				
1007	面膜		包	4 000	4 000				
合　计									

部门主管:陈琦　　　　会计:李无双　　　　仓库:陈清怡　　　　制表:陈清怡

【业务3-3】3月20日委托代销方式销售商品，有关凭证如凭3-6、凭3-7所示。

凭 3-6

委托代销清单

受托方:浙江天猫网络有限公司　　　　日期:2023 年 03 月 20 日

商品名称	单位	接收数量	已售数量	结存数量	销售单价	销售金额	税额
口红	支	1 000	100	900	180.00	18 000.00	2 340.00
面霜	瓶	1 500	500	1 000	670.00	335 000.00	43 550.00
护肤套装	套	800	300	500	2 250.00	675 000.00	87 750.00

审核:陈宇　　　　　　　　　　　　　　制表:李磊

凭 3-7

电子发票（增值税专用发票）						
发票号码：23110016213007311511 开票日期：2023 年 03 月 20 日						
购买方信息	名　称：浙江天猫网络有限公司 统一社会信用代码/纳税人识别号：91330100571460999X			销售方信息	名　称：北京禾颂化妆品有限公司 统一社会信用代码/纳税人识别号：91112819898637752X	
项目名称	规格型号	单位	数量	单价	金额	税率/征收率	税额
*美容、修饰化妆品*口红		支	100	180.00	18 000.00	13%	2 340.00
*高档护肤化妆品*面霜		瓶	500	670.00	335 000.00	13%	43 550.00
*成套化妆品*护肤套装		套	2 250	2 250.00	5 062 500.00	13%	658 125.00
合　计					¥5 415 500.00		¥704 015.00
价税合计(大写)	⊗ 陆佰壹拾壹万玖仟伍佰壹拾伍圆整			(小写)	¥6 119 515.00		
备注							
开票人：李晴华							

下载次数：1

【业务 3-4】3 月 21 日收回委托加工商品，有关凭证如凭 3-8 至凭 3-10 所示。

凭 3-8

入库单

No 07030008

交货单位：北京毅锦生物科技有限公司　　　2023 年 03 月 21 日

品名	单位	规格	数量	单价	金额								
					千	百	十	万	千	百	十	元	角	分
安瓶精华	盒		1 000											
备注：2023 年 03 月 21 日														
税收缴款书号码32190018														
合计大写	仟　佰　拾　万　仟　佰　拾　元　角　分　¥_____													

第二联　会计联

记账：李无双　　　　保管：陈清怡　　　　制票：陈清怡

凭 3-9

电子发票（增值税专用发票）

发票号码：23110017413009610912
开票日期：2023 年 03 月 21 日

| 购买方信息 | 名 称：北京禾颂化妆品有限公司 统一社会信用代码/纳税人识别号：91112819898637752X | 销售方信息 | 名 称：北京毅锦生物科技有限公司 统一社会信用代码/纳税人识别号：91110000101968668H |

项目名称	规格型号	单位	数量	单价	金额	税率/征收率	税额
*加工劳务*加工费		次	1	8 000.00	8 000.00	13%	1 040.00
合 计					¥8 000.00		¥1 040.00

| 价税合计（大写） | ⊗ 玖仟零肆拾圆整 （小写）¥9 040.00 |
| 备注 | |

开票人：李瑾

下载次数：1

凭 3-10

委托加工合同

甲方：北京禾颂化妆品有限公司
乙方：北京毅锦生物科技有限公司

　　甲方委托乙方加工安瓶精华 1 000 盒，为维护甲乙双方的利益，经双方协商，就有关代加工事宜达成如下协议，以供双方共同遵守。
　　1. 甲方向乙方提供原材料烟酰胺等材料共计 400 000.00 元。
　　2. 甲方委托乙方为其加工系列产品，加工数量、款式、图纸或样品、标准、质量要求由甲方提供，价格由双方协商确定，另在订单上详述。
　　3. 甲方按照甲乙双方确定的样板和标准进行验收货品。
　　4. 结算方式：乙方加工完成，把货及发票送到甲方指定地点，甲方验收无误后结清货款。
　　5. 本协议一式两份，双方盖章后生效。双方各执一份，具有同等效力。

甲方：北京禾颂化妆品有限公司

时间：2023 年 02 月 17 日

乙方：北京毅锦生物科技有限公司

时间：2023 年 02 月 17 日

【业务3-5】3月22日交换产品,有关凭证如凭3-11至凭3-14所示。

凭3-11

凭3-12

凭 3-13

ICBC 中国工商银行　业务回单(付款)

日期:2023 年 03 月 22 日
回单编号:1921029110
付款人户名:北京禾颂化妆品有限公司　　　　　　付款人开户行:中国工商银行北京分行
付款人账号(卡号):1100083825207315964
收款人户名:北京琳琅贸易有限公司　　　　　　　收款人开户行:中国农业银行北京分行
收款人账号(卡号):11010078973367634
金额:贰万肆仟捌佰陆拾元整　　　　　　　　　　小写:24 860.00 元
业务(产品)种类:跨行发报　　凭证种类:000000000　　凭证号码:00000000000000000
摘要:货款　　用途:货款　　　　　　　　　　　　币种:人民币
交易机构:0410000298　　记账柜员:00023　　交易代码:52062　　渠道:网上银行

附言:
支付交易序号:23076093　　报文种类:普通贷记业务　　委托日期:2023 年 03 月 22 日
业务类型(种类):普通汇兑　　指令编号:HQP1102126134　　提交人:13774551526.c.4100
最终授权人:0920007080300001.c.4100
本回单为第 1 次打印,注意重复　　打印日期:2023 年 03 月 22 日　　打印柜员:9　　验证码:1B5FB9A63006

（中国工商银行北京分行 自助回单机专用章 (003)）

凭 3-14

以物易物合同

甲方:北京禾颂化妆品有限公司
乙方:北京琳琅贸易有限公司
甲乙双方因各自业务需要,在平等、公平的基础上,特订立以下交易协定:
甲方换出以下商品:

名称	数量	单价	金额合计(不含税)
安瓶精华(盒)	800	580.00	464 000.00
精华乳(瓶)	300	690.00	207 000.00

乙方换出以下商品:

名称	数量	单价	金额合计(不含税)
丁乙醇	3 500	198.00	693 000.00

补充协议如下:
1. 双方各自负责将货物运抵对方。一方在验收中,如果发现产品的品种、型号、规格和质量不合规定,应妥为保管,并在 3 天内向另一方提出书面异议;急于通知或者自标的物收到之日起过 10 日内未通知另一方的,视为产品合乎规定。
2. 一方因使用、保管不善等造成产品质量下降的,不得提出异议。
3. 另一方在接到书面异议后,应在 3 日内负责处理,否则,即视为默认对方提出的异议和处理意见。
4. 互易财产不等价时,互易财产价值低的一方向另一方支付价值差额。一方不能交货的,应向另一方偿付不能交货部分产品价值的 150%的违约金视为补偿。
5. 双方当事人在履行本合同过程中发生争议时,应当协商解决;协商不能解决的由当地仲裁委员会仲裁。本合同自 2023 年 03 月 22 日起生效,约定在 15 日内各自将货物运抵对方指定地址。合同执行期内,甲乙双方均不得随意变更或解除合同。合同如有未尽事宜,须经双方共同协商,作出补充规定,补充规定与合同具有同等效力。本合同正本一式两份,甲乙双方各执一份。

甲方(盖章):北京禾颂化妆品有限公司　　　　　乙方(盖章):北京琳琅贸易有限公司

日期:2023 年 3 月 22 日　　　　　　　　　　　日期:2023 年 3 月 22 日

二、实训任务

实训任务 1：根据 3 月业务计算收回的委托加工物资应缴纳的消费税，并填写表 3-7。

表 3-7　委托加工物资消费税计算表

安瓶精华	数量/金额
受托加工数量（盒）	
材料成本	
加工费	
组成计税价格	
代收代缴消费税	

实训任务 2：请根据相关业务信息填制应纳消费税计算表，每个空都需要填写，若为 0 则填 0，如表 3-8 所示。

表 3-8　应纳消费税计算表

项目	适用税率	销售数量	销售额/组成计税价格	应交税费
口红	15%			
香水	15%			
面霜	15%			
精华乳	15%			
眼霜	15%			
安瓶精华	15%			
护肤套装	15%			
合计	—	—	—	
本期准予抵扣安瓶精华税额				
应交消费税				

实训任务 3：根据业务资料到电子税务局系统申报 3 月消费税，如表 3-9 至表 3-13 所示。

表 3-9　消费税及附加税费申报表

税款所属期：自　　年　　月　　日 至　　年　　月　　日

纳税人识别号（统一社会信用代码）：

纳税人名称：　　　　　　　　　　　　　　　　　　　　　　　　金额单位：人民币元（列至角分）

应税消费品名称	适用税率		计量单位	本期销售数量	本期销售额	本期应纳税额
	定额税率	比例税率				
	1	2	3	4	5	6=1×4+2×5

(续表)

应税消费品名称 \ 项目	适用税率		计量单位	本期销售数量	本期销售额	本期应纳税额
	定额税率	比例税率				
	1	2	3	4	5	6=1×4+2×5
合计	—	—	—	—	—	

	栏次	本期税费额
本期减(免)税额	7	
期初留抵税额	8	
本期准予扣除税额	9	
本期应扣除税额	10=8+9	
本期实际扣除税额	11[10<(6-7),则为10,否则为6-7]	
期末留抵税额	12=10-11	
本期预缴税额	13	
本期应补(退)税额	14=6-7-11-13	
城市维护建设税本期应补(退)税额	15	
教育费附加本期应补(退)费额	16	
地方教育附加本期应补(退)费额	17	

声明:此表是根据国家税收法律法规及相关规定填写的,本人(单位)对填报内容(及附带资料)的真实性、可靠性、完整性负责。

纳税人(签章): 年 月 日

经办人： 经办人身份证号： 代理机构签章： 代理机构统一社会信用代码：	受理人： 受理税务机关(章)： 受理日期： 年 月 日

表3-10 本期准予扣除税额计算表 金额单位:元(列至角分)

准予扣除项目	应税消费品名称				合计
一、本期准予扣除的委托加工应税消费品已纳税款计算	期初库存委托加工应税消费品已纳税款	1			

(续表)

准予扣除项目		应税消费品名称				合计
一、本期准予扣除的委托加工应税消费品已纳税款计算		本期收回委托加工应税消费品已纳税款	2			
		期末库存委托加工应税消费品已纳税款	3			
		本期领用不准予扣除委托加工应税消费品已纳税款	4			
		本期准予扣除委托加工应税消费品已纳税款	5＝1＋2－3－4			
二、本期准予扣除的外购应税消费品已纳税款计算	（一）从价计税	期初库存外购应税消费品买价	6			
		本期购进应税消费品买价	7			
		期末库存外购应税消费品买价	8			
		本期领用不准予扣除外购应税消费品买价	9			
		适用税率	10			
		本期准予扣除外购应税消费品已纳税款	11＝(6＋7－8－9)×10			
	（二）从量计税	期初库存外购应税消费品数量	12			
		本期外购应税消费品数量	13			
		期末库存外购应税消费品数量	14			
		本期领用不准予扣除外购应税消费品数量	15			

(续表)

准予扣除项目			应税消费品名称				合计
二、本期准予扣除的外购应税消费品已纳税款计算	（二）从量计税	适用税率	16				
		计量单位	17				
		本期准予扣除的外购应税消费品已纳税款	18＝(12＋13－14－15)×16				
三、本期准予扣除税款合计			19＝5＋11＋18				

表3-11　本期减(免)税额明细表　　　金额单位：元(列至角分)

应税消费品名称＼项目	减(免)性质代码	减(免)项目名称	减(免)税销售额	适用税率（从价定率）	减(免)税销售数量	适用税率（从量定额）	减(免)税额
1	2	3	4	5	6	7	8＝4×5＋6×7
出口免税	—	—		—		—	
合　计	—	—		—		—	

表 3-12　本期委托加工收回情况报告表

金额单位：元（列至角分）

一、委托加工收回应税消费品代收代缴税款情况

应税消费品名称	商品和服务税收分类编码	委托加工收回应税消费品数量	委托加工收回应税消费品计税价格	适用税率		受托方已代收代缴的税款	受托方（扣缴义务人）名称	受托方（扣缴义务人）识别号	税收缴款书（代扣代收专用）号码	税收缴款书（代扣代收专用）开具日期
				定额税率	比例税率					
1	2	3	4	5	6	7=3×5+4×6	8	9	10	11

二、委托加工收回应税消费品领用存情况

应税消费品名称	商品和服务税收分类编码	上期库存数量	本期委托加工收回入库数量	本期委托加工收回直接销售数量	本期委托加工收回用于连续生产数量	本期结存数量
1	2	3	4	5	6	7=3+4−5−6

表 3-13 消费税附加税费计算表

金额单位:元(列至角分)

本期是否适用小微企业"六税两费"减免政策 □是 □否

增值税小规模纳税人：□是 □否

增值税一般纳税人：□个体工商户 □小型微利企业

税(费)种	计税(费)依据 消费税税额	税(费)率	本期应纳税(费)额	减免政策				小微企业"六税两费"减免政策		本期已缴税(费)额	本期应补(退)税(费)额
				适用减免政策起止时间 年 月 至 年 月	适用减免政策主体	减免性质代码	本期减免税(费)额	减征比例	减征额		
	1	2	3=1×2			4	5	6	7=(3-5)×6	8	9=3-5-7-8
消费税											
城市维护建设税											
教育费附加											
地方教育附加											
合计	—	—				—					

工作任务四　企业所得税纳税申报

知识目标

理解企业所得税的纳税人、征税对象、税率。
掌握企业所得税扣除项目及扣除标准。
掌握企业所得税应纳税所得额的确定及应纳税额的计算。
熟悉企业所得税税收优惠政策。

技能目标

准确计算企业所得税的应纳税额。
准确进行预缴企业所得税申报。
准确进行汇算清缴企业所得税申报。

思政目标

在学习税收优惠的过程中,体会国家对企业发展的政策支持,增强社会主义制度认同感。
按照税收法规填写企业所得税纳税申报表,培养严谨认真的职业素养,树立终身学习、服务国家的公民意识。

思维导图

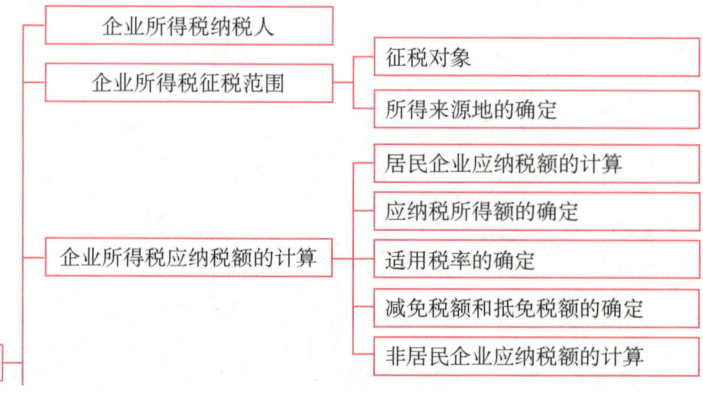

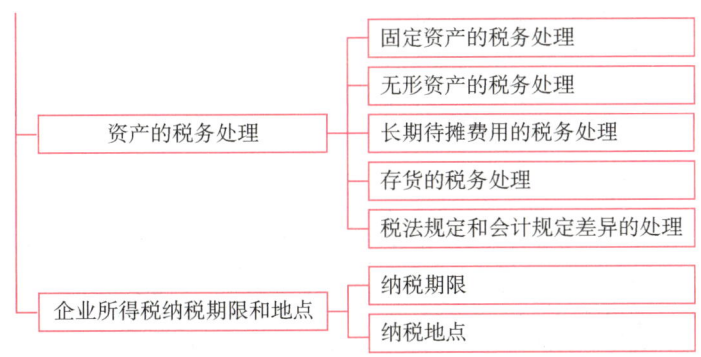

任务背景

北京郎舫科技有限公司是一家成立于2014年的有限责任公司,主要从事各类洗碗机的生产及销售,企业所得税税率为25%,适用《小企业会计准则》,公司的税务人员根据2023年度的账册资料并结合本年度特殊业务和调整事项,完成2023年第4季度预缴企业所得税申报和2023年度企业所得税汇算清缴申报。

企业所得税是对我国境内的企业和其他取得收入的组织的生产经营所得和其他所得征收的所得税。

一、企业所得税纳税人

在中华人民共和国境内,企业和其他取得收入的组织(以下统称企业,不包括个人独资企业、合伙企业)为企业所得税的纳税人。企业所得税采取地域管辖权和居民管辖权相结合的双重管辖权标准,把纳税人分为居民企业和非居民企业,分别确定不同的纳税义务,其分类及标准如表4-1所示。

表4-1　企业所得税纳税人分类及标准

类型	判定标准	纳税义务
居民企业	(1) 依法在中国境内成立的企业 (2) 依照外国(地区)法律成立但实际管理机构在中国境内的企业	无限纳税义务
非居民企业	(1) 依照外国(地区)法律成立且实际管理机构不在中国境内,但在中国境内设立机构、场所的企业 (2) 依照外国(地区)法律成立且实际管理机构不在中国境内,在中国境内未设立机构、场所,但有来源于中国境内所得的企业	有限纳税义务

二、企业所得税征税范围

(一) 征税对象

企业所得税的征税对象是企业取得生产经营所得、其他所得和清算所得,具体征税对象如表4-2所示。

表4-2 征税对象分类

纳税人分类	征税对象	
居民企业	来源于中国境内、境外的所得。所得包括销售货物所得、提供劳务所得、转让财产所得、股息红利等权益性投资所得、利息所得、租金所得、特许权使用费所得、接受捐赠所得和其他所得	
非居民企业	在中国境内设立机构、场所	(1) 来源于中国境内的所得 (2) 发生在中国境外但与其所设机构、场所有实际联系的所得
	在中国境内未设立机构、场所	来源于中国境内的所得

(二) 所得来源地的确定

依据《中华人民共和国企业所得税法》(以下简称《企业所得税法》)及其实施条例的规定,对于来源于中国境内、境外的所得,按照一定的原则进行确定,具体内容如表4-3所示。

表4-3 所得来源地确定表

所得类型		来源地的确定
销售货物所得		按照交易活动发生地确定
提供劳务所得		按照劳务发生地确定
转让财产所得	不动产转让所得	按照不动产所在地确定
	动产转让所得	按照转让动产的企业或者机构、场所所在地确定
	权益性投资资产转让所得	按照被投资企业所在地确定
股息、红利等权益性投资所得		按照分配所得的企业所在地确定
利息所得、租金所得、特许权使用费所得		按照负担、支付所得的企业或者机构、场所所在地确定,或者按照负担、支付所得的个人的住所地确定
其他所得		由国务院财政部、税务主管部门确定

三、企业所得税应纳税额的计算

(一) 居民企业应纳税额的计算

查账征收方式下居民企业应纳税额基本计算公式:

$$应纳税额 = 应纳税所得额 \times 适用税率 - 减免税额 - 抵免税额$$

(二) 应纳税所得额的确定

应纳税所得额是企业所得税的计税依据,按照《企业所得税法》的规定,应纳税所得额为

企业每一个纳税年度的收入总额,减除不征税收入、免税收入、各项扣除及允许弥补的以前年度亏损后的余额。基本公式为:

应纳税所得额=收入总额-不征税收入-免税收入-各项扣除-允许弥补的以前年度亏损

1. 收入总额的确定

企业收入总额,是指以货币形式和非货币形式从各种来源取得的收入。企业以非货币形式取得的收入,应当按公允价值确定收入额。

1) 一般收入的确认

(1) 销售货物的收入,是指企业销售商品、产品、原材料、包装物、低值易耗品及其他存货取得的收入。除《中华人民共和国企业所得税法实施条例》及国务院财政、税务主管部门另有规定外,企业收入的确认必须遵循权责发生制和实质重于形式原则。符合收入确认条件,采取不同销售方式的收入确认时间如表 4-4 所示。

表 4-4 销售货物收入确认时间

销售方式	确认时间
托收承付	办妥托收手续时确认收入
预收款	在发出商品时确认收入
销售商品需要安装和检验	在购买方接受商品以及安装和检验完毕时确认收入;如果安装程序比较简单,可在发出商品时确认收入
支付手续费方式委托代销	在收到代销清单时确认收入
分期收款	按照合同约定的收款日期确认收入

(2) 提供劳务收入,是指企业从事建筑安装、修理修配、交通运输、仓储租赁、金融保险、邮电通信、咨询经纪、文化体育、科学研究、技术服务、教育培训、餐饮住宿、中介代理、卫生保健、社区服务、旅游、娱乐、加工及其他劳务服务活动取得的收入。企业受托加工制造大型机械设备、船舶、飞机,以及从事建筑、安装、装配工程业务或者提供其他劳务等,持续时间超过 12 个月的,按照纳税年度内完工进度或者完成的工作量确认收入的实现。

(3) 转让财产收入,是指企业转让固定资产、生物资产、无形资产、股权、债权等财产取得的收入。企业转让股权于转让协议生效且完成股权变更手续时,确认收入。

(4) 股息、红利等权益性投资收益,是指企业因权益性投资从被投资方取得的收入。股息、红利等权益性投资收益,除国务院财政部、税务主管部门另有规定外,按照被投资方作出利润分配决定的日期确认收入的实现。

(5) 利息收入,是指企业将资金提供他人使用但不构成权益性投资,或者因他人占用本企业资金取得的收入,包括存款利息、贷款利息、债券利息、欠款利息等收入。利息收入,按照合同约定的债务人应付利息的日期确认收入的实现。

(6) 租金收入,是指企业提供固定资产、包装物或者其他有形资产的使用权取得的收入。租金收入,按照合同约定的承租人应付租金的日期确认收入的实现。

(7) 特许权使用费收入,是指企业提供专利权、非专利技术、商标权、著作权及其他特许权的使用权取得的收入。特许权使用费收入,按照合同约定的特许权使用人应付特许权使用费的日期确认收入的实现。

（8）接受捐赠收入，是指企业接受的来自其他企业、组织或者个人无偿给予的货币性资产、非货币性资产。接受捐赠收入，按照实际收到捐赠资产的日期确认收入的实现。

（9）其他收入，是指企业取得的除上述收入外的其他收入，包括企业资产溢余收入、逾期未退包装物押金收入、确实无法偿付的应付款项、已作坏账损失处理后又收回的应收款项、债务重组收入、补贴收入、违约金收入、汇兑收益等。

2）特殊收入的确认

（1）采取售后回购方式销售商品的，销售的商品按售价确认收入，回购的商品作为购进商品处理。

（2）采取以旧换新方式销售商品的，按照销售商品收入确认条件确认收入，回收的商品作为购进商品处理。

（3）采取商业折扣方式销售商品的，按扣除商业折扣后的金额确定销售商品收入金额。

（4）采取现金折扣方式销售商品的，按扣除现金折扣前的金额确定销售商品收入金额，现金折扣在实际发生时作为财务费用扣除。

（5）采取销售折让和销售退回方式的，企业已经确认销售收入的售出商品发生销售折让和销售退回，应当在发生当期冲减当期销售商品收入。

（6）采取买一赠一等方式销售的，不属于捐赠，应将总的销售金额按各项商品的公允价值的比例来分摊确认各项销售收入。

（7）采取产品分成方式销售的，以企业分得产品的日期确认收入的实现，其收入额按照产品的公允价值确定。

（8）企业发生非货币性资产交换，以及将货物、财产、劳务用于捐赠、偿债、赞助、集资、广告、样品、职工福利或者利润分配等用途的，应当视同销售货物、转让财产或者提供劳务，但国务院财政部、税务主管部门另有规定的除外。

2. 不征税收入

《企业所得税法》规定的不征税收入有：

（1）财政拨款。

（2）依法收取并纳入财政管理的行政事业性收费、政府性基金。

（3）国务院规定的其他不征税收入。

3. 免税收入

免税收入是指属于纳税人的应税所得但是按照税法规定应予以免征所得税的收入。《企业所得税法》规定的免税收入有：

（1）国债利息收入。

（2）符合条件的居民企业之间的股息和红利收入等权益性投资收益。

（3）在中国境内设立机构、场所的非居民企业从居民企业取得的与该机构、场所有实际联系的股息和红利收入。

（4）符合条件的非营利组织的收入。

4. 准予扣除项目的确定

《企业所得税法》规定企业实际发生的与取得收入有关的、合理的支出，包括成本、费用、税金、损失和其他支出，准予在计算应纳税所得额时扣除。

1) 准予扣除的项目及其标准

（1）工资薪金支出。企业实际发生的合理的工资薪金支出，准予税前扣除。"合理的工资薪金"是指企业按照股东大会、董事会、薪酬委员会或相关管理机构制订的工资薪金制度规定实际发放给员工的工资薪金总和，不包括企业的职工福利费、职工教育经费、工会经费及养老保险费、医疗保险费、失业保险费、工伤保险费、生育保险费等社会保险费和住房公积金。

（2）职工福利费、工会经费、职工教育经费。企业发生的职工福利费支出，不超过工资薪金总额14%的部分，准予扣除；企业拨缴的工会经费，不超过工资薪金总额2%的部分，准予扣除；除国务院、税务主管部门另有规定外，企业实际发生的职工教育经费支出，不超过工资薪金总额8%的部分，准予扣除，超过部分在以后纳税年度结转扣除。集成电路设计企业和符合条件的软件企业发生的职工教育经费中的职工培训费用，可以全额扣除。

（3）职工社会保险费用及相关保险费用。依照国务院有关主管部门或者省级人民政府规定的范围和标准为职工缴纳的基本养老保险费、基本医疗保险费、失业保险费、工伤保险费、生育保险费等基本社会保险费和住房公积金，准予扣除。企业为投资者或者职工支付的补充养老保险费、补充医疗保险费，分别在不超过职工工资总额5%标准内的部分，准予扣除；超过部分，不予扣除。企业依照国家有关规定为特殊工种职工支付的人身安全保险费和符合国务院财政部、税务主管部门规定可以扣除的商业保险费准予扣除外。企业按照规定缴纳的财产保险费，准予扣除。

（4）借款费用。企业在生产经营活动中发生的合理的不需要资本化的借款费用，准予扣除。企业为购置、建造固定资产、无形资产和经过12个月以上的建造才能达到预定可销售状态的存货发生借款的，在有关资产购置、建造期间发生的合理的借款费用，应予以资本化，作为资本性支出计入有关资产的成本；有关资产交付使用后发生的借款利息，可在发生当期扣除。

（5）利息费用。企业在生产经营活动中发生的下列利息费用，准予扣除：非金融企业向金融企业借款的利息支出、金融企业的各项存款利息支出和同业拆借利息支出、企业经批准发行债券的利息支出可据实扣除；非金融企业向非金融企业借款的利息支出，不超过按照金融企业同期同类贷款利率计算数额的部分可据实扣除，超过部分不允许扣除。

（6）业务招待费。企业发生的与生产经营活动有关的业务招待费支出，按照发生额的60%扣除，但最高不得超过当年销售（营业）收入的5‰。销售（营业）收入，是指包含了按会计准则核算的主营业务收入和其他业务收入，以及根据税法规定应确认为当期收入的视同销售收入。

（7）广告费和业务宣传费。企业发生的符合条件的广告费和业务宣传费支出，除国务院财政部、税务主管部门另有规定外，不超过当年销售（营业）收入15%的部分，准予扣除；超过部分，准予在以后纳税年度结转扣除。此处销售收入标准与业务招待费标准相同。烟草企业的烟草广告费用和业务宣传费支出，一律不得扣除。

（8）劳动保护费。企业发生的合理的劳动保护支出，准予扣除。劳动保护支出是指确因工作需要为雇员配备或者提供工作服、手套、安全保护用品、防暑降温用品等所发生的支出。

（9）公益性捐赠。企业发生的公益性捐赠支出，在年度利润总额12%以内的部分，准予在计算应纳税所得额时扣除;超过年度利润总额12%的部分,准予结转以后3年内在计算应纳税所得额时扣除。企业对公益性捐赠支出计算扣除时,应先扣除以前年度结转的捐赠支出,再扣除当前发生的捐赠支出。其中,年度利润总额,是指企业依照国家统一会计制度的规定计算的年度会计利润;公益性捐赠,是指企业通过公益性社会组织或者县级以上人民政府及其部门,用于符合法律规定的公益慈善事业的捐赠。

(10) 亏损弥补的扣除。企业纳税年度发生的亏损,准予向以后年度结转,用以后年度的所得弥补,但结转年限最长不得超过5年。这里的"亏损"是指企业按照《企业所得税法》及其实施条例的规定,将每一纳税年度的收入总额减去不征税收入、免税收入和各项扣除额后小于零的数额,即为纳税调整后的应纳税所得额小于零的数额,不是企业财务报表中反映的利润亏损额。

(11) 企业依照法律、行政法规和国家有关税法规定准予扣除的其他项目。

2) 不得扣除项目

根据《企业所得税法》的规定,在计算应纳税所得额时,下列项目不得扣除:

(1) 向投资者支付的股息、红利等权益性投资收益款项。

(2) 企业所得税税款。

(3) 税收滞纳金,是指纳税人、扣缴义务人违反税收法律、法规,被税务征收机关加收的滞纳金。

(4) 罚金、罚款和被没收财物的损失,是指纳税人违反国家有关法律、法规规定,被有关部门处以罚款,罚金和被没收的财物。

(5) 超过国家允许扣除的公益性捐赠及非公益性的捐赠支出。

(6) 赞助支出,是指企业发生的与生产经营活动无关的各种非广告性质支出。

(7) 未经核定的准备金支出,是指不符合国务院财政、税务主管部门规定的各项资产减值准备、风险准备等准备金支出。

(8) 企业之间支付的管理费、企业内营业机构之间支付的租金和特许权使用费,以及非银行企业内营业机构之间支付的利息,不得扣除。

(9) 与取得收入无关的其他支出。

另外,企业的不征税收入用于支出所形成的费用或者财产,不得扣除或者计算对应的折旧额和摊销额扣除。除企业所得税法和实施条例另有规定外,企业实际发生的成本、费用、税金、损失和其他支出,不得重复扣除。

5. 应纳税所得额的计算

在实际过程中,应纳税所得额的计算一般有两种方法。

1) 直接计算法

在直接计算法下,企业每一纳税年度的收入总额减除不征税收入、免税收入、各项扣除以及允许弥补的以前年度亏损后的余额为应纳税所得额。计算公式为:

应纳税所得额=收入总额-不征税收入-免税收入-各项扣除金额-弥补亏损

2) 间接计算法

在间接计算法下,在会计利润总额的基础上加或减按照税法规定调整的项目金额后,即为应纳税所得额。现行企业所得税年度纳税申报表采取该方法。计算公式为:

应纳税所得额＝会计利润总额±纳税调整项目金额

纳税调整项目金额包括两个方面的内容：

（1）企业财务会计制度规定的项目范围与税收法规规定的项目范围不一致应予以调整的金额。

（2）企业财务会计制度规定的扣除标准与税法规定的扣除标准不一致的差异应予以调整的金额。

（三）适用税率的确定

我国企业所得税采用比例税率，具体内容如表 4-5 所示。

表 4-5　我国企业所得税的税率

种类	税率	适用范围
基本税率	25%	居民企业和中国境内设有机构、场所且所得与机构、场所有关联的非居民企业
低税率	20%（减按 10% 执行）	中国境内未设立机构、场所或虽设立机构、场所但所得与其机构、场所没有实际联系的非居民企业
优惠税率	20%	符合条件的小型微利企业
	15%	国家重点扶持的高新技术企业

（四）减免税额和抵免税额的确定

两者的确定可结合企业所享有的税收优惠。

《企业所得税法》规定，国家对重点扶持和鼓励发展的产业和项目，给予企业所得税优惠，税收优惠方式包括免税、减税、加计扣除、加速折旧、减计收入、税额抵免等。

1. 扶持农、林、牧、渔业发展优惠

企业从事农、林、牧、渔业项目的所得，包括免征和减征两部分，具体内容如表 4-6 所示。

表 4-6　从事农、林、牧、渔业项目所得的减、免征

类型	项目
免征	（1）蔬菜、谷物、薯类、油料、豆类、棉花、麻类、糖料、水果、坚果的种植 （2）农作物新品种的选育 （3）中药材的种植 （4）林木的培育和种植 （5）牲畜、家禽的饲养 （6）林产品的采集 （7）灌溉、农产品初加工、兽医、农技推广、农机作业和维修等农、林、牧、渔服务业项目 （8）远洋捕捞
减半征收	（1）花卉、茶以及其他饮料作物和香料作物的种植 （2）海水养殖、内陆养殖

2. 促进技术创新和科技进步优惠

（1）符合条件的技术转让所得减免，具体内容如表 4-7 所示。

表 4-7 符合条件的技术转让所得优惠政策

项目	具体规定
一般规定	一个纳税年度内,居民企业技术转让所得不超过 500 万元的部分,免征企业所得税;超过 500 万元的部分,减半征收企业所得税
技术转让范围	居民企业转让专利技术、计算机软件著作权、集成电路布图设计权、植物新品种、生物医药新品种以及财政部和国家税务总局确定的其他技术
计算公式	技术转让所得＝技术转让收入－技术转让成本－相关税费

(2) 研发费用加计扣除。企业开展研发活动中实际发生的研发费用,未形成无形资产计入当期损益的,在按照规定据实扣除的基础上,制造业企业从 2021 年 1 月 1 日起,可再按照实际发生额的 100％税前加计扣除;形成无形资产的,按照无形资产成本的 200％在税前摊销。上述政策科技型中小企业从 2022 年 1 月 1 日起执行,其他企业从 2023 年 1 月 1 日开始执行。

(3) 创投企业投资额抵扣应纳税所得额。创业投资企业采取股权投资方式投资于未上市的中小高新技术企业 2 年以上的,可以按照其投资额的 70％在股权持有满 2 年的当年抵扣该创业投资企业的应纳税所得额;当年不足抵扣的,可以在以后纳税年度结转抵扣。

(4) 国家重点扶持的高新技术企业,减按 15％的税率征收企业所得税。

3. 安置残疾人就业优惠

企业安置残疾人员的,在按照支付给残疾职工工资据实扣除的基础上,按照支付给残疾职工工资的 100％加计扣除。

4. 鼓励环境保护、促进节能服务产业发展优惠

(1) 企业从事符合条件的环境保护、节能节水项目的所得,自项目取得第一笔生产经营收入所属纳税年度起,第一年至第三年免征企业所得税,第四年至第六年减半征收企业所得税。享受减免税优惠的项目,在减免税期限内转让的,受让方自受让之日起,可以在剩余期限内享受规定的减免税优惠;减免税期限届满后转让的,受让方不得就该项目重复享受减免税优惠。

(2) 企业综合资源利用,生产国家非限制和禁止并符合国家和行业相关标准的产品取得的收入,减按 90％计入收入总额。

5. 小型微利企业优惠

自 2023 年 1 月 1 日至 2027 年 12 月 31 日,对小型微利企业年应纳税所得额减按 25％计入应纳税所得额,按 20％的税率缴纳企业所得税。其中小微企业的认定标准如表 4-8 所示。

表 4-8 小微企业认定标准

项目	具体规定	
企业性质	从事国家非限制和禁止行业	
从业人数	不超过 300 人;包括与企业建立劳动关系的职工人数和企业接受的劳务派遣用工人数	按企业全年的季度平均值确定 季度平均值＝(季初值＋季末值)÷2 全年季度平均值＝全年各季度平均值之和÷4
资产总额	不超过 5 000 万元	
盈利水平	年度应纳税所得额不超过 300 万元	

（五）非居民企业应纳税额的计算

对于在中国境内未设立机构、场所，或者虽设立机构、场所但所得与其所设机构、场所没有实际联系的非居民企业，按照以下方法计算其应纳税所得额：

（1）股息、红利等权益性投资收益和利息、特许权使用费所得，以收入全额为应纳税所得额。

（2）转让财产所得，以收入全额减除财产净值后的余额为应纳税所得额。

（3）其他所得，参照前两项规定的方法计算应纳税所得额。

应纳税额的计算公式与居民企业的基本计算公式相同。

四、资产的税务处理

（一）固定资产的税务处理

（1）折旧范围。企业按照规定计算的固定资产折旧，准予扣除。但是，下列固定资产不得计算折旧扣除：①房屋、建筑物以外，未投入使用的固定资产；②以经营租赁方式租入的固定资产；③以融资租赁方式租出的固定资产；④已足额提取折旧仍继续使用的固定资产；⑤与经营活动无关的固定资产；⑥单独估价作为固定资产入账的土地；⑦其他不得计算折旧扣除的固定资产。

（2）折旧年限。除国务院、税务主管部门另有规定外，固定资产折旧的最低年限如下：①房屋、建筑物为 20 年；②飞机、火车、轮船、机器、机械和其他生产设备为 10 年；③与生产经营活动有关的器具、工具、家具等为 5 年；④飞机、火车、轮船以外的运输工具为 4 年；⑤电子设备为 3 年。

（3）折旧方法。固定资产按照直线法计提的折旧，准予扣除。企业应当根据固定资产的性质和使用情况，合理确定固定资产的预计净残值。固定资产预计净残值一经确定，不得变更。

（二）无形资产的税务处理

（1）摊销范围。企业按照规定计算的无形资产摊销费用，准予扣除。但是，下列无形资产不得计算摊销费用在税前扣除：①自行开发的支出已在计算应纳税所得额时扣除的无形资产；②自创商誉；③与经营活动无关的无形资产；④其他不得计算摊销费用扣除的无形资产。

（2）摊销方法及年限。无形资产按照直线法计算摊销费用，准予扣除。无形资产的摊销年限不得少于 10 年。作为投资或者受让的无形资产，在有关法律规定或合同约定了使用年限的情况下，可以按照规定或者约定的使用年限分期摊销。

（三）长期待摊费用的税务处理

长期待摊费用是指企业发生的应在一个年度以上或几个年度进行摊销的费用。在计算应纳税所得额时，企业发生的下列支出作为长期待摊费用，按照规定摊销的，准予扣除：已足额提取折旧的固定资产的改建支出（是指改变房屋或者建筑物结构、延长使用年限等发生的支出）；租入固定资产的改建支出；固定资产的大修理支出；其他应当作为长期待摊费用的支出。

固定资产的大修理支出是指同时符合两个条件的支出：修理支出达到取得固定资产时的计税基础 50% 以上；修理后固定资产的使用年限延长 2 年以上。固定资产的大修理支出，按照固定资产尚可使用年限分期摊销。

其他应当作为长期待摊费用的支出,自支出发生月份的次月起,分期摊销,摊销年限不得低于3年。

(四) 存货的税务处理

(1) 计税基础。存货按照以下方法确定成本:通过支付现金方式取得存货,已购买价款和支付的相关税费为成本;通过支付现金以外的方式取得的存货,以该存货的公允价值和支付的相关税费为成本。

(2) 成本计算方法。企业可以在先进先出法、加权平均法、个别计价法中选用一种,计价方法一经选用,不得随意变更。

(五) 税法规定和会计规定差异的处理

根据《企业所得税法》规定,在计算应纳税所得额时,企业财务、会计处理办法与税收法律、行政法规的规定不一致的,应当依照税收法律、行政法规的规定计算,即企业在日常会计核算中,按照会计制度的规定进行账务处理,但在计算应纳税所得额和申报纳税时,对税法规定与会计规定有差异的,要按照税法规定进行纳税调整。

五、企业所得税纳税期限和地点

(一) 纳税期限

企业所得税按年计征,分月或分季预缴,年终汇算清缴,多退少补。纳税年度自公历1月1日至12月31日止。

纳税人应当在月份或季度终了之日起15日内,向税务机关报送预缴企业所得税纳税申报表,预缴税款。

纳税人应当自年度终了之日起5个月内,向其税务机关报送年度企业所得税纳税申报表、财务报表和其他有关资料并汇算清缴,结清应缴应退税款。

企业在年度中间终止经营活动的,应当自实际经营终止之日起60内,向税务机关办理当期企业所得税汇算清缴。

企业应当在办理注销登记前,就其清算所得向税务机关申报并依法缴纳企业所得税。

扣缴义务人每次代扣的税款,应当自代扣之日起7日内缴入国库,并向所在地税务机关报送扣缴企业所得税报告表。

(二) 纳税地点

居民企业,除税收法律、行政法规另有规定外,以企业登记注册地为纳税地点;登记注册地在境外的,以实际管理机构所在地为纳税地点。居民企业在中国境内设立不具有法人资格的营业机构的,应当汇总计算并缴纳企业所得税。

非居民企业在中国境内设立机构、场所的,应当就其所设机构、场所取得的来源于中国境内所得,以及发生在中国境外、但与其所设机构、场所有实际联系的所得,以机构、场所所在地为纳税地点。非居民企业在中国境内设立两个或两个以上机构、场所,符合国务院税务主管部门规定条件的,可以选择其主要机构、场所汇总缴纳企业所得税。

非居民企业在中国境内未设立机构、场所,或者虽然设立机构、场所但取得的所得是与其机构、场所没有联系的,以扣缴义务人所在地为纳税地点。

知识练习

知识练习
数据包

一、单选题

1. 根据企业所得税法律制度的规定,下列关于不同方式下销售商品收入金额确定的表述中,正确的是( )。

   A. 采用商业折扣方式销售商品的,按照商业折扣前的金额确定销售商品收入金额
   B. 采用现金折扣方式销售商品的,按照现金折扣前的金额确定销售商品收入金额
   C. 采用售后回购方式销售商品的,按照扣除回购商品公允价值后的余额确定销售商品收入金额
   D. 采用以旧换新方式销售商品的,按照扣除回收商品公允价值后的余额确定销售商品收入金额

2. 根据企业所得税法律制度的规定,下列关于确认收入实现时间的表述中,正确的是( )。

   A. 销售商品采用托收承付方式的,在签订合同时确认
   B. 销售商品采用支付手续费方式委托代销的,在销售时确认
   C. 销售商品采用预收款方式的,在发出商品时确认
   D. 销售商品需要安装的,在商品发出时确认

3. 根据企业所得税法律制度的规定,下列关于企业所得税税前扣除的表述中,不正确的是( )。

   A. 企业发生的合理的工资薪金的支出,准予扣除
   B. 企业发生的职工福利费支出超过工资薪金总额14%的部分,准予在以后纳税年度结转扣除
   C. 企业发生的职工教育经费超过工资薪金总额8%的部分,准予在以后纳税年度结转扣除
   D. 企业发生的工会经费超过工资薪金总额2%的部分,应调整应纳税所得额

4. 甲公司2023年度发生合理的工资薪金支出1 000万元,发生职工福利费支出150万元,拨缴工会经费21万元,发生职工教育经费支出75万元,上年度结转未扣除的职工教育经费支出13万元。已知企业发生的职工福利费支出、拨缴的工会经费、发生的职工教育经费支出分别在不超过工资薪金总额14%、2%、8%的部分,准予扣除。在计算甲公司2023年度企业所得税应纳税所得额时,准予扣除的职工福利费支出、工会经费和职工教育经费支出合计金额为( )万元。

   A. 235   B. 259   C. 240   D. 250

5. 甲公司为一家化妆品生产企业,2023年3月因业务发展需要与工商银行借款100万元,期限为半年,年利率8%;2023年5月,甲公司又向自己的供应商借款200万元,期限为半年,支付利息10万元,上述借款均用于经营周转,该企业无其他借款,根据企业所得税法律制度的规定,该企业2023年可以在所得税前扣除利息费用的下列算式中,正确的是( )。

   A. $100 \times 8\% = 8$(万元)
   B. 10(万元)

C. 100×8‰×50%+200×8‰×50%=12(万元)
D. 100×8‰×50%+10=14(万元)

6. 2023年8月,甲公司向金融企业借入流动资金900万元,期限为3个月,年利率为6%;向非关联企业乙公司借入同类借款1 800万元,期限为3个月,年利率为12%。已知金融企业同期同类贷款年利率为6%。计算甲公司2023年度企业所得税应纳税所得额时准予扣除的利息费用的下列算式中,正确的是( )。
   A. 1 800×12%÷12×3=54(万元)
   B. 900×6%÷12×3+1 800×12%÷12×3=67.5(万元)
   C. 900×6%÷12×3=13.5(万元)
   D. 900×6%÷12×3+1 800×6%÷12×3=40.5(万元)

7. 甲公司2023年度取得销售收入6 000万元,发生与生产经营活动有关的业务招待费支出35万元。已知业务招待费支出按照发生额的60%扣除,但最高不得超过当年销售(营业)收入的5‰。在计算甲公司2023年度企业所得税应纳税所得额时,准予扣除的业务招待费支出是( )万元。
   A. 30   B. 19   C. 21   D. 35

8. 甲公司2023年度实现利润总额30万元,直接向受灾地区群众捐款6万元,通过公益性社会组织向受灾地区捐款4万元。已知公益性捐赠支出不超过年度利润总额的12%的部分,准予在计算应纳税所得额时扣除。在计算甲公司2023年度企业所得税应纳税所得额时,准予扣除的捐赠额为( )万元。
   A. 6   B. 10   C. 3.6   D. 4

9. 根据企业所得税法律制度的规定,下列各项中,属于免税收入的是( )。
   A. 财政拨款收入
   B. 转让企业债券取得的收入
   C. 企业购买国债取得的利息收入
   D. 县级以上人民政府将国有资产无偿划入企业并指定专门用途并按规定进行管理

10. 企业从事下列项目取得的所得中,减半征收企业所得税的是( )。
    A. 饲养家禽   B. 远洋捕捞   C. 海水养殖   D. 种植中药材

11. 某居民企业2023年取得转让技术收入2 000万元,发生技术转让成本1 100万元,相关税费100万元。已知该企业适用25%的企业所得税税率,根据企业所得税法律制度的规定,2023年该企业应缴纳的企业所得税税额为( )万元。
    A. 200   B. 100   C. 75   D. 37.5

12. 2023年甲企业取得销售收入3 000万元,本年度发生广告费支出400万元;上一年度结转广告费60万元。已知甲企业发生广告费可以按照当年销售收入的15%在企业所得税前扣除,超过部分准予在以后纳税年度结转扣除。根据企业所得税法律制度的规定,甲企业2023年准予扣除的广告费是( )万元。
    A. 460   B. 510   C. 450   D. 400

13. 某企业于2023年6月15日购入生产用设备一台,不含税价450万元,按照企业所得税法的规定,该设备在本年度企业所得税汇算清缴时允许扣除的金额为( )万元。
    A. 450   B. 45   C. 42.75   D. 0

14. 甲公司2023年度利润总额1 000万元,通过县民政部门用于目标脱贫地区的扶贫捐赠支出125万元,通过公益性社会组织向体育事业捐赠130万元。已知公益性捐赠支出不超过年度利润总额12%的部分,准予扣除;超过部分,准予结转到以后三个纳税年度内扣除。在计算甲公司2023年度企业所得税应纳税所得额时,准予扣除的公益性捐赠支出金额是( )万元。

    A. 255   B. 130   C. 120   D. 245

15. 2023年9月甲电子公司销售一批产品,含增值税价格45.2万元。由于购买数量多,甲电子公司给予购买方9折优惠。已知增值税税率为13%,甲电子公司在计算企业所得税应纳税所得额时,应确认的产品销售收入为( )万元。

    A. 40   B. 41.76   C. 46.4   D. 36

16. 甲机械制造厂2023年度利润总额500万元,实际发生未形成无形资产计入当期损益的研究开发费用100万元,无其他纳税调整项目。计算甲机械制造厂2023年度企业所得税应纳税所得额的下列算式中,正确的是( )。

    A. $500-100\times100\%=400$(万元)   B. $500-100\times75\%=425$(万元)
    C. $500-100\times50\%=450$(万元)   D. $500+100=600$(万元)

17. 根据企业所得税法律制度的规定,下列各项中,在计算企业所得税应纳税所得额时准予扣除的是( )。

    A. 向投资者支付的股息   B. 税收滞纳金
    C. 违反合同的违约金   D. 违法经营的行政罚款

18. 某居民企业2023年度产品销售收入4 800万元,发生的成本费用3 600万元,材料销售收入400万元,境内分回的投资收益761万元(被投资方税率为15%),实际发生业务招待费15万元,该企业2023年度所得税前可以扣除的业务招待费用为( )万元。

    A. 9   B. 15   C. 18   D. 26

19. 甲居民企业是增值税一般纳税人,以一批账面成本为60万元、不含增值税市场售价为100万元的货物抵偿所欠乙企业的债务,债务本息合计为120万元。已知增值税税率为13%,甲企业向乙企业开具了增值税专用发票,不考虑其他税种。根据企业所得税法律制度的规定,甲企业应当确认的债务重组所得为( )万元。

    A. 100   B. 40   C. 20   D. 7

20. 根据企业所得税法律制度的规定,下列企业发生的广告费和业务宣传费一律不得扣除的是( )。

    A. 化妆品制造企业的化妆品广告费   B. 医药制造企业的药品广告费
    C. 饮料制造企业的饮料广告费   D. 烟草企业的烟草广告费

二、多选题

1. 企业发生的与经营活动有关的业务招待费支出,按照发生额的60%扣除,且不能超过当年销售(营业)收入5‰,下列各项中,属于企业销售(营业)收入的有( )。

    A. 销售商品收入   B. 出租房屋收入
    C. 投资股票收益   D. 现金盘盈

2. 根据企业所得税法律制度的规定,企业的下列支出中,准予在计算企业所得税应纳税所得额时加计扣除的有( )。

A. 开发新产品发生的计入当期损益的研究开发费用
B. 推广新产品发生的计入当期损益的广告费
C. 奖励销售人员支付的奖金
D. 安置残疾人员支付的工资

3. 下列各项中,符合企业所得税相关规定的有(　　)。
A. 企业发生的合理的工资、薪金支出准予据实扣除
B. 企业发生的职工福利费支出不超过工资、薪金总额14%的部分准予税前扣除
C. 为职工支付的补充养老保险费、补充医疗保险费不得税前扣除
D. 企业参加财产保险,按规定缴纳的保险费,准予税前扣除

4. 根据企业所得税法律制度的规定,下列各项中,准予计算折旧扣除的有(　　)。
A. 未投入使用的房屋、建筑物
B. 以经营租赁方式租出的固定资产
C. 以融资租赁方式租入的固定资产
D. 房屋、建筑物以外未投入使用的固定资产

5. 根据企业所得税法律制度的规定,下列各项中,应视同销售货物的有(　　)。
A. 将货物用于广告
B. 将货物用于捐赠
C. 将货物用于偿债
D. 将货物用于赞助

6. 甲公司2023年会计利润为3 000万元,取得销售收入10 000万元,其他收入2 000万元,发生广告费和业务宣传费2 500万元,已知甲公司适用的企业所得税税率为25%,假设甲公司无其他纳税调整事项,则甲公司2023年应缴纳所得税的下列说法中错误的有(　　)。
A. 如果甲公司为化妆品销售企业,应纳税额=3 000×25%=750(万元)
B. 如果甲公司为白酒制造企业,应纳税额=3 000×25%=750(万元)
C. 如果甲公司为汽车销售企业,应纳税额=3 000×25%=750(万元)
D. 如果甲公司为烟草企业,应纳税额=3 000×25%=750(万元)

7. 根据企业所得税法律制度的规定,下列各项中,应在计算应纳税所得额时限额扣除的有(　　)。
A. 职工福利费
B. 烟草公司的烟草广告费
C. 通过国家机关向贫困地区的捐款
D. 为本企业董事会成员支付的不超过工资薪金总额5%的人身意外伤害保险

8. 根据企业所得税法律制度的规定,下列各项中,超过税法规定的扣除标准后,准予在以后纳税年度结转扣除的有(　　)。
A. 工会经费
B. 职工教育经费
C. 广告费和业务宣传费
D. 职工福利费

9. 根据企业所得税法律制度规定,下列各项中,在计算所得税应纳税所得额时准予扣除的有(　　)。
A. 向客户支付的合同违约金
B. 向税务机关支付的税收滞纳金
C. 向银行支付的逾期利息
D. 向公安部门缴纳的交通违章罚款

10. 根据企业所得税法律制度的规定,下列依照中国法律在中国境内设立的企业中,属

于企业所得税纳税人的有(　　)。
   A. 股份有限公司　　　　　　　　　B. 有限责任公司
   C. 国有独资公司　　　　　　　　　D. 个人独资企业

11. 根据企业所得税法律制度的规定,下列关于确定所得来源地的表述中,正确的有(　　)。
   A. 提供劳务所得,按照劳务发生地确定
   B. 销售货物所得,按照交易活动发生地确定
   C. 不动产转让所得,按照转让不动产的企业所在地确定
   D. 股息所得,按照分配股息的企业所在地确定

12. 下列关于加计扣除政策的表述中,不正确的有(　　)。
   A. 烟草制造业适用加计扣除政策
   B. 企业安置残疾人所支付的工资不可以加计扣除
   C. 企业应对研发费用和生产经营费用分别核算,准确、合理归集各项费用支出,对划分不清的,不得实行加计扣除
   D. 企业在一个纳税年度内进行多项研发活动的,应按照不同研发项目分别归集可加计扣除的研发费用

13. 企业缴纳的下列税款中,可以作为税金及附加在企业所得税税前扣除的有(　　)。
   A. 契税　　　　B. 房产税　　　　C. 增值税　　　　D. 印花税

14. 以下关于销售商品收入实现时间的确认,正确的有(　　)。
   A. 采用托收承付方式的收入确认时间为办妥托收手续时
   B. 采用预收款方式的,为收到预收款时
   C. 支付手续费方式委托代销,为收到代销清单时
   D. 对于需要安装和检验的,为购买方接受商品及安装和检验完毕时

15. 根据企业所得税法律制度的规定,下列关于固定资产计提折旧的有关表述中,正确的有(　　)。
   A. 企业应当自固定资产投入使用月份的当月起计算折旧
   B. 企业应当自固定资产投入使用月份的次月起计算折旧
   C. 停止使用的固定资产,应当自停止使用月份的当月起停止计算折旧
   D. 停止使用的固定资产,应当自停止使用月份的次月起停止计算折旧

16. 根据企业所得税法律制度的规定,下列企业缴纳的保险费用中,准予在税前全额扣除的有(　　)。
   A. 为购入车辆支付的财产保险费用
   B. 为煤矿井下作业人员支付的人身安全商业保险费用
   C. 为企业职工支付的基本养老保险费用
   D. 为企业职工支付的补充养老保险费用

17. 根据企业所得税法律制度的规定,下列关于企业所得税征收管理的说法,正确的有(　　)。
   A. 按月或按季预缴所得税的,企业应当自月份或季度终了之日起30日内,向税务机关报送预缴企业所得税纳税申报表,预缴税款

B. 企业应当自年度终了之日起 5 个月内,向税务机关报送年度企业所得税纳税申报表
C. 企业只有在盈利情况下,才需要依照规定期限,向税务机关报送预缴企业所得税纳税申报表
D. 企业在年度中间终止经营活动的,应当自实际经营终止之日起 60 日内,向税务机关办理当期企业所得税汇算清缴

18. 下列各项中,在计算企业所得税应纳税所得额时,应计入收入总额的有( )。
   A. 转让专利权收入   B. 债务重组收入
   C. 接受捐赠收入   D. 确实无法偿付的应付账款

19. 在计算企业所得税应纳税所得额时,下列关于确定无形资产计税基础的表述中,符合企业所得税法律制度规定的有( )。
   A. 外购的无形资产,以该资产的公允价值和支付的相关税费为计税基础
   B. 通过捐赠方式取得的无形资产,以该资产的公允价值和支付的相关税费为计税基础
   C. 通过投资方式取得的无形资产,以该资产的公允价值和支付的相关税费为计税基础
   D. 通过债务重组方式取得的无形资产,以该资产的公允价值和支付的相关税费为计税基础

20. 下列企业缴纳的税金中,在计算企业所得税应纳税所得额时准予扣除的有( )。
   A. 企业所得税   B. 消费税
   C. 房产税   D. 允许抵扣的增值税

三、判断题

1. 接受捐赠收入按照实际收到捐赠资产的日期确认企业所得税收入的实现。( )
2. 根据企业所得税法律制度的规定,利息收入按照债务人实际支付利息的日期确认收入的实现。( )
3. 计算企业所得税应纳税所得额时,企业当年发生的职工福利费超过法律规定扣除标准的部分,准予在以后年度结转扣除。( )
4. 职工因公出差乘坐交通工具发生的人身意外保险费,准予在计算企业所得税时扣除。( )
5. 非金融企业向金融企业借款的利息支出可以据实扣除,非金融企业向非金融企业借款的利息支出不允许在税前扣除。( )
6. 将外购材料用于产品生产需要视同销售缴纳企业所得税。( )
7. 企业应当自年度终了之日起 5 个月内,向税务机关报送年度企业所得税纳税申报表,并汇算清缴,结清应缴应退税款。( )
8. 在中华人民共和国境内,所有的企业都是企业所得税的纳税人。( )
9. 居民企业的法定税率一律都是 25%。( )
10. 企业从事花卉种植的所得,减半征收企业所得税。( )
11. 企业从事海水养殖项目的所得,免征企业所得税。( )
12. 企业取得的违约金收入不征企业所得税。( )
13. 居民企业无须就其来源于中国境外的所得缴纳企业所得税。( )
14. 在中国境内设立机构、场所的非居民企业取得的发生在中国境内但与其所设机构场所没有实际联系的所得无须缴纳企业所得税。( )

15. 企业每一纳税年度的收入总额,减除各项扣除与允许弥补的以前年度亏损后的余额,为应纳税所得额。( )

16. 广告费、业务宣传费、业务招待费超过税法规定扣除限额标准的部分均准予向以后年度结转扣除。( )

17. 转让国债取得的转让收入免征企业所得税。( )

18. 外购的生产性生物资产,以购买价款和支付的相关税费为企业所得税的计税基础。( )

19. 以分期收款方式销售货物,按照合同约定的收款日期确认收入。( )

20. 以现金折扣方式销售货物,应当按扣除现金折扣后的金额确认收入,现金折扣在实际发生时作为财务费用扣除。( )

企业所得税实训案例及申报

操作视频

一、实训资料

(一)背景资料

纳税人基础信息

公司名称:北京郎舫科技有限公司

统一社会信用代码:91116159854685B068

公司成立时间:2014年03月14日

法人代表名称:王峻熙

财务主管:陈亦晨

经济性质:有限责任公司(非上市企业)

注册资本:1 000万元

开户银行:中国工商银行北京分行

银行账号:10139916272826 41056

注册地址:北京市朝阳区南苑路52号

电话号码:010-78051366

适用的会计准则:小企业会计准则

企业经营范围:生产、销售各类洗碗机

增值税纳税人:一般纳税人

税率:增值税13%,城市维护建设税7%,教育费附加3%,地方教育附加2%,企业所得税25%。

当月收到的增值税专用发票全部当月认证抵扣,当月收到的旅客运输发票全部当月计算抵扣。

(二)业务资料

北京郎舫科技有限公司主要从事各类洗碗机的生产及销售,2023年购入的固定资产享受500万元以下一次性扣除政策,12月31日转让符合条件的专利权技术。

股东信息：

（1）王峻熙（国籍：中国；证件种类：居民身份证；证件号码：110234198203161559）投资总额600万元整。

（2）叶硫棠（国籍：中国；证件种类：居民身份证；证件号码：350204198208047062）投资总额400万元整。

1～12月汇总财务数据如下：

【财务数据4-1】主要产品销售价格和各季度相关信息，具体内容如表4-9、表4-10所示。

表4-9　各季度相关数据

项目	一季度		二季度		三季度		四季度	
	季初	季末	季初	季末	季初	季末	季初	季末
从业人数（人）	240	235	235	232	232	230	230	230
资产总额（元）	23 398 038.08	27 165 998.30	27 165 998.30	37 166 000.50	37 166 000.50	42 164 500.50	42 164 500.50	42 667 943.92

表4-10　商品价格表

单位：北京郎舫科技有限公司　　　　　　　　　　　　　　　　　　　　金额单位：元

项目	单位	不含税价	含税价
水槽洗碗机	台	5 000.00	5 650.00
台式洗碗机	台	4 000.00	4 520.00
超声波洗碗机	台	7 000.00	7 910.00

【财务数据4-2】资产负债表，具体内容如表4-11所示。

表4-11　资产负债表

编制单位：北京郎舫科技有限公司　　　　　　　　　　　　　　　　　　会企01表
　　　　　　　　　　　　　　　　　　　　　　　　　　　　　　　　　　单位：元

资产	期末数	年初数	负债和所有者权益	期末数	年初数
流动资产：	—	—	流动负债：	—	—
货币资金	1 874 654.22	1 595 158.77	短期借款	3 000 000.00	
短期投资	6 217 455.83	4 000 000.00	应付票据		
应收票据	780 240.00	700 000.00	应付账款	2 023 868.00	973 505.93
应收账款	2 310 082.72	1 246 257.22	预收款项	5 200 000.00	4 000 000.00
预付款项	11 208 000.00		应付职工薪酬	3 895 800.00	2 003 000.00
应收股利			应交税费	1 106 336.30	951 587.15
应收利息			应付利息		
其他应收款			应付利润		

(续表)

资产	期末数	年初数	负债和所有者权益	期末数	年初数
存货	6 079 911.51	2 578 924.54	其他应付款	−96 255.00	−96 255.00
其中:原材料	1 810 000.00	1 078 024.00	其他流动负债		
在产品	1 413 720.00	336 083.04	流动负债合计	15 129 749.3	7 831 838.08
库存商品	2 327 441.51	1 117 138.00	非流动负债:	—	—
周转材料	528 750.00	47 679.50	长期借款		
其他流动资产			长期应付款		
流动资产合计	28 470 344.28	10 120 340.53	递延收益		
非流动资产:	—	—	其他非流动负债		
长期债券投资			非流动负债合计		
长期股权投资	2 500 000.00		负债合计	15 129 749.30	7 831 838.08
固定资产原价	11 683 200.00	11 678 400.00			
减:累计折旧	2 977 100.36	1 923 202.45			
固定资产账面价值	8 706 099.64	9 755 197.55			
在建工程					
工程物资					
固定资产清理					
生产性生物资产			所有者权益:	—	—
无形资产	2 991 500.00	3 522 500.00	实收资本	10 000 000.00	10 000 000.00
开发支出			资本公积		
长期待摊费用			盈余公积	3 416 438.92	1 022 040.00
其他非流动资产			未分配利润	14 121 755.70	4 544 160.00
非流动资产合计	14 197 599.64	13 277 697.55	所有者权益(或股东权益)合计	27 538 194.62	15 566 200.00
资产总计	42 667 943.92	23 398 038.08	负债和所有者权益(或股东权益)总计	42 667 943.92	23 398 038.08

【财务数据4-3】利润表,如表4-12所示。

表4-12 利润表

编制单位:北京郎舫科技有限公司　　　2023年12月

会小企02表
单位:元

项目	本期金额	本年累计
一、营业收入	10 300 000.00	133 438 000.00
减:营业成本	7 452 019.50	93 806 612.48

(续表)

项目	本期金额	本年累计
税金及附加	24 655.80	586 062.66
其中:消费税		0.00
营业税		0.00
城市维护建设税		0.00
资源税		0.00
土地增值税		0.00
城镇土地使用税、房产税、车船税、印花税		0.00
教育费附加、矿产资源补偿费、排污费		0.00
销售费用	856 005.39	12 133 455.49
其中:商品维修费		0.00
广告费和业务宣传费	500 000.00	8 035 000.00
管理费用	958 337.94	9 319 882.11
其中:开办费		0.00
业务招待费	12 600.00	1 692 600.00
研究费用	479 036.86	1 715 479.26
财务费用	25 573.12	197 279.36
其中:利息费用(收入以"一"号填列)	24 893.12	188 268.49
加:投资收益(损失以"一"号填列)	0.00	60 000.00
二、营业利润(亏损以"一"号填列)	983 408.25	15 739 228.64
加:营业外收入	516 630.86	673 930.86
其中:政府补助		0.00
减:营业外支出	0.00	450 500.00
其中:坏账损失		0.00
无法收回的长期债券投资损失		0.00
无法收回的长期股权投资损失		0.00
自然灾害等不可抗力因素造成的损失		0.00
税收滞纳金		500.00
三、利润总额(亏损总额以"一"号填列)	1 500 039.11	15 962 659.50
减:所得税费用	375 009.78	3 990 664.88
四、净利润(净亏损以"一"号填列)	1 125 029.33	11 971 994.62

【财务数据 4-4】1~12月损益表,具体内容如表 4-13 所示。

表 4-13 损益表   单位:元

科目代码	科目名称	本年累计发生额		备注
		借方	贷方	
5001	主营业务收入	133 378 000.00	133 378 000.00	
500101	水槽洗碗机	44 464 000.00	44 464 000.00	
500102	台式洗碗机	32 164 000.00	32 164 000.00	
500103	超声波洗碗机	56 750 000.00	56 750 000.00	
5051	其他业务收入	60 000.00	60 000.00	
505101	出租收入	0.00	0.00	
505102	原材料销售收入	60 000.00	60 000.00	
5111	投资收益	60 000.00	60 000.00	其中国债利息收益40 000.00元,国债转让收益20 000.00元
5301	营业外收入	673 930.86	673 930.86	
530101	罚款收入	448 430.86	448 430.86	
530102	长期股权投资收入	127 000.00	127 000.00	属于其他收入
530103	处置非流动资产利得	98 500.00	98 500.00	
5401	主营业务成本	93 764 612.48	93 764 612.48	
540101	水槽洗碗机	32 355 567.26	32 355 567.26	
540102	台式洗碗机	20 535 259.62	20 535 259.62	
540103	超声波洗碗机	40 873 785.60	40 873 785.60	
5402	其他业务成本	42 000.00	42 000.00	
540201	出租成本	0.00	0.00	
540202	原材料销售成本	42 000.00	42 000.00	
5403	税金及附加	586 062.66	586 062.66	
5601	销售费用	12 133 455.49	12 133 455.49	
560101	办公费	195 300.00	195 300.00	
560102	折旧费	116 900.61	116 900.61	
560103	职工薪酬	3 057 234.00	3 057 234.00	
560104	差旅费	366 520.88	366 520.88	
560105	广告宣传费	8 035 000.00	8 035 000.00	
560106	运输费	62 500.00	62 500.00	
560107	保险费	300 000.00	300 000.00	
5602	管理费用	11 035 361.37	11 035 361.37	
560201	办公费	741 580.00	741 580.00	
560202	折旧、摊销费	305 256.24	305 256.24	
560203	职工薪酬	4 280 465.60	4 280 465.60	

(续表)

科目代码	科目名称	本年累计发生额		备注
		借方	贷方	
560204	差旅费	942 337.06	942 337.06	
560205	业务招待费	1 688 000.00	1 688 000.00	
560206	鉴证咨询费	480 000.00	480 000.00	
560207	维修费	136 000.00	136 000.00	
560208	运输费	44 000.00	44 000.00	
560209	残疾人就业保障金	302 243.21	302 243.21	属于各项税费
560210	保险费	380 000.00	380 000.00	
560211	诉讼费	20 000.00	20 000.00	
560212	研发费用	1 715 479.26	1 715 479.26	工资薪金1 041 120.00元，五险一金184 967.67元，设备折旧185 218.32元，材料费304 173.27元
5603	财务费用	197 279.36	197 279.36	
560301	手续费	9 010.87	9 010.87	
560302	利息收支	188 268.49	188 268.49	
5711	营业外支出	450 500.00	450 500.00	
571101	捐赠支出	250 000.00	250 000.00	其中240 000.00元通过红十字会捐赠给希望小学，10 000.00元直接捐赠给灾区
571102	其他支出	50 500.00	50 500.00	其中滞纳金500.00元
571103	罚没支出	70 000.00	70 000.00	环保局罚款50 000.00元，合同违约罚款20 000.00元
571104	赞助支出	80 000.00	80 000.00	非广告性质的赞助
5801	所得税费用	3 990 664.88	3 990 664.88	全年已预缴企业所得税3 990 664.88元

【财务数据4-5】借款利息计算表，具体内容如表4-14所示。

表4-14 借款利息计算表   单位：元

单位：北京郎舫科技有限公司   日期：2023年12月31日

出借人	借款金额	年利率	借款期限	年利息金额	月利息金额	备注
北京茗莽商贸有限公司	3 000 000.00	10%	2023年07月01日—2024年12月31日	300 000.00	25 000.00	非关联企业，按月计提，按季支付
合计	3 000 000.00			300 000.00	25 000.00	

备注：金融机构年借款年利率是6%。

【财务数据4-6】12月固定资产折旧明细表，具体内容如表4-15所示。

表 4-15　固定资产折旧明细表

单位:北京郎昉科技有限公司　日期:2023 年 12 月 31 日　单位:元

大类	明细	单位	使用部门	使用情况	入账日期	增加方式	折旧方式	预计使用年限（年）	原值	预计净残值	当月折旧	累计折旧
房屋建筑物类	办公楼	栋	综合管理部/销售部/研发部/生产车间	在用	2020/4/14	外购	年限平均法	20	6 000 000.00	300 000.00	23 750.00	1 045 000.00
房屋建筑物类	小计								6 000 000.00	300 000.00	23 750.00	1 045 000.00
机械设备类	电路功能测试仪	台	生产车间/研发部	在用	2020/3/5	外购	年限平均法	10	1 000 000.00	50 000.00	7 916.67	356 250.15
机械设备类	电路参数测试仪	台	生产车间/研发部	在用	2020/4/14	外购	年限平均法	10	1 020 000.00	51 000.00	8 075.00	355 300.00
机械设备类	智能生产线	台	生产车间/研发部	在用	2020/3/12	外购	年限平均法	10	880 000.00	44 000.00	6 966.67	313 500.15
机械设备类	生产监控设备	台	生产车间/研发部	在用	2022/5/18	外购	年限平均法	10	1 200 000.00	60 000.00	9 500.00	180 500.00
机械设备类	生产测试设备	台	生产车间/研发部	在用	2020/5/20	外购	年限平均法	10	120 000.00	6 000.00	950.00	40 850.00
机械设备类	小计								4 220 000.00	211 000.00	33 408.34	1 246 400.30
电子设备类	台式电脑	套	综合管理部	在用	2021/10/27	外购	年限平均法	3	4 200.00	210.00	110.83	2 881.58
电子设备类	台式电脑	套	综合管理部	在用	2021/10/20	外购	年限平均法	3	4 200.00	210.00	110.83	2 881.58
电子设备类	台式电脑	套	综合管理部	在用	2021/10/20	外购	年限平均法	3	4 200.00	210.00	110.83	2 881.58
电子设备类	台式电脑	套	综合管理部	在用	2022/3/25	外购	年限平均法	3	4 200.00	210.00	110.83	2 327.43
电子设备类	台式电脑	套	综合管理部	在用	2022/3/25	外购	年限平均法	3	4 200.00	210.00	110.83	2 327.43
电子设备类	台式电脑	套	综合管理部	在用	2022/3/25	外购	年限平均法	3	4 200.00	210.00	110.83	2 327.43
电子设备类	台式电脑	套	综合管理部	在用	2022/3/25	外购	年限平均法	3	4 500.00	225.00	118.75	2 493.75

(续表)

大类	明细	单位	使用部门	使用情况	入账日期	增加方式	折旧方式	预计使用年限(年)	原值	预计净残值	当月折旧	累计折旧
电子设备类	台式电脑	套	综合管理部	在用	2022/3/25	外购	年限平均法	3	4 800.00	240.00	126.67	2 660.07
电子设备类	台式电脑	套	综合管理部	在用	2022/3/25	外购	年限平均法	3	5 100.00	255.00	134.58	2 826.18
电子设备类	台式电脑	套	综合管理部	在用	2022/3/25	外购	年限平均法	3	5 400.00	270.00	142.50	2 992.50
电子设备类	台式电脑	套	综合管理部	在用	2022/3/25	外购	年限平均法	3	5 700.00	285.00	150.42	3 158.82
电子设备类	台式电脑	套	综合管理部	在用	2022/3/25	外购	年限平均法	3	4 200.00	210.00	110.83	2 327.43
电子设备类	台式电脑	套	综合管理部	在用	2022/3/25	外购	年限平均法	3	4 200.00	210.00	110.83	2 327.43
电子设备类	台式电脑	套	销售部	在用	2022/3/25	外购	年限平均法	3	4 500.00	225.00	118.75	2 493.75
电子设备类	台式电脑	套	销售部	在用	2022/3/25	外购	年限平均法	3	4 500.00	225.00	118.75	2 493.75
电子设备类	台式电脑	套	销售部	在用	2022/3/25	外购	年限平均法	3	3 860.00	193.00	101.86	2 139.06
电子设备类	台式电脑	套	销售部	在用	2022/3/25	外购	年限平均法	3	3 220.00	161.00	84.97	1 784.37
电子设备类	台式电脑	套	销售部	在用	2022/3/25	外购	年限平均法	3	5 580.00	279.00	147.25	3 092.25
电子设备类	台式电脑	套	销售部	在用	2022/3/25	外购	年限平均法	3	5 940.00	297.00	156.75	3 291.75
电子设备类	台式电脑	套	销售部	在用	2022/3/25	外购	年限平均法	3	3 220.00	161.00	84.97	1 784.37
电子设备类	台式电脑	套	销售部	在用	2022/3/25	外购	年限平均法	3	5 580.00	279.00	147.25	3 092.25
电子设备类	台式电脑	套	销售部	在用	2022/3/25	外购	年限平均法	3	4 500.00	225.00	118.75	2 493.75
电子设备类	台式电脑	套	销售部	在用	2022/3/25	外购	年限平均法	3	4 500.00	225.00	118.75	2 493.75
电子设备类	台式电脑	套	销售部	在用	2022/3/25	外购	年限平均法	3	4 500.00	225.00	118.75	2 493.75

(续表)

大类	明细	单位	使用部门	使用情况	入账日期	增加方式	折旧方式	预计使用年限（年）	原值	预计净残值	当月折旧	累计折旧
电子设备类	笔记本电脑	台	销售部	在用	2023/11/6	外购	年限平均法	3	4 800.00	240.00	126.67	126.67
电子设备类	台式电脑	套	研发部	在用	2022/3/25	外购	年限平均法	3	6 800.00	340.00	179.44	3 768.24
电子设备类	台式电脑	套	研发部	在用	2022/3/25	外购	年限平均法	3	6 800.00	340.00	179.44	3 768.24
电子设备类	台式电脑	套	研发部	在用	2022/3/25	外购	年限平均法	3	6 800.00	340.00	179.44	3 768.24
电子设备类	台式电脑	套	研发部	在用	2022/3/25	外购	年限平均法	3	6 800.00	340.00	179.44	3 768.24
电子设备类	台式电脑	套	研发部	在用	2022/3/25	外购	年限平均法	3	6 800.00	340.00	179.44	3 768.24
电子设备类	台式电脑	套	研发部	在用	2022/3/25	外购	年限平均法	3	4 800.00	240.00	126.67	2 660.07
电子设备类	台式电脑	套	研发部	在用	2022/3/25	外购	年限平均法	3	4 800.00	240.00	126.67	2 660.07
电子设备类	台式电脑	套	研发部	在用	2022/3/25	外购	年限平均法	3	4 800.00	240.00	126.67	2 660.07
电子设备类	台式电脑	套	研发部	在用	2022/3/25	外购	年限平均法	3	4 800.00	240.00	126.67	2 660.07
电子设备类	台式电脑	套	研发部	在用	2022/3/25	外购	年限平均法	3	4 800.00	240.00	126.67	2 660.07
电子设备类	台式电脑	套	研发部	在用	2022/3/25	外购	年限平均法	3	4 800.00	240.00	126.67	2 660.07
电子设备类	笔记本电脑	台	综合管理部	在用	2022/9/20	外购	年限平均法	3	4 500.00	225.00	118.75	1 781.25

(续表)

大类	明细	单位	使用部门	使用情况	入账日期	增加方式	折旧方式	预计使用年限（年）	原值	预计净残值	当月折旧	累计折旧
电子设备类	笔记本电脑	台	销售部	在用	2022/9/20	外购	年限平均法	3	4 500.00	225.00	118.75	1 781.25
电子设备类	笔记本电脑	台	销售部	在用	2022/9/20	外购	年限平均法	3	4 500.00	225.00	118.75	1 781.25
电子设备类	笔记本电脑	台	销售部	在用	2022/9/20	外购	年限平均法	3	4 500.00	225.00	118.75	1 781.25
电子设备类	笔记本电脑	台	销售部	在用	2022/9/20	外购	年限平均法	3	4 500.00	225.00	118.75	1 781.25
电子设备类	笔记本电脑	台	销售部	在用	2022/9/20	外购	年限平均法	3	4 500.00	225.00	118.75	1 781.25
电子设备类	笔记本电脑	台	生产车间	在用	2022/9/20	外购	年限平均法	3	4 500.00	225.00	118.75	1 781.25
电子设备类	笔记本电脑	台	生产车间	在用	2022/9/20	外购	年限平均法	3	4 500.00	225.00	118.75	1 781.25
电子设备类	笔记本电脑	台	生产车间	在用	2022/9/20	外购	年限平均法	3	4 500.00	225.00	118.75	1 781.25
电子设备类	笔记本电脑	台	生产车间	在用	2022/9/20	外购	年限平均法	3	4 500.00	225.00	118.75	1 781.25
电子设备类	笔记本电脑	台	生产车间	在用	2022/9/20	外购	年限平均法	3	4 500.00	225.00	118.75	1 781.25
电子设备类	笔记本电脑	台	研发部	在用	2022/9/20	外购	年限平均法	3	4 500.00	225.00	118.75	1 781.25
电子设备类	笔记本电脑	台	研发部	在用	2022/9/20	外购	年限平均法	3	4 500.00	225.00	118.75	1 781.25
电子设备类	笔记本电脑	台	研发部	在用	2022/9/20	外购	年限平均法	3	4 500.00	225.00	118.75	1 781.25
电子设备类	笔记本电脑	台	综合管理部	在用	2022/5/20	外购	年限平均法	3	4 500.00	225.00	118.75	2 256.25

(续表)

大类	明细	单位	使用部门	使用情况	入账日期	增加方式	折旧方式	预计使用年限（年）	原值	预计净残值	当月折旧	累计折旧
电子设备类	笔记本电脑	台	综合管理部	在用	2022/5/20	外购	年限平均法	3	4 500.00	225.00	118.75	2 256.25
电子设备类	针式打印机	台	综合管理部	在用	2022/5/20	外购	年限平均法	3	4 300.00	215.00	113.47	2 155.93
电子设备类	激光打印机	台	综合管理部	在用	2022/4/9	外购	年限平均法	3	3 800.00	190.00	100.28	2 005.60
电子设备类	喷墨打印机	台	综合管理部	在用	2022/6/7	外购	年限平均法	3	4 600.00	230.00	121.39	2 185.02
电子设备类	小计								320 200.00	16 010.00	8 449.69	163 135.30
交通工具类	别克GL8商务车	辆	综合管理部/生产车间	在用	2020/9/9	外购	年限平均法	4	250 000.00	12 500.00	4 947.92	192 968.88
交通工具类	别克GL8商务车	辆	销售部	在用	2021/9/9	外购	年限平均法	4	260 000.00	13 000.00	5 145.83	138 937.41
交通工具类	宝马轿车	辆	综合管理部	在用	2022/9/9	外购	年限平均法	4	560 000.00	28 000.00	11 083.33	166 249.95
交通工具类	小计								1 070 000.00	53 500.00	21 177.08	498 156.24
办公、生产用具类	空调（格力）	台	综合管理部	在用	2021/8/23	外购	年限平均法	5	5 800.00	290.00	91.83	2 571.24
办公、生产用具类	空调（格力）	台	综合管理部	在用	2022/6/5	外购	年限平均法	5	5 800.00	290.00	91.83	1 652.94
办公、生产用具类	空调（格力）	台	综合管理部	在用	2022/6/5	外购	年限平均法	5	3 800.00	190.00	60.17	1 083.06
办公、生产用具类	空调（格力）	台	销售部	在用	2022/6/5	外购	年限平均法	5	3 800.00	190.00	60.17	1 083.06
办公、生产用具类	空调（格力）	台	销售部	在用	2022/6/5	外购	年限平均法	5	3 800.00	190.00	60.17	1 083.06
办公、生产用具类	空调（格力）	台	研发部	在用	2022/6/5	外购	年限平均法	5	3 800.00	190.00	60.17	1 083.06
办公、生产用具类	空调（格力）	台	研发部	在用	2022/6/5	外购	年限平均法	5	3 800.00	190.00	60.17	1 083.06
办公、生产用具类	办公桌（隔断8位）	套	综合管理部	在用	2022/2/5	外购	年限平均法	5	5 200.00	260.00	82.33	1 811.26
办公、生产用具类	办公桌（隔断8位）	套	综合管理部	在用	2022/2/5	外购	年限平均法	5	5 200.00	260.00	82.33	1 811.26

(续表)

大类	明细	单位	使用部门	使用情况	入账日期	增加方式	折旧方式	预计使用年限（年）	原值	预计净残值	当月折旧	累计折旧
办公、生产用具类	办公桌（隔断4位）	套	研发部	在用	2022/2/5	外购	年限平均法	5	5 200.00	260.00	82.33	1 811.26
办公、生产用具类	办公桌（隔断4位）	套	研发部	在用	2022/2/5	外购	年限平均法	5	5 200.00	260.00	82.33	1 811.26
办公、生产用具类	办公桌（隔断4位）	套	生产车间	在用	2022/2/5	外购	年限平均法	5	5 200.00	260.00	82.33	1 811.26
办公、生产用具类	办公桌（隔断4位）	套	生产车间	在用	2022/2/5	外购	年限平均法	5	5 200.00	260.00	82.33	1 811.26
办公、生产用具类	办公桌（隔断8位）	套	销售部	在用	2022/2/5	外购	年限平均法	5	3 000.00	150.00	47.50	1 045.00
办公、生产用具类	办公桌（独立实木）	套	综合管理部	在用	2022/2/23	外购	年限平均法	5	4 100.00	205.00	64.92	1 428.24
办公、生产用具类	办公桌（独立实木）	套	综合管理部	在用	2022/2/23	外购	年限平均法	5	4 100.00	205.00	64.92	1 428.24
	小计								73 000.00	3 650.00	1 155.83	24 408.52
	总计								11 683 200.00	584 160.00	87 940.94	2 977 100.36

【财务数据 4-7】应付职工薪酬明细表,具体内容如表 4-16 所示。

表 4-16 应付职工薪酬明细表　　　　　　　　　　　　　单位:元

科目代码	科目名称	本年累计发生额		备注
		借方	贷方	
2211	应付职工薪酬	25 169 055.20	26 131 855.20	
221101	工资	17 301 000.00	18 263 800.00	工资薪金计提合理,且当月计提次月发放,预提年终奖金 1 835 000 元,截至汇算清缴日前已发放 1 000 000 元
221102	社保费	1 136 552.00	1 136 552.00	按规定的范围和标准缴纳
221103	住房公积金	657 600.00	657 600.00	按规定的范围和标准缴纳
221104	职工福利	2 812 000.00	2 812 000.00	
221105	工会经费	361 903.20	361 903.20	
221106	职工教育经费	1 800 000.00	1 800 000.00	
221107	补充养老保险	1 100 000.00	1 100 000.00	

【财务数据 4-8】长期资产明细表,具体内容如表 4-17 所示。

表 4-17 长期资产明细表

单位:北京郎舫科技有限公司　　　　　　　　　　　　　　　　　　　　　　　　　单位:元

科目代码	科目名称	1~12 月发生额		12 月末余额		备注
		借方	贷方	借方	贷方	
1601	固定资产	4 800.00	0.00	11 683 200.00	0.00	
160101	房屋建筑物类	0.00	0.00	6 000 000.00	0.00	
160102	机械设备类	0.00	0.00	4 220 000.00	0.00	
160103	电子设备类	4 800.00	0.00	320 200.00	0.00	
160104	交通工具类	0.00	0.00	1 070 000.00	0.00	
160105	办公、生产用具类	0.00	0.00	73 000.00	0.00	
1602	累计折旧	0.00	1 053 897.91	0.00	2 977 100.36	
160201	房屋建筑物类	0.00	285 000.00	0.00	1 045 000.00	
160202	机械设备类	0.00	400 900.08	0.00	1 246 400.30	
160203	电子设备类	0.00	100 002.91	0.00	163 135.30	
160204	交通工具类	0.00	254 124.96	0.00	498 156.24	
160205	办公、生产用具类	0.00	13 869.96	0.00	24 408.52	
1701	无形资产	0.00	0.00	5 310 000.00	0.00	
170101	金蝶软件	0.00	0.00	150 000.00	0.00	
170102	专利权Ⅰ	0.00	0.00	2 700 000.00	0.00	
170103	专利权Ⅱ	0.00	0.00	2 460 000.00	0.00	12 月出售
1702	累计摊销	0.00	531 000.00	0.00	2 318 500.00	

【财务数据 4-9】无形资产摊销明细表,具体内容如表 4-18 所示。

表 4-18 无形资产摊销明细表

单位:北京郎舫科技有限公司　　　　　　　　　　　　　　　　　　　　　　　　单位:元
　　　　　　　　　　　　　　　　　　　　　　　　　　　　　　　　　　　日期:2023 年 12 月 31 日

序号	项目	使用部门	使用情况	入账时间	增加方式	摊销方法	预计使用年限（年）	原值	预计净残值	当月摊销	累计摊销
1	金蝶软件	综合管理部门	在用	2017/7/9	外购	直线法	10	150 000.00	0.00	1 250.00	97 500.00
2	专利权Ⅰ	生产车间	在用	2018/8/15	外购	直线法	10	2 700 000.00	0.00	22 500.00	1 462 500.00
3	专利权Ⅱ	生产车间	在用	2020/12/15	外购	直线法	10	2 460 000.00	0.00	0.00	738 000.00
	合计							5 310 000.00	0.00	44 250.00	2 298 000.00

12 月特殊业务如下:

【业务 4-1】12 月 5 日以物易物,有关凭证如凭 4-1 至凭 4-5 所示。

凭 4-1

非货币性资产交换合同

甲方:北京郎舫科技有限公司
乙方:北京安斯贸易有限公司

　　甲乙双方在平等、互惠、互利的基础上,经双方友好协商,就合作互换事宜达成如下协议:
　　1. 甲方将 100 台水槽洗碗机,共计 565 000.00 元(含税),交换乙方主板 A 75 套(含税单价 904.00 元,含税总价 67 800.00 元)、主板 B 75 套(含税单价 542.40 元,含税总价 40 680.00 元)、主板 C 75 套(含税单价 1 243.00 元,含税总价 93 225.00 元)、铝合金 150 千克(含税单价 67.80 元,含税总价 10 170.00 元)、LCD 屏 225 块(含税单价 565.00 元,含税总价 127 125.00 元)、晶体 100 盒(含税单价 904.00 元,含税总价 90 400.00 元)、感应器 100 个(含税单价 226.00 元,含税总价 22 600.00 元)、电阻 2 000 个(含税单价 56.50 元,含税总价 113 000.00 元)。甲乙双方分别就销售商品按公允价值开具发票,且该笔交易具有商业实质。
　　2. 甲乙双方采用"送货上门"的方式交货,各自承担送货费用,互换产品清单上列明的产品均应一次性送达,不得分批分次。
　　3. 甲乙双方的义务:
　　甲方保证向乙方提供的用于互换的产品无任何质量问题。
　　乙方保证向甲方提供的用于互换的产品无任何质量问题。
　　4. 本协议一式两份,经双方签字盖章后生效。未尽事宜,另行商议。甲乙双方各执一份,具有同等效力。

甲方:北京郎舫科技有限公司
签章:
日期:2023 年 12 月 05 日

乙方:北京安斯贸易有限公司
签章:
日期:2023 年 12 月 05 日

凭 4-2

电子发票（增值税专用发票）

发票号码：12050091104245145297
开票日期：2023 年 12 月 05 日

购买方信息	名　称：北京郎舫科技有限公司 统一社会信用代码/纳税人识别号：91116159854685B068		销售方信息	名　称：北京安斯贸易有限公司 统一社会信用代码/纳税人识别号：91110017582476817B			

项目名称	规格型号	单 位	数 量	单 价	金 额	税率/征收率	税 额
*电子元件*主板 A		套	75	800.00	60 000.00	13%	7 800.00
*电子元件*主板 B		套	75	480.00	36 000.00	13%	4 680.00
*电子元件*主板 C		套	75	1 100.00	82 500.00	13%	10 725.00
*有色金属合金*铝合金		千克	150	60.00	9 000.00	13%	1 170.00
*计算机外部设备*LCD 屏		块	225	500.00	112 500.00	13%	14 625.00
*电力电子元器件*晶体		盒	100	800.00	80 000.00	13%	10 400.00
*电力电子元器件*感应器		个	100	200.00	20 000.00	13%	2 600.00
*电子元件*电阻		个	2 000	50.00	100 000.00	13%	13 000.00
合计					¥500 000.00		¥65 000.00

价税合计（大写）	⊗ 伍拾陆万伍仟圆整	（小写）¥565 000.00

备注：

下载次数：1

开票人：程安

凭 4-3

电子发票（增值税专用发票）

发票号码：12050091104245145297
开票日期：2023 年 12 月 05 日

购买方信息	名　称：北京安斯贸易有限公司 统一社会信用代码/纳税人识别号：91110017582476817B		销售方信息	名　称：北京郎舫科技有限公司 统一社会信用代码/纳税人识别号：91116159854685B068			

项目名称	规格型号	单 位	数 量	单 价	金 额	税率/征收率	税 额
*家用厨房电器具*水槽洗碗机		台	100	5 000.00	500 000.00	13%	65 000.00
合计					¥500 000.00		¥65 000.00

价税合计（大写）	⊗ 伍拾陆万伍仟圆整	（小写）¥565 000.00

备注：

下载次数：1

开票人：秦施

凭 4-4

入 库 单

No 07311525

交货单位：北京安斯贸易有限公司　　　2023 年 12 月 05 日

品名	单位	规格	数量	单价	金额（千 百 十 万 千 百 十 元 角 分）
主板 A	套		75		
主板 B	套		75		
主板 C	套		75		
铝合金	千克		150		
LCD 屏	块		225		

合计大写：仟 佰 拾 万 仟 佰 拾 元 角 分 ¥_____

记账：秦施　　　保管：阳华　　　制票：阳华

第二联 会计联

凭 4-5

入 库 单

No 07311526

交货单位：北京安斯贸易有限公司　　　2023 年 12 月 05 日

品名	单位	规格	数量	单价	金额（千 百 十 万 千 百 十 元 角 分）
晶体	盒		100		
感应器	个		100		
电阻	个		2 000		

合计大写：仟 佰 拾 万 仟 佰 拾 元 角 分 ¥_____

记账：秦施　　　保管：阳华　　　制票：阳华

第二联 会计联

【业务 4-2】12 月 18 日发生债务重组业务，有关凭证如凭 4-6 至凭 4-8 所示。

凭 4-6

债务重组协议

甲方:北京星辰贸易有限公司
乙方:北京郎舫科技有限公司

乙方赊购甲方一批商品,含税价 3 000 000.00 元整。2023 年 12 月 18 日,甲乙双方协商进行债务重组。甲乙双方达成债务重组,内容如下:

1. 截至本合同签署之日,甲方对乙方有总额为 3 000 000.00 元整的债权待收回,其中已计提 15 000.00 元的减值准备。
2. 截至本合同签署之日,乙方对甲方有总额为 300 000.00 元整的债务待支付。
甲方同意将乙方债务 300 000.00 元,以 8 台台式洗碗机(账面单价 29 700.00 元,市场公允不含税单价 32 000.00 元),银行存款 10 720.00 元进行债务重组。
3. 本协议自各方授权代表签字并加盖公章之日起生效。

甲方:北京星辰贸易有限公司
法人:宇文海
日期:2023 年 12 月 18 日

乙方:北京郎舫科技有限公司
法人:王峻熙
日期:2023 年 12 月 18 日

凭 4-7

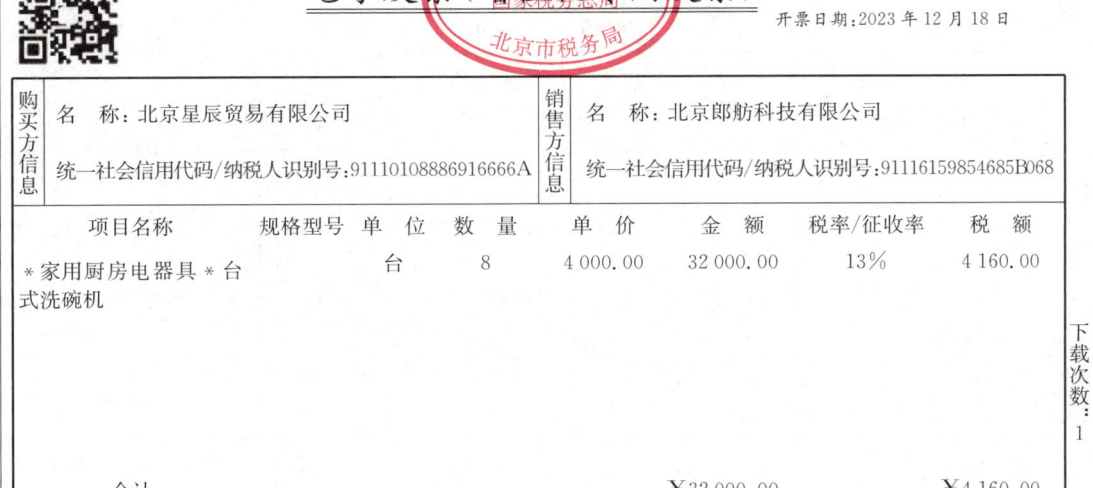

凭 4-8

出库单

NO 00994096

2023 年 12 月 18 日

物资类别	库存商品						
提货单位或部门	北京星辰贸易有限公司	发票号码或销售单号		发出仓库	库存商品库	出库日期	2023-12-18

编号	名称及规格	单位	数量 要数	数量 实发	单价	金额
X003	台式洗碗机	台	8	8		
	合　计					

部门主管：李安　　　　会计：秦施　　　　仓库：肖平　　　　制表：肖平

第二联　记账

【业务 4-3】12 月 19 日发生折扣销售（商业折扣）业务，有关凭证如凭 4-9 至凭 4-12 所示。

凭 4-9

销 售 单

客户名称：北京宝利商贸有限公司　　2023 年 12 月 19 日　　No：7311525

品名	规格	单位	单价	数量	金额
水槽洗碗机		台	5 650.00	100	565 000.00
台式洗碗机		台	4 520.00	100	452 000.00
超声波洗碗机		台	7 910.00	100	791 000.00
折扣					−361 600.00
总计金额（大写）：壹佰肆拾肆万陆仟肆佰元整					¥ 1 446 400.00

信用审批：王峻熙　　　　业务主管：叶婷婷　　　　经办人：林奇

第一联：存银（白）第二联：客户（红）

凭 4-10

出库单

NO 00994097

2023 年 12 月 19 日

物资类别	库存商品							
提货单位或部门	北京宝利商贸有限公司	发票号码或销售单号	7311525	发出仓库	库存商品库	出库日期	2023-12-19	
编号	名称及规格		单位	数量		单价	金额	
				要数	实发			
X001	水槽洗碗机		台	100	100			
X002	台式洗碗机		台	100	100			
X003	超声波洗碗机		台	100	100			
	合 计							

部门主管:李子奇　　　会计:秦施　　　仓库:阳华　　　制表:阳华

凭 4-11

电子发票(增值税专用发票)

发票号码:12191234567895643278
开票日期:2023 年 12 月 19 日

购买方信息	名　称:北京宝利商贸有限公司 统一社会信用代码/纳税人识别号:91110105690015145P	销售方信息	名　称:北京郎舫科技有限公司 统一社会信用代码/纳税人识别号:91116159854685B068

项目名称	规格型号	单 位	数 量	单 价	金 额	税率/征收率	税 额
*家用厨房电器具*水槽洗碗机		台	100	5 000.00	500 000.00	13%	65 000.00
*家用厨房电器具*水槽洗碗机					−100 000.00	13%	−13 000.00
*家用厨房电器具*台式洗碗机		台	100	4 000.00	400 000.00	13%	52 000.00
*家用厨房电器具*台式洗碗机					−80 000.00	13%	−10 400.00
*家用厨房电器具*超声波洗碗机		台	100	7 000.00	700 000.00	13%	91 000.00
*家用厨房电器具*超声波洗碗机					−140 000.00	13%	−18 200.00
合计					¥1 280 000.00		¥166 400.00
价税合计(大写)	⊗ 壹佰肆拾肆万陆仟肆佰圆整			(小写)	¥1 446 400.00		
备注							

开票人:秦施

凭 4-12

购销合同

供方：北京郎舫科技有限公司　　　　合同号：XSHT1219
需方：北京宝利商贸有限公司　　　　签订日期：2023 年 12 月 19 日

经双方协议，订立本合同如下：

名称	规格型号	单位	数量	含税单价	金额
水槽洗碗机		台	100	5 650.00	565 000.00
台式洗碗机		台	100	4 520.00	452 000.00
超声波洗碗机		台	100	7 910.00	791 000.00
折扣					−361 600.00
合计	—	—	—		1 446 400.00

货款总计（大写）：壹佰肆拾肆万陆仟肆佰元整

质量验收标准：外观无瑕疵、货品名称、规格、材质符合需方要求。
交货日期：2023 年 12 月 19 日
交货地点：北京市朝阳区北苑路 20 号
结算方式：供方发货后，需方须在信用期内支付全部货款。
违约条款：违约方须赔偿对方一切经济损失。但遇天灾人祸或其他人力不能控制的因素而导致延误交货，需方不能要求供方赔偿任何损失。
解决合同纠纷的方式：经双方友好协商解决，如协商不成的，可向当地仲裁委员会提出申诉解决。
本合同一式两份，供需双方各执一份，自签订之日起生效。

供方（盖章）：北京郎舫科技有限公司　　　　需方（盖章）：北京宝利商贸有限公司
税号：91116159854685B068　　　　税号：91110105690015145P
开户银行名称：中国工商银行北京分行　　　　开户银行名称：中国工商银行北京分行
开户银行账号：1013991627282641056　　　　开户银行账号：1101007897336764111
地址：北京市朝阳区南苑路 52 号　　　　地址：北京市朝阳区北苑路 20 号
法定代表人：王峻熙　　　　法定代表人：赵昱
公司联系电话：010-78051366　　　　公司联系电话：010-88543454

【业务 4-4】12 月 21 日发生销售折扣（现金折扣）业务，有关凭证如凭 4-13 至凭 4-16 所示。

凭 4-13

购销合同

供方：北京郎舫科技有限公司　　　　　　合同号：XSHT1221
需方：北京福布斯家具有限公司　　　　　　签订日期：2023 年 12 月 21 日

经双方协议，订立本合同如下：

名称	规格型号	单位	数量	含税单价	金额
超声波洗碗机		台	80	7 910.00	632 800.00
合计	—	—	—	—	632 800.00

贷款总计（大写）：陆拾叁万贰仟捌佰元整

质量验收标准：外观无瑕疵，货品名称、规格、材质符合需方要求。
交货日期：2023 年 12 月 21 日
交货地点：北京高新园创新路 88 号
结算方式：供方发货后，需方须在信用期内支付全部货款，现金折扣(2/10,1/20,0/30)。
违约条款：违约方须赔偿对方一切经济损失。但遇天灾人祸或其他人力不能控制的因素而导致延误交货，需方不能要求供方赔偿任何损失。
解决合同纠纷的方式：经双方友好协商解决，如协商不成的，可向当地仲裁委员会提出申诉解决。
本合同一式两份，供需双方各执一份，自签订之日起生效。

供方（盖章）：北京郎舫科技有限公司　　　　需方（盖章）：北京福布斯家具有限公司
税号：91116159854683B068　　　　　　　　　税号：91110908045615085X
开户银行名称：中国工商银行北京分行　　　　开户银行名称：中国工商银行北京分行
开户银行账号：1013991622782641056　　　　 开户银行账号：11000760904870080911
地址：北京市朝阳区南苑路 52 号　　　　　　 地址：北京高新园创新路 88 号
法定代表人：王峻熙　　　　　　　　　　　　法定代表人：叶辰星
公司联系电话：010-78051366　　　　　　　　公司联系电话：010-59767941

凭 4-14

出 库 单

NO 00994098

物资类别	库存商品					

2023 年 12 月 21 日

提货单位或部门	北京福布斯家具有限公司	发票号码或销售单号	7311526	发出仓库	库存商品库	出库日期	2023-12-21

编号	名称及规格	单位	数量 要数	数量 实发	单价	金额
X003	超声波洗碗机	台	80	80		
	合　计					

部门主管：李子奇　　　　会计：秦施　　　　　　仓库：阳华　　　　　　制表：阳华

第二联 记账

凭 4-15

销 售 单

客户名称：北京福布斯家具有限公司	2023 年 12 月 21 日	No:7311526

品名	规格	单位	单价	数量	金额
超声波洗碗机		台	7 910.00	80	632 800.00
总计金额(大写)：陆拾叁万贰仟捌佰元整					￥632 800.00

信用审批：王峻熙　　　　　　业务主管：叶婷婷　　　　　　经办人：林奇

第一联：存银(白) 第二联：客户(红)

凭 4-16

电子发票（增值税专用发票）

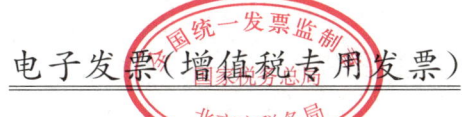

发票号码：12210885654341276890
开票日期：2023 年 12 月 21 日

购买方信息	名　称：北京福布斯家具有限公司 统一社会信用代码/纳税人识别号：91110908045615075X	销售方信息	名　称：北京郎舫科技有限公司 统一社会信用代码/纳税人识别号：91116159854685B068

项目名称	规格型号	单位	数量	单价	金额	税率/征收率	税额
*家用厨房电器具*超声波洗碗机		台	80	7 000.00	560 000.00	13%	72 800.00
合计					￥560 000.00		￥72 800.00
价税合计（大写）	⊗ 陆拾叁万贰仟捌佰圆整				（小写）￥632 800.00		
备注							

开票人：秦施

下载次数：1

【业务 4-5】12 月 22 日发生销售折让业务，有关凭证如凭 4-17 至凭 4-19 所示。

凭 4-17

折让协议

协议号：BLXS1703027-1

甲方：北京郎舫科技有限公司　　　　　　　　　乙方：北京鑫荣贸易有限公司
地址：北京市朝阳区南苑路 52 号　　　　　　　地址：北京市房山区大同路 229 号
电话：010-78051366　　　　　　　　　　　　电话：010-88227300
法定代表人：王峻熙　　　　　　　　　　　　法定代表人：陈达江

经甲乙双方共同协商，在平等、公平、公正、自愿的原则下，达成如下折让事项：

第一条：折让原因
　　甲方于 2023 年 11 月 20 日向乙方购入商品，合同号：XSHT1120。经验收，商品存在柜体划痕，违反合同规定，经双方协商一致，乙方给予甲方销售折让[折让明细：超声波洗碗机（不含税）－5 000.00 元，税额－650.00 元]，并签署销售折让协议。
第二条：双方责任
　　乙方责任：全额开具红字发票冲减 5 月 20 日的蓝字发票，再按减去折让后的金额重新开具发票。
　　甲方责任：折让货款。如有未尽事宜，由双方另行商定。
第三条：协议生效、中止与结束
　　（一）本协议一式两份，甲乙双方各执一份，需经双方签字认可后生效。
　　（二）以货款两讫之日，结束本协议。
第四条：纠纷解决方式
　　因执行本协议发生的或与本协议有关的一切争议，甲乙双方应通过友好协商解决，如双方协商仍不能达成一致意见时，则提交仲裁机构。
第五条：双方单位所提供的退货协议和附送资料内容真实、完整、准确，并对此承担相应的法律责任。

甲方：王峻熙　　　　　　　　　　　　　　　　乙方：陈达江
盖章：　　　　　　　　　　　　　　　　　　　盖章：
日期：2023 年 12 月 22 日　　　　　　　　　　日期：2023 年 12 月 22 日

凭 4-18

电子发票（增值税专用发票）

发票号码：12223324356789098765
开票日期：2023 年 12 月 22 日

购买方信息	名　称：北京鑫荣贸易有限公司	销售方信息	名　称：北京郎舫科技有限公司
	统一社会信用代码/纳税人识别号：91110900456133675X		统一社会信用代码/纳税人识别号：91116159854685B068

项目名称	规格型号	单位	数量	单价	金额	税率/征收率	税额
*家用厨房电器具*超声波洗碗机		台	－50	7 000.00	－350 000.00	13％	－45 500.00

| 合计 | | | | | ¥－350 000.00 | | ¥－45 500.00 |

价税合计（大写）　⊗　负叁拾玖万伍仟伍佰圆整　　　（小写）　¥－395 500.00

备注

开票人：秦施

下载次数：1

凭 4-19

电子发票（增值税专用发票）

发票号码：12223324357890987656
开票日期：2023 年 12 月 22 日

购买方信息	名　称：北京鑫荣贸易有限公司	销售方信息	名　称：北京郎舫科技有限公司
	统一社会信用代码/纳税人识别号：91110900456133675X		统一社会信用代码/纳税人识别号：91116159854685B068

项目名称	规格型号	单位	数量	单价	金额	税率/征收率	税额
*家用厨房电器具*超声波洗碗机		台	50	6 900.00	345 000.00	13％	44 850.00

| 合计 | | | | | ¥345 000.00 | | ¥44 850.00 |

价税合计（大写）　⊗　叁拾捌万玖仟捌佰伍拾圆整　　　（小写）　¥389 850.00

备注

开票人：秦施

下载次数：1

【业务 4-6】12 月 31 日发生出售无形资产业务，有关凭证如凭 4-20 至凭 4-23 所示。

凭 4-20

购销合同

供方：北京郎舫科技有限公司　　　　　　合同号：XSHT1231
需方：北京飞宇电子科技有限公司　　　　签订日期：2023 年 12 月 31 日

经双方协议，订立本合同如下：

名称	规格型号	单位	数量	含税单价	金额
专利权			1	1 800 000.00	1 800 000.00
合计	—	—	—	—	1 800 000.00

货款总计（大写）：壹佰捌拾万元整

质量验收标准：外观无瑕疵，货品名称、规格、材质符合需方要求。
交货日期：2023 年 12 月 31 日
交货地点：北京市朝阳区南苑路 52 号
结算方式：供方发货后，需方使用银行存款支付全部货款。
违约条款：违约方须赔偿对方一切经济损失。但遇天灾人祸或其他人力不能控制的因素而导致延误交货，需方不能要求供方赔偿任何损失。
解决合同纠纷的方式：经双方友好协商解决，如协商不成的，可向当地仲裁委员会提出申诉解决。
本合同一式两份，供需双方各执一份，自签订之日起生效。

供方（盖章）：北京郎舫科技有限公司　　　需方（盖章）：北京飞宇电子科技有限公司
税号：91116158854685B008　　　　　　　　税号：91110108078523062W
开户银行名称：中国工商银行北京分行　　　开户银行名称：中国工商银行北京分行
开户银行账号：1013991627282641056　　　开户银行账号：1101081564120169231
地址：北京市朝阳区南苑路 52 号　　　　　地址：北京市海淀区东二环西路 32 号
法定代表人：王峻熙　　　　　　　　　　　法定代表人：徐兆庆
公司联系电话：010-78051366　　　　　　　公司联系电话：010-66410012

凭 4-21

ICBC 中国工商银行　业务回单（收款）

日期：2023 年 12 月 31 日
回单编号：26680899
付款人户名：北京飞宇电子科技有限公司　　付款人开户行：中国工商银行北京分行
付款人账号（卡号）：11010815641201 69231
收款人户名：北京郎舫科技有限公司　　　　收款人开户行：中国工商银行北京分行
收款人账号（卡号）：1013991627282641056
金额：壹佰捌拾万元整　　　　　　　　　　小写：1 800 000.00 元
业务（产品）种类：跨行收报　凭证种类：000000000　凭证号码：00000000000000000
摘要：专利权　　用途：专利权　　　　　　币种：人民币
交易机构：0410000298　记账柜员：00023　交易代码：52110　渠道：其他

附言：
支付交易序号：23076093　报文种类：普通贷记业务　委托日期：2023 年 12 月 31 日
业务类型（种类）：普通汇兑

本回单为第 1 次打印，注意重复　　打印日期：2023 年 12 月 31 日　打印柜员：9　验证码：536FE9A71006

（中国工商银行北京分行 自助回单机专用章 (003)）

凭 4-22

转让无形资产明细表

单位：北京郎舫科技有限公司

项目	使用部门	使用情况	入账时间	增加方式	摊销方法	预计使用年限	原值	累计摊销
专利权Ⅱ	生产车间	在用	2020/12/15	外购	直线法	10	2 460 000.00	758 500.00

凭 4-23

电子发票（普通发票）

（国家税务总局 国统一发票监制 北京市税务局）

发票号码：123112412332354643345678
开票日期：2023 年 12 月 31 日

购买方信息
名　称：北京飞宇电子科技有限公司
统一社会信用代码/纳税人识别号：91110108078523062W

销售方信息
名　称：北京郎舫科技有限公司
统一社会信用代码/纳税人识别号：91116159854685B068

项目名称	规格型号	单位	数量	单价	金额	税率/征收率	税额
*无形资产*专利权		项	1	1 800 000.00	1 800 000.00	免税	0.00
合　计					¥1 800 000.00		¥0.00
价税合计（大写）	⊗ 壹佰捌拾万圆整				（小写）¥1 800 000.00		

备注：
开票人：秦施

下载次数：1

三、实训任务

实训任务1:根据相关业务资料到电子税务局申报2023年第四季度企业所得税,具体内容如表4-19、表4-20所示。

表 4-19　中华人民共和国企业所得税月(季)度预缴纳税申报表(A 类)

税款所属期间:　年　月　日至　年　月　日

纳税人识别号(统一社会信用代码):
纳税人名称:　　　　　　　　　　　　　　　　　　　　　　　　金额单位:人民币元(列至角分)

项目	优惠及附报事项有关信息								季度平均值
	一季度		二季度		三季度		四季度		
	季初	季末	季初	季末	季初	季末	季初	季末	
从业人数									
资产总额(万元)									
国家限制或禁止行业	□是　□否				小型微利企业				□是 □否
	附报事项名称								金额或选项
事项1	(填写特定事项名称)								
事项2	(填写特定事项名称)								
	预缴税款计算								本年累计
1	营业收入								
2	营业成本								
3	利润总额								
4	加:特定业务计算的应纳税所得额								
5	减:不征税收入								
6	减:资产加速折旧、摊销(扣除)调减额(填写 A201020)								
7	减:免税收入、减计收入、加计扣除(7.1+7.2+…)								
7.1	(填写优惠事项名称)								
7.2	(填写优惠事项名称)								
8	减:所得减免(8.1+8.2+…)								
8.1	(填写优惠事项名称)								
8.2	(填写优惠事项名称)								
9	减:弥补以前年度亏损								

(续表)

		预缴税款计算	本年累计
10		实际利润额(3+4-5-6-7-8-9)\按照上一纳税年度应纳税所得额平均额确定的应纳税所得额	
11		税率(25%)	
12		应纳所得税额(10×11)	
13		减:减免所得税额(13.1+13.2+…)	
13.1		(填写优惠事项名称)	
13.2		(填写优惠事项名称)	
14		减:本年实际已缴纳所得税额	
15		减:特定业务预缴(征)所得税额	
16		本期应补(退)所得税额(12-13-14-15)\税务机关确定的本期应纳所得税额	
		汇总纳税企业总分机构税款计算	
17	总机构	总机构本期分摊应补(退)所得税额(18+19+20)	
18		其中:总机构分摊应补(退)所得税额(16×总机构分摊比例__%)	
19		财政集中分配应补(退)所得税额(16×财政集中分配比例__%)	
20		总机构具有主体生产经营职能的部门分摊所得税额(16×全部分支机构分摊比例__%×总机构具有主体生产经营职能部门分摊比例__%)	
21	分支机构	分支机构本期分摊比例	
22		分支机构本期分摊应补(退)所得税额	
		实际缴纳企业所得税计算	
23		减:民族自治地区企业所得税地方分享部分:□免征 □减征:减征幅度_____%	本年累计应减免金额[(12-13-15)×40%×减征幅度]
24		实际应补(退)所得税额	

谨声明:本纳税申报表是根据国家税收法律法规及相关规定填报的,是真实的、可靠的、完整的。

纳税人(签章):　　年 月 日

经办人:
经办人身份证号:
代理机构签章:
代理机构统一社会信用代码:

受理人:
受理税务机关(章):
受理日期:　　年 月 日

表 4-20　资产加速折旧、摊销(扣除)优惠明细表

行次	项目	本年享受优惠的资产原值	本年累计折旧\摊销(扣除)金额				
			账载折旧\摊销金额	按照税收一般规定计算的折旧\摊销金额	享受加速政策计算的折旧\摊销金额	纳税调减金额	享受加速政策优惠金额
		1	2	3	4	5	6(4-3)
1	一、加速折旧、摊销(不含一次性扣除,1.1+1.2+…)						
1.1	(填写优惠事项名称)						
1.2	(填写优惠事项名称)						
2	二、一次性扣除(2.1+2.2+…)						
2.1	(填写优惠事项名称)						
2.2	(填写优惠事项名称)						
3	合计(1+2)						

实训任务 2：根据相关业务资料到电子税务局申报 2023 年年度企业所得税,具体内容如表 4-21 至表 4-33 所示。

表 4-21　A000000　企业所得税年度纳税申报基础信息表

基本经营情况(必填项目)			
101 纳税申报企业类型(填写代码)		102 分支机构就地纳税比例	
103 资产总额(填写平均值,单位:万元)		104 从业人数(填写平均值,单位:人)	
105 所属国民经济行业(填写代码)		106 从事国家限制或禁止行业	□是 □否
107 适用会计准则或会计制度(填写代码)		108 采用一般企业财务报表格式(2019年版)	□是 □否
109 小型微利企业	□是 □否	110 上市公司	是(□境内 □境外) □否
有关涉税事项情况(存在或者发生下列事项时必填)			
201 从事股权投资业务	□是	202 存在境外关联交易	□是
203 境外所得信息	203-1 选择采用的境外所得抵免方式	□分国(地区)不分项　□不分国(地区)不分项	
	203-2 新增境外直接投资信息	□是(产业类别:□旅游业　□现代服务业　□高新技术产业)	
204 有限合伙制创业投资企业的法人合伙人	□是	205 创业投资企业	□是

(续表)

206 技术先进型服务企业类型(填写代码)			207 非营利组织		☐ 是
208 软件、集成电路企业类型(填写代码)			209 集成电路生产项目类型	☐ 130 纳米 ☐ 65 纳米 ☐ 28 纳米	
210 科技型中小企业	210-1 __年(申报所属期年度)入库编号1		210-2 入库时间1		
	210-3 __年(所属期下一年度)入库编号2		210-4 入库时间2		
211 高新技术企业申报所属期年度有效的高新技术企业证书	211-1 证书编号1		211-2 发证时间1		
	211-3 证书编号2		211-4 发证时间2		
212 重组事项税务处理方式	☐ 一般性 ☐ 特殊性		213 重组交易类型(填写代码)		
214 重组当事方类型(填写代码)			215 政策性搬迁开始时间		__年__月
216 发生政策性搬迁且停止生产经营无所得年度	☐ 是		217 政策性搬迁损失分期扣除年度		☐ 是
218 发生非货币性资产对外投资递延纳税事项	☐ 是		219 非货币性资产对外投资转让所得递延纳税年度		☐ 是
220 发生技术成果投资入股递延纳税事项	☐ 是		221 技术成果投资入股递延纳税年度		☐ 是
222 发生资产(股权)划转特殊性税务处理事项	☐ 是		223 债务重组所得递延纳税年度		☐ 是
224 研发支出辅助账样式	☐ 2015 版 ☐ 2021 版 ☐ 自行设计				
主要股东及分红情况(必填项目)					
股东名称	证件种类	证件号码	投资比例	当年(决议日)分配的股息、红利等权益性投资收益金额	国籍(注册地址)
其余股东合计	—		—		—

表 4-22　A100000　中华人民共和国企业所得税年度纳税申报表(A 类)

行次	类别	项目	金额
1	利润总额计算	一、营业收入(填写 A101010\101020\103000)	
2		减:营业成本(填写 A102010\102020\103000)	
3		减:税金及附加	
4		减:销售费用(填写 A104000)	
5		减:管理费用(填写 A104000)	
6		减:财务费用(填写 A104000)	
7		减:资产减值损失	
8		加:公允价值变动收益	
9		加:投资收益	
10		二、营业利润(1－2－3－4－5－6－7＋8＋9)	
11		加:营业外收入(填写 A101010\101020\103000)	
12		减:营业外支出(填写 A102010\102020\103000)	
13		三、利润总额(10＋11－12)	
14	应纳税所得额计算	减:境外所得(填写 A108010)	
15		加:纳税调整增加额(填写 A105000)	
16		减:纳税调整减少额(填写 A105000)	
17		减:免税、减计收入及加计扣除(填写 A107010)	
18		加:境外应税所得抵减境内亏损(填写 A108000)	
19		四、纳税调整后所得(13－14＋15－16－17＋18)	
20		减:所得减免(填写 A107020)	
21		减:弥补以前年度亏损(填写 A106000)	
22		减:抵扣应纳税所得额(填写 A107030)	
23		五、应纳税所得额(19－20－21－22)	
24	应纳税额计算	税率(25%)	
25		六、应纳所得税额(23×24)	
26		减:减免所得税额(填写 A107040)	
27		减:抵免所得税额(填写 A107050)	
28		七、应纳税额(25－26－27)	
29		加:境外所得应纳所得税额(填写 A108000)	
30		减:境外所得抵免所得税额(填写 A108000)	
31		八、实际应纳所得税额(28＋29－30)	

(续表)

行次	类别	项目	金额
32	应纳税额计算	减:本年累计实际已缴纳的所得税额	
33		九、本年应补(退)所得税额(31—32)	
34		其中:总机构分摊本年应补(退)所得税额(填写 A109000)	
35		财政集中分配本年应补(退)所得税额(填写 A109000)	
36		总机构主体生产经营部门分摊本年应补(退)所得税额(填写 A109000)	
37	实际应纳税额计算	减:民族自治地区企业所得税地方分享部分:(□ 免征　□ 减征:减征幅度__%)	
38		十、本年实际应补(退)所得税额(33—37)	

表 4-23　A101010　一般企业收入明细表

行次	项目	金额
1	一、营业收入(2+9)	
2	(一)主营业务收入(3+5+6+7+8)	
3	1. 销售商品收入	
4	其中:非货币性资产交换收入	
5	2. 提供劳务收入	
6	3. 建造合同收入	
7	4. 让渡资产使用权收入	
8	5. 其他	
9	(二)其他业务收入(10+12+13+14+15)	
10	1. 销售材料收入	
11	其中:非货币性资产交换收入	
12	2. 出租固定资产收入	
13	3. 出租无形资产收入	
14	4. 出租包装物和商品收入	
15	5. 其他	
16	二、营业外收入(17+18+19+20+21+22+23+24+25+26)	
17	(一)非流动资产处置利得	
18	(二)非货币性资产交换利得	
19	(三)债务重组利得	

(续表)

行次	项目	金额
20	（四）政府补助利得	
21	（五）盘盈利得	
22	（六）捐赠利得	
23	（七）罚没利得	
24	（八）确实无法偿付的应付款项	
25	（九）汇兑收益	
26	（十）其他	

表4-24　A102010　一般企业成本支出明细表

行次	项目	金额
1	一、营业成本(2＋9)	
2	（一）主营业务成本(3＋5＋6＋7＋8)	
3	1.销售商品成本	
4	其中:非货币性资产交换成本	
5	2.提供劳务成本	
6	3.建造合同成本	
7	4.让渡资产使用权成本	
8	5.其他	
9	（二）其他业务成本(10＋12＋13＋14＋15)	
10	1.销售材料成本	
11	其中:非货币性资产交换成本	
12	2.出租固定资产成本	
13	3.出租无形资产成本	
14	4.包装物出租成本	
15	5.其他	
16	二、营业外支出(17＋18＋19＋20＋21＋22＋23＋24＋25＋26)	
17	（一）非流动资产处置损失	
18	（二）非货币性资产交换损失	
19	（三）债务重组损失	
20	（四）非常损失	

(续表)

行次	项目	金额
21	(五)捐赠支出	
22	(六)赞助支出	
23	(七)罚没支出	
24	(八)坏账损失	
25	(九)无法收回的债券股权投资损失	
26	(十)其他	

表4-25　A104000　期间费用明细表

行次	项目	销售费用	其中：境外支付	管理费用	其中：境外支付	财务费用	其中：境外支付
		1	2	3	4	5	6
1	一、职工薪酬		*		*	*	*
2	二、劳务费					*	*
3	三、咨询顾问费					*	*
4	四、业务招待费		*		*	*	*
5	五、广告费和业务宣传费		*		*	*	*
6	六、佣金和手续费						
7	七、资产折旧摊销费		*		*	*	*
8	八、财产损耗、盘亏及毁损损失		*		*	*	*
9	九、办公费		*		*	*	*
10	十、董事会费		*		*	*	*
11	十一、租赁费					*	*
12	十二、诉讼费		*		*	*	*
13	十三、差旅费		*		*	*	*
14	十四、保险费		*		*	*	*
15	十五、运输、仓储费					*	*
16	十六、修理费					*	*
17	十七、包装费		*		*	*	*
18	十八、技术转让费					*	*
19	十九、研究费用					*	*

（续表）

行次	项目	销售费用	其中：境外支付	管理费用	其中：境外支付	财务费用	其中：境外支付
		1	2	3	4	5	6
20	二十、各项税费		*		*	*	*
21	二十一、利息收支	*	*	*	*		
22	二十二、汇兑差额	*	*	*	*		
23	二十三、现金折扣	*	*	*	*		*
24	二十四、党组织工作经费	*	*	*	*	*	*
25	二十五、其他						
26	合计(1+2+3+…25)						

表 4-26　A105000　纳税调整项目明细表

行次	项目	账载金额	税收金额	调增金额	调减金额
		1	2	3	4
1	一、收入类调整项目(2+3+…8+10+11)			*	*
2	（一）视同销售收入（填写 A105010）	*			*
3	（二）未按权责发生制原则确认的收入（填写 A105020）				
4	（三）投资收益（填写 A105030）				
5	（四）按权益法核算长期股权投资对初始投资成本调整确认收益	*	*	*	
6	（五）交易性金融资产初始投资调整				
7	（六）公允价值变动净损益		*		
8	（七）不征税收入	*	*		
9	其中：专项用途财政性资金（填写 A105040）	*	*		
10	（八）销售折扣、折让和退回				
11	（九）其他				
12	二、扣除类调整项目(13+14+…24+26+27+28+29+30)	*	*		
13	（一）视同销售成本（填写 A105010）	*		*	
14	（二）职工薪酬（填写 A105050）				
15	（三）业务招待费支出				*
16	（四）广告费和业务宣传费支出（填写 A105060）	*	*		

(续表)

行次	项目	账载金额	税收金额	调增金额	调减金额
		1	2	3	4
17	（五）捐赠支出（填写 A105070）				
18	（六）利息支出				
19	（七）罚金、罚款和被没收财物的损失		＊		＊
20	（八）税收滞纳金、加收利息		＊		＊
21	（九）赞助支出		＊		＊
22	（十）与未实现融资收益相关在当期确认的财务费用				
23	（十一）佣金和手续费支出（保险企业填写 A105060）				
24	（十二）不征税收入用于支出所形成的费用	＊	＊		＊
25	其中：专项用途财政性资金用于支出所形成的费用（填写 A105040）	＊	＊		＊
26	（十三）跨期扣除项目				
27	（十四）与取得收入无关的支出		＊		＊
28	（十五）境外所得分摊的共同支出	＊	＊		＊
29	（十六）党组织工作经费				
30	（十七）其他				
31	三、资产类调整项目（32＋33＋34＋35）	＊	＊		
32	（一）资产折旧、摊销（填写 A105080）				
33	（二）资产减值准备金			＊	
34	（三）资产损失（填写 A105090）	＊	＊		
35	（四）其他				
36	四、特殊事项调整项目（37＋38＋…＋43）	＊	＊		
37	（一）企业重组及递延纳税事项（填写 A105100）				
38	（二）政策性搬迁（填写 A105110）	＊	＊		
39	（三）特殊行业准备金（39.1＋39.2＋39.4＋39.5＋39.6＋39.7）	＊	＊		
39.1	1. 保险公司保险保障基金				
39.2	2. 保险公司准备金				
39.3	其中：已发生未报案未决赔款准备金				

(续表)

行次	项目	账载金额	税收金额	调增金额	调减金额
		1	2	3	4
39.4	3.证券行业准备金				
39.5	4.期货行业准备金				
39.6	5.中小企业融资(信用)担保机构准备金				
39.7	6.金融企业、小额贷款公司准备金(填写A105120)	*	*		
40	(四)房地产开发企业特定业务计算的纳税调整额(填写A105010)	*			
41	(五)合伙企业法人合伙人应分得的应纳税所得额				
42	(六)发行永续债利息支出				
43	(七)其他	*	*		
44	五、特别纳税调整应税所得			*	
45	六、其他			*	*
46	合计(1+12+31+36+44+45)			*	*

表4-27 A105050 职工薪酬支出及纳税调整明细表

行次	项目	账载金额	实际发生额	税收规定扣除率	以前年度累计结转扣除额	税收金额	纳税调整金额	累计结转以后年度扣除额
		1	2	3	4	5	6(1−5)	7(2+4−5)
1	一、工资薪金支出			*	*			*
2	其中:股权激励			*	*			*
3	二、职工福利费支出				*			*
4	三、职工教育经费支出			*				
5	其中:按税收规定比例扣除的职工教育经费							
6	按税收规定全额扣除的职工培训费用				*			*
7	四、工会经费支出				*			*
8	五、各类基本社会保障性缴款			*	*			*
9	六、住房公积金			*	*			*
10	七、补充养老保险				*			*

(续表)

行次	项目	账载金额	实际发生额	税收规定扣除率	以前年度累计结转扣除额	税收金额	纳税调整金额	累计结转以后年度扣除额
		1	2	3	4	5	6(1－5)	7(2＋4－5)
11	八、补充医疗保险				＊			＊
12	九、其他			＊	＊			＊
13	合计(1＋3＋4＋7＋8＋9＋10＋11＋12)				＊			

表4-28　A105060　广告费和业务宣传费跨年度纳税调整明细表

行次	项目	金额
1	一、本年广告费和业务宣传费支出	
2	减:不允许扣除的广告费和业务宣传费支出	
3	二、本年符合条件的广告费和业务宣传费支出(1－2)	
4	三、本年计算广告费和业务宣传费扣除限额的销售(营业)收入	
5	乘:税收规定扣除率	
6	四、本企业计算的广告费和业务宣传费扣除限额(4×5)	
7	五、本年结转以后年度扣除额(3＞6,本行＝3－6;3≤6,本行＝0)	
8	加:以前年度累计结转扣除额	
9	减:本年扣除的以前年度结转额[3＞6,本行＝0;3≤6,本行＝8与(6－3)孰小值]	
10	六、按照分摊协议归集至其他关联方的广告费和业务宣传费(10≤3与6孰小值)	
11	按照分摊协议从其他关联方归集至本企业的广告费和业务宣传费	
12	七、本年广告费和业务宣传费支出纳税调整金额 (3＞6,本行＝2＋3－6＋10－11;3≤6,本行＝2＋10－11－9)	
13	八、累计结转以后年度扣除额(7＋8－9)	

表4-29 A105070 捐赠支出及纳税调整明细表

行次	项目	账载金额	以前年度结转可扣除的捐赠额	按税收规定计算的扣除限额	税收金额	纳税调增金额	纳税调减金额	可结转以后年度扣除的捐赠额
		1	2	3	4	5	6	7
1	一、非公益性捐赠		*	*	*		*	*
2	二、限额扣除的公益性捐赠(3+4+5+6)							
3	前三年度(年)	*		*	*	*		*
4	前二年度(年)	*		*	*	*		*
5	前一年度(年)	*		*	*	*		*
6	本年(年)		*			*		*
7	三、全额扣除的公益性捐赠		*	*	*	*		*
8	1.		*	*	*	*		*
9	2.		*	*	*	*		*
10	3.		*	*	*	*		*
11	合计(1+2+7)							
附列资料	2015年度至本年发生的公益性扶贫捐赠合计金额		*			*	*	*

表 4-30 A105080 资产折旧、摊销及纳税调整明细表

行次	项目	账载金额			税收金额				纳税调整金额
		资产原值	本年折旧、摊销额	累计折旧、摊销额	资产计税基础	税收折旧、摊销额	享受加速折旧政策的资产按税收一般规定计算的折旧、摊销额	加速折旧、摊销统计额	累计折旧、摊销额	
			1	2	3	4	5	6	7(5-6)	8	9(2-5)
1	一、固定资产(2+3+4+5+6+7)						*	*		
2	（一）房屋、建筑物						*	*		
3	（二）飞机、火车、轮船、机器、机械和其他生产设备						*	*		
4	（三）与生产经营活动有关的器具、工具、家具等						*	*		
5	（四）飞机、火车、轮船以外的运输工具						*	*		
6	（五）电子设备						*	*		
7	（六）其他									
8	其中：享受固定资产加速折旧及一次性扣除政策的资产折旧额大于一般折旧额的部分	（一）重要行业固定资产加速折旧(不含一次性扣除)								*
9		（二）其他行业研发设备加速折旧								*
10		（三）特定地区企业固定资产加速折旧(10.1+10.2)								*
10.1		1．海南自由贸易港企业固定资产加速折旧一般折旧额大于的部分								*

(续表)

行次	项目	账载金额			税收金额					纳税调整金额
		资产原值	本年折旧、摊销额	累计折旧、摊销额	资产计税基础	税收折旧、摊销额	享受加速折旧政策的资产按税收一般规定计算的折旧、摊销额	加速折旧、摊销统计额	累计折旧、摊销额	
			1	2	3	4	5	6	7(5-6)	8	9(2-5)
10.2	2. 其他特定地区企业固定资产加速折旧						*			*
11	（四）500万元以下设备器具一次性扣除						*			*
12	（五）疫情防控重点保障物资生产企业单价500万元以上设备一次性扣除						*			*
13	（六）特定地区企业固定资产一次性扣除(13.1+13.2)						*			*
13.1	1. 海南自由贸易港企业固定资产一次性扣除						*			*
13.2	2. 其他特定地区企业固定资产一次性扣除						*			*
14	其中：享受固定资产加速折旧及一次性扣除政策的资产加速折旧额大于一般折旧额的部分						*			*
15	（七）技术进步、更新换代固定资产加速折旧									*
16	（八）常年强震动、高腐蚀固定资产加速折旧									*
17	（九）外购软件加速折旧									*
18	（十）集成电路企业生产设备加速折旧								*	
	二、生产性生物资产(19+20)						*			

(续表)

行次	项目	账载金额			税收金额				纳税调整金额
		资产原值	本年折旧、摊销额	累计折旧、摊销额	资产计税基础	税收折旧、摊销额	享受加速折旧政策的资产按税收一般规定计算的折旧、摊销额	加速折旧、摊销统计额	累计折旧、摊销额	
			1	2	3	4	5	6	7(5−6)	8	9(2−5)
19	（一）林木类									
20	（二）畜类									
21	三、无形资产（22＋23＋24＋25＋26＋27＋28＋29）									
22	所有无形资产 （一）专利权						*	*		
23	（二）商标权						*	*		
24	（三）著作权						*	*		
25	（四）土地使用权						*	*		
26	（五）非专利技术						*	*		
27	（六）特许权使用费						*	*		
28	（七）软件						*	*		
29	（八）其他						*	*		
30	其中：享受无形资产加速摊销及一次性摊销政策的资产加速摊销额大于一般摊销额的部分 （一）企业外购软件加速摊销									*
31	（二）特定地区企业无形资产加速摊销（31.1＋31.2）									*
31.1	1.海南自由贸易港企业无形资产加速摊销									*

(续表)

行次	项目	账载金额			税收金额				纳税调整金额
		资产原值	本年折旧、摊销额	累计折旧、摊销额	资产计税基础	税收折旧、摊销额	享受加速折旧政策的资产按税收一般规定计算的折旧、摊销额	加速折旧、摊销统计额	累计折旧、摊销额
		1	2	3	4	5	6	7(5-6)	8	9(2-5)
31.2	2. 其他特定地区企业无形资产加速摊销									*
32	（三）特定地区企业无形资产一次性摊销（32.1+32.2）									*
32.1	1. 海南自由贸易港企业无形资产一次性摊销									*
32.2	2. 其他特定地区企业无形资产一次性摊销									*
	一般摊销额的部分									
33	四、长期待摊费用(34+35+36+37+38)					*	*	*		
34	（一）已足额提取折旧固定资产的改建支出					*	*	*		
35	（二）租入固定资产的改建支出					*	*	*		
36	（三）固定资产的大修理支出					*	*	*		
37	（四）开办费					*	*	*		
38	（五）其他					*	*	*		
39	五、油气勘探投资					*	*	*		
40	六、油气开发投资					*	*	*		
41	合计(1+18+21+33+39+40)						*			
附列资料	全民所有制企业公司制改制资产评估增值政策资产									

表4-31 A106000 企业所得税弥补亏损明细表

行次	项目	年度	当年境内所得额	分立转出的亏损额	合并、分立转入的亏损额			弥补亏损企业类型	当年亏损额	当年待弥补的亏损额	用本年度所得额弥补的以前年度亏损额		当年可结转以后年度弥补的亏损额
					可弥补年限5年	可弥补年限8年	可弥补年限10年				使用境内所得弥补	使用境外所得弥补	
		1	2	3	4	5	6	7	8	9	10	11	12
1	前十年度												
2	前九年度												
3	前八年度												
4	前七年度												
5	前六年度												
6	前五年度												
7	前四年度												
8	前三年度												
9	前二年度												
10	前一年度												
11	本年度												
12	可结转以后年度弥补的亏损额合计												

表 4-32　A107010　免税、减计收入及加计扣除优惠明细表

行次	项目	金额
1	一、免税收入(2+3+9+…+16)	
2	（一）国债利息收入免征企业所得税	
3	（二）符合条件的居民企业之间的股息、红利等权益性投资收益免征企业所得税(4+5+6+7+8)	
4	1. 一般股息红利等权益性投资收益免征企业所得税(填写 A107011)	
5	2. 内地居民企业通过沪港通投资且连续持有 H 股满 12 个月取得的股息红利所得免征企业所得税(填写 A107011)	
6	3. 内地居民企业通过深港通投资且连续持有 H 股满 12 个月取得的股息红利所得免征企业所得税(填写 A107011)	
7	4. 居民企业持有创新企业 CDR 取得的股息红利所得免征企业所得税(填写 A107011)	
8	5. 符合条件的永续债利息收入免征企业所得税(填写 A107011)	
9	（三）符合条件的非营利组织的收入免征企业所得税	
10	（四）中国清洁发展机制基金取得的收入免征企业所得税	
11	（五）投资者从证券投资基金分配中取得的收入免征企业所得税	
12	（六）取得的地方政府债券利息收入免征企业所得税	
13	（七）中国保险保障基金有限责任公司取得的保险保障基金等收入免征企业所得税	
14	（八）中国奥委会取得北京冬奥组委支付的收入免征企业所得税	
15	（九）中国残奥委会取得北京冬奥组委分期支付的收入免征企业所得税	
16	（十）其他	
17	二、减计收入(18+19+23+24)	
18	（一）综合利用资源生产产品取得的收入在计算应纳税所得额时减计收入	
19	（二）金融、保险等机构取得的涉农利息、保费减计收入(20+21+22)	
20	1. 金融机构取得的涉农贷款利息收入在计算应纳税所得额时减计收入	
21	2. 保险机构取得的涉农保费收入在计算应纳税所得额时减计收入	
22	3. 小额贷款公司取得的农户小额贷款利息收入在计算应纳税所得额时减计收入	
23	（三）取得铁路债券利息收入减半征收企业所得税	
24	（四）其他(24.1+24.2)	
24.1	1. 取得的社区家庭服务收入在计算应纳税所得额时减计收入	
24.2	2. 其他	
25	三、加计扣除(26+27+28+29+30)	
26	（一）开发新技术、新产品、新工艺发生的研究开发费用加计扣除(填写 A107012)	
27	（二）科技型中小企业开发新技术、新产品、新工艺发生的研究开发费用加计扣除(填写 A107012)	
28	（三）企业为获得创新性、创意性、突破性的产品进行创意设计活动而发生的相关费用加计扣除(加计扣除比例＿＿＿％)	
29	（四）安置残疾人员所支付的工资加计扣除	
30	（五）其他	
31	合计(1+17+25)	

表 4-33　A107020　所得减免优惠明细表

行次	项目名称 减免项目	优惠事项名称	优惠方式	项目收入	项目成本	相关税费	应分摊期间费用	纳税调整额	项目所得额 免税项目	项目所得额 减半项目	减免所得额
		1	2	3	4	5	6	7	8	9	10	11(9+10×50%)
1	一、农、林、牧、渔业项目										
2		*									
3	小计		*								
4	二、国家重点扶持的公共基础设施项目										
5		*									
6	小计		*								
7	三、符合条件的环境保护、节能节水项目										
8		*									
9	小计		*								
10	四、符合条件的技术转让项目		*						*	*	*
11		*							*	*	*
12	小计		*								
13	五、清洁发展机制项目										
14		*									
15	小计		*								
16	六、符合条件的节能服务公司实施的合同能源管理项目										
17		*									
18	小计		*								

(续表)

行次	减免项目 项目名称	优惠事项名称	优惠方式	项目收入	项目成本	相关税费	应分摊期间费用	纳税调整额	项目所得额 免税项目	项目所得额 减半项目	减免所得额
	1	2	3	4	5	6	7	8	9	10	11(9+10×50%)
19	七、线宽小于130纳米（含）的集成电路生产项目										
20											
21	小计	*	*								
22	八、线宽小于65纳米（含）或投资额超过150亿元的集成电路生产项目										
23		*									
24	小计	*	*								
25	九、线宽小于28纳米（含）的集成电路生产项目	*									
26		*									
27	小计	*	*								
28	十、其他										
29		*	*								
30	小计	*	*								
31	合计	*	*								

工作任务五　个人所得税纳税申报

知识目标

理解个人所得税纳税人的分类、征税范围、税率。
掌握不同个人所得的应纳税所得额的确定和应纳税额的计算。
熟悉个人所得税的税收优惠。

技能目标

能够正确计算个人所得税应纳税额。
能够正确选择个人所得税的申报方式和缴纳方式。
能够填写"个人所得税扣缴申报表"及附表资料,并完成个人所得税预扣预缴纳税申报。
能够进行个人所得税的自动申报。

思政目标

通过个人所得税的内涵培养学生深入理解税费取之于民用之于民的意图,提升依法纳税的公民意识和责任担当。
准确计算和申报个人所得税培养学生精准计税、严谨细致的工匠精神。
通过加强专项附加扣除的历史沿革学习,培养学生的家国情怀。

思维导图

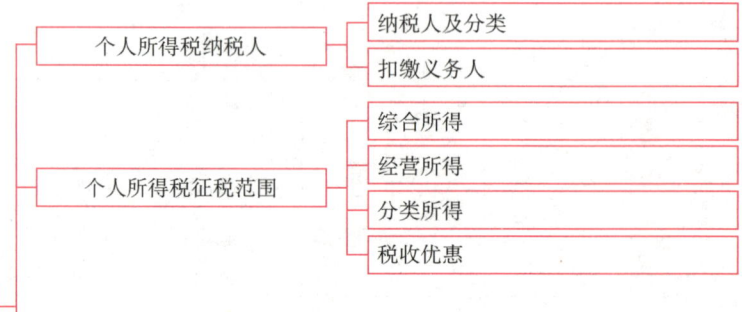

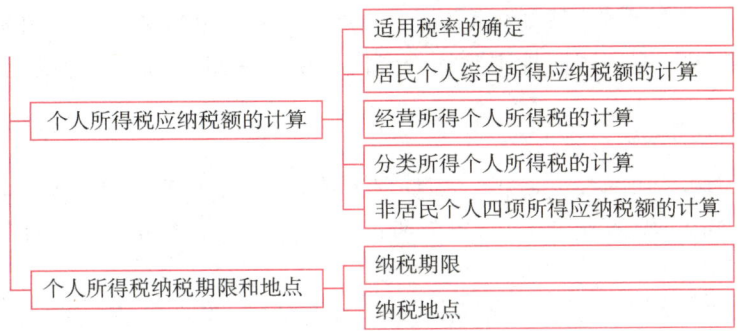

 任务背景

北京万和制造有限公司,主要生产、销售各类点读笔,北京万和科技有限公司系其名下子公司。公司全员统一缴纳五险一金,每月最后一天计算并发放当月工资。公司的税务人员根据本年度员工收入情况、专项附加扣除等资料计算员工各项个人所得应纳税额,并进行代扣代缴纳税申报,帮助员工进行个人所得税的自行申报。

 知识储备

个人所得税是以个人(含个体工商户、个人独资企业、合伙企业中的个人投资者、承租承包者个人)取得的各项应税所得为征税对象所征收的一种税。

一、个人所得税纳税人

(一) 纳税人及分类

个人所得税的纳税人,包括中国公民、个体工商户、个人独资企业、合伙企业者,以及在中国境内有所得的外籍个人(含无国籍个人)、中国香港、中国澳门、中国台湾同胞。我国采用住所和居住时间两个标准,将纳税人区分为居民个人和非居民个人,分别承担不同的纳税义务,其具体内容如表5-1所示。

表5-1 纳税人分类及标准

类型	判定标准	纳税义务
居民个人	(1) 住所标准:在中国境内有住所 (2) 居住时间标准:在中国境内无住所,但是在一个纳税年度内(公历1月1日至12月31日)在中国境内居住累计满183天	无限纳税义务 (从中国境内、境外取得的所得)
非居民个人	不符合居民个人判定标准	有限纳税义务 (从中国境内取得的所得)

(二) 扣缴义务人

我国个人所得税实行代扣代缴和个人申报纳税相结合的征收管理制度,个人所得税采取代扣代缴办法,有利于控制税源,保证税收收入,简化征纳手续,加强个人所得税管理。个

人所得税以所得人为纳税人,以支付所得的单位或个人为扣缴义务人。扣缴义务人在向纳税人支付应税款项时,应当依照规定预扣或者代扣税款,按时缴库,并专项记载备查。

二、个人所得税征税范围

根据《中华人民共和国个人所得税法》(以下简称《个人所得税法》)和《中华人民共和国个人所得税法实施条例》及相关法规,以下所述项目为个人所得税的征税对象。

(一)综合所得

综合所得是指居民个人每一个纳税年度的综合所得,包括工资、薪金所得,劳务报酬所得,稿酬所得,特许权使用费所得。

1. 工资、薪金所得

工资、薪金所得,是指个人因任职或者受雇取得的工资、薪金、奖金、年终加薪、劳动分红、津贴、补贴以及与任职或者受雇有关的其他所得。年终加薪、劳动分红部分种类和取得情况,一律按该项目征税。但下列项目不属于工资、薪金所得:

(1)独生子女补贴。
(2)执行公务员工资制度未纳入基本工资总额的补贴、津贴差额和家属成员的副食品补贴。
(3)托儿补助费。
(4)差旅费津贴、误餐补助。
(5)外国来华留学生领取的生活津贴费、奖学金。

2. 劳务报酬所得

劳务报酬所得,是指个人从事劳务取得的所得,包括从事设计、装潢、安装、制图、化验、测试、医疗、法律、会计、咨询、讲学、翻译、审稿、书画、雕刻、影视、录音、录像、演出、表演、广告、展览、技术服务、介绍服务、经纪服务、代办服务及其他劳务取得的所得。

在校学生因参与勤工俭学活动而取得属于《个人所得税法》规定的应税所得项目所得,按照"劳务报酬所得"征收个人所得税。

个人兼职取得的收入,按照"劳务报酬所得"项目征收个人所得税。

3. 稿酬所得

稿酬所得,是指个人因其作品以图书、报刊等形式出版、发表而取得的所得。这里所说的作品,包括文学作品、书画作品、摄影作品,以及其他作品。作者去世后,财产继承人取得的遗作稿酬,亦按"稿酬所得"项目征收个人所得税。

4. 特许权使用费所得

特许权使用费所得,是指个人提供专利权、商标权、著作权、非专利技术及其他特许权的使用权取得的所得;提供著作权的使用权取得的所得,不包括稿酬所得。对于作者将自己的文字作品手稿原件或复印件公开拍卖(竞价)取得的所得属于该项目。

(二)经营所得

依据规定,个体工商户业主、个人独资企业投资者、合伙企业个人合伙人、承包承租经营者个人以及其他从事生产、经营活动的个人取得经营所得,包括以下情形:

(1)个体工商户从事生产、经营活动取得的所得,个人独资企业投资人、合伙企业的个人合伙人来源于境内注册的个人独资企业、合伙企业生产、经营的所得。

(2)个人依法从事办学、医疗、咨询及其他有偿服务活动取得的所得。

(3) 个人对企业、事业单位承包经营、承租经营及转包、转租取得的所得。

(4) 个人从事其他生产、经营活动取得的所得。

(三) 分类所得

1. 利息、股息、红利所得

利息、股息、红利所得，是指个人拥有债权、股权等而取得的利息、股息、红利所得。其中，利息一般是指存款、贷款和债券的利息；股息是指个人拥有股权取得的公司、企业派息分红，按照一定的比率派发的每股息金；红利是指根据公司、企业应分配的，超过股息部分的利润，按股派分的红股。

2. 财产租赁所得

财产租赁所得，是指个人出租不动产、机器设备、车船及其他财产取得的所得。个人取得的财产转租收入，属于本项目的征税范围。

3. 财产转让所得

财产转让所得，是指个人转让有价证券、股权、合伙企业中的财产份额、不动产、机器设备、车船及其他财产取得的所得。

4. 偶然所得

偶然所得，是指个人得奖、中奖、中彩及其他偶然性质的所得。根据有关规定下列收入按偶然所得计征个人所得税，具体内容如下：

(1) 个人为单位或他人提供担保所得。

(2) 除另有规定外，房屋产权所有人将房屋产权无偿赠与他人，受赠人无偿受赠房屋取得的受赠收入。

(3) 企业在业务宣传、广告等活动中，随机向本单位以外的个人赠送礼品，以及在企业年会、座谈会、庆典及其他活动中向办单位以外的个人赠送礼品、个人取得的礼品收入。

偶然所得应由发奖单位代扣代缴个人所得税。

个人取得的所得，难以界定应纳税所得项目的，由国务院税务主管部门确定。

居民个人取得的工资、薪金所得，劳务报酬所得，稿酬所得和特许权使用费所得(即综合所得)，按纳税年度合并计算个人所得税；非居民个人取得所得，按月或者按次分项计算个人所得所得税。纳税人取得除综合所得外的其他所得，依照规定分别计算个人所得税。

(四) 税收优惠

1. 免征个人所得税

根据《个人所得税法》及其实施条例相关规定，对下列各项个人所得，免征个人所得税：

(1) 省级人民政府、国务院部委和中国人民解放军军以上单位，以及外国组织、国际组织颁发的科学、教育、技术、文化、卫生、体育、环境保护等方面的奖金。

(2) 国债和国家发行的金融债券利息。

(3) 按照国家统一规定发给的补贴、津贴。

(4) 福利费、抚恤金、救济金。

(5) 保险赔款。

(6) 军人的转业费、复员费、退役金。

(7) 按照国家统一规定发给干部、职工的安家费、退职费、基本养老金或者退休费、离休费、离休生活补助费。

(8) 依照有关法律规定应予免税的各国驻华使馆、领事馆的外交代表、领事官员和其他人员的所得。

(9) 中国政府参加的国际公约、签订的协议中规定免税的所得。

(10) 国务院规定的其他免税所得。

2. 减征个人所得税

根据《个人所得税法》规定，有以下情形可以减征个人所得税：

(1) 残疾、孤老人员和烈属所得。

(2) 因严重自然遭受重大损失。

具体幅度和期限，由省、自治区、直辖市人民政府规定，并报同级人民代表大会常务委员会备案。

3. 其他减免税项目

根据财政部、国家税务总局的若干规定，对下列情况免征或暂免征收个人所得税：

(1) 个人举报、协查各种违法、犯罪行为而取得的奖金。

(2) 个人办理代扣代缴税款手续，按规定取得的扣缴手续费。

(3) 个人转让自用达 5 年以上，并且是唯一的家庭生活用房取得的所得。

(4) 自 2023 年 1 月 1 日至 2027 年 12 月 31 日，对个体工商户年应纳税所得额不超过 200 万元的部分，减半征收个人所得税。

三、个人所得税应纳税额的计算

（一）适用税率的确定

个人所得税区分不同个人所得项目，规定了超额累进税率和比例税率两种形式。

1. 综合所得税率

1）居民个人综合所得税率

居民个人每一纳税年度的综合所得，包括工资、薪金所得，劳务报酬所得，稿酬所得，特许权使用费所得，适用 3%～45% 的七级超额累进税率，税率如表 5-2 所示。

表 5-2　居民个人综合所得税率表

级数	全年应纳税所得额	税率	速算扣除数
1	不超过 36 000 元的	3%	0
2	超过 36 000 元至 144 000 元的部分	10%	2 520
3	超过 144 000 元至 300 000 元的部分	20%	16 920
4	超过 300 000 元至 420 000 元的部分	25%	31 920
5	超过 420 000 元至 660 000 元的部分	30%	52 920
6	超过 660 000 元至 960 000 元的部分	35%	85 920
7	超过 960 000 元的部分	45%	181 920

2）居民个人预扣预缴所得税率

居民个人分月或分次取得的工资、薪金所得，劳务报酬所得，稿酬所得，特许权使用费所得时,支付单位预扣预缴个人所得税的预扣率。其中,工资、薪金所得适用于3%~45%的七级超额累进预扣率,如表5-3所示;劳务报酬所得适用20%~40%的超额累进预扣率,如表5-4所示;稿酬所得、特许权使用费所得适用20%的比例预扣率。

表5-3 居民个人工资、薪金所得预扣预缴税率表

级数	全年应纳税所得额	税率	速算扣除数
1	不超过36 000元的	3%	0
2	超过36 000元至144 000元的部分	10%	2 520
3	超过144 000元至300 000元的部分	20%	16 920
4	超过300 000元至420 000元的部分	25%	31 920
5	超过420 000元至660 000元的部分	30%	52 920
6	超过660 000元至960 000元的部分	35%	85 920
7	超过960 000元的部分	45%	181 920

表5-4 居民个人劳务报酬所得预扣预缴税率表

级数	累计预扣预缴应纳税所得额	预扣率	速算扣除数
1	不超过20 000元的	20%	0
2	超过20 000元至50 000元的部分	30%	2 000
3	超过50 000元的部分	40%	7 000

2. 经营所得税率

经营所得适用5%~35%的五级超额累进税率,具体内容如表5-5所示。

表5-5 经营所得个人所得税税率表

级数	预扣缴应纳所得税额	预扣率	速算扣除数
1	不超过30 000元的	5%	0
2	超过30 000元至90 000元的部分	10%	1 500
3	超过90 000元至300 000元的部分	20%	10 500
4	超过300 000元至500 000元的部分	30%	40 500
5	超过500 000元的部分	35%	65 500

3. 分类所得税率

利息、股息、红利所得,财产租赁所得,财产转让所得,偶然所得,均使用比例税率,税率为20%。

4. 非居民个人所得税率

居民个人取得工资、薪金所得,劳务报酬所得,稿酬所得,特殊权使用费所得,适用于3%~45%的七级超额累进税率,如表5-6所示。

表 5-6　非居民个人所得税税率表

级数	全年应纳税所得额	税率	速算扣除数
1	不超过 3 000 元的	3%	0
2	超过 3 000 元至 12 000 元的部分	10%	210
3	超过 12 000 元至 25 000 元的部分	20%	1 410
4	超过 25 000 元至 35 000 元的部分	25%	2 660
5	超过 35 000 元至 55 000 元的部分	30%	4 410
6	超过 55 000 元至 80 000 元的部分	35%	7 160
7	超过 80 000 元的部分	45%	15 160

（二）居民个人综合所得应纳税额的计算

居民个人综合所得个人所得税的计算包括预扣预缴税款和综合所得汇算清缴的计算。而上述两项计算都涉及应纳税所得额的计算，因此先介绍应纳税所得额的计算，再介绍预扣预缴税款和综合所得汇算清缴的计算方法。

1. 应纳税所得额的确定

居民个人综合所得，以每一纳税年度的收入额减除费用 60 000 元以及专项扣除、专项附加扣除和依法确定的其他扣除后的余额，为年应纳税所得额。具体规定如下：

（1）收入额。其中，综合所得每项的收入额确定如表 5-7 所示。

表 5-7　综合所得各项收入额计算表

项目	计入全年的收入额	预扣预缴的收入额
工资、薪金所得	全额计入收入额	全额计入收入额
劳务报酬所得	实际收入×(1−20%)	每次收入≤4 000：每次收入−800 每次收入>4 000：每次收入×20%
特许权使用费所得	实际收入×(1−20%)	每次收入≤4 000：每次收入−800 每次收入>4 000：每次收入×20%
稿酬所得	实际收入×(1−20%)×70%	每次收入≤4 000：(每次收入−800)×70% 每次收入>4 000：每次收入×(1−20%)×70%

（2）专项扣除包括居民个人按照国家规定的范围和标准缴纳的基本养老保险、基本医疗保险、失业保险等社会保险费和住房公积金等。

（3）专项附加扣除包括 3 岁以下婴幼儿的照护、子女教育、继续教育、赡养老人、大病医疗、住房贷款利息或住房租金等支出，具体标准明细如表 5-8 所示。

表 5-8　居民个人综合所得专项附加扣除标准明细表

扣除项目	扣除范围		每年扣除标准	每月扣除标准	扣除方式	
3 岁以下婴幼儿的照护	3 岁以下婴幼儿		24 000 元/子女	2 000 元/子女	父母分别按 50%扣除	父母约定一方 100%扣除
子女教育	学前教育	3 岁至小学前	24 000 元/子女	2 000 元/子女	父母分别按 50%扣除	父母约定一方 100%扣除
	学历教育	小学中学				
		专本硕博				

(续表)

扣除项目	扣除范围		每年扣除标准	每月扣除标准	扣除方式	
继续教育	学历教育	教育期间(本科以下可选择)	4 800 元	400 元	父母扣除	本人扣除
	职业技能	取得证书年度	3 600 元	×	本人扣除	
赡养老人	60 岁以上父母及祖辈	独生子女	36 000 元	3 000 元	一人承担	
		非独生子女	18 000 元	1 500 元	平均/指定/约定承担	
大病医疗	个人负担医疗费超过 15 000 元的部分		80 000 元	×	本人或配偶扣除	
房贷利息	首套住房贷款利息		12 000 元	1 000 元	夫妻约定一方扣除;婚前买房可一方扣除或各扣 50%	
住房租金	直辖市、省会、计划单列市等		18 000 元	1 500 元	夫妻同城,一方扣除;夫妻不同城,各自扣除	
	人口超过 100 万的城市		13 200 元	1 100 元		
	人口不超过 100 万的城市		9 600 元	800 元		

(4)其他扣除包括个人缴付符合国家规定的企业年金、职业年金,个人购买的符合国家规定的商业健康保险、税收递延型商业养老保险的支出,以及国务院固定的可以扣除的其他项目。

(5)特殊规定。个人将其所得对教育、扶贫、济困等公益慈善进行捐赠,捐赠额未超过纳税人申报的应纳税所得额 30% 的部分,可以从其应纳税所得中扣除。

2. 居民个人综合所得预扣预缴税款的计算

1)居民个人工资、薪金所得预扣预缴税款的计算

扣缴义务人向居民个人支付工资、薪金所得时,需要按照累进预扣法计算预扣税款,并按月办理全员全额扣缴申报。具体计算过程如下:

(1)第一步计算累计预扣预缴应纳税所得额:

累计预扣预缴应纳税所得额=累计收入-累计免税收入-累计减除费用-累计专项扣除
-累计专项附加扣除-累计依法确定的其他扣除

上述累计减除费用,按照 5 000 元/月乘以纳税人当年截至本月在本单位的任职受雇月份数计算。

(2)第二步计算本期应预扣预缴税额:

本期应预扣预缴税额=(累计预扣预缴应纳税所得额×预扣率-速算扣除数)
-累计减免税额-累计已预扣预缴税额

2)居民个人其他综合所得预扣预缴的计算

扣缴义务人向居民个人支付劳务报酬所得、稿酬所得、特许使用费所得,按表 5-9 的方法按月或按次预扣预缴个人所得税。

表 5-9　其他综合所得预扣预缴应纳税额计算表

项目(按月或按次预缴)	预扣预缴应纳税所得额		预扣预缴应纳税额计算公式
	每次收入≤4 000	每次收入＞4 000	
劳务报酬所得	每次收入－800	每次收入×(1－20%)	预扣预缴应纳税所得额×预扣率－速算扣除数(预扣率适用表 5-4)
特许权使用费所得			
稿酬所得	(每次收入－800)×70%	每次收入×(1－20%)×70%	预扣预缴应纳税所得额×20%

注：劳务报酬所得、稿酬所得、特许权使用费所得三项综合所得，属于一次性收入的，以取得该项收入为一次；属于同一项连续取得收入的，以一个月内取得的收入为一次。

3. 居民个人综合所得汇算清缴的计算

居民个人办理年度综合所得汇算清缴时，应当依法计算各项收入额，并入年度综合所得计算应纳税款，税款多退少补。具体而言，个人所得税综合所得汇算清缴的计算方法如下：

全年应纳税额＝(综合所得收入额－60 000 元－专项扣除－专项附加扣除－依法确定的其他扣除)×适用税率－速算扣除数

汇算应退或应补税额＝全年应纳税额－已预缴税额

4. 居民个人全年一次性奖金应纳税额计算

在 2027 年 12 月 31 日前，居民个人取得全年一次性奖金可以不并入当年综合所得，以全年一次性奖金收入除以 12 个月得到的数额，按照适用税率和速算扣除数，单独计算纳税。计算公式为：

应纳税额＝全年一次性奖金收入×适用税率－速算扣除数

居民个人取得全年一次性奖金，也可以选择并入当年综合所得计算纳税。

(三) 经营所得个人所得税的计算

1. 经营所得应纳税所得额的确定

经营所得(包括承包承租经营所得)，是以每一个纳税年度的收入总额，减除成本、费用以及损失后的余额，为应纳税所得额。

取得经营所得的个人，没有综合所得的，计算其每一纳税年度的应纳税所得额时，应当减除费用 60 000 元、专项扣除、专项附加扣除以及依法确定的其他扣除。专项附加扣除在办理汇算清缴时减除。

纳税义务人未提供完整、准确的纳税资料，不能正确计算应纳税所得额的，由主管税务机关核定其应纳税额所得额。

2. 应纳税额的计算

对个体工商户、个人独资企业和合伙企业的经营所得，其个人所得税应纳税额计算有查账征收和核定征收两种，以下分别介绍两种方法。

1) 查账征收

实行查账征收，其个人所得税的计算公式为：

应纳税额＝应纳税所得额×适用税率－速算扣除数
　　　　＝（全年收入总额－成本、费用以及损失）×适用税率－速算扣除数

对成本、费用以及损失的具体规定如表 5-10 所示。

表 5-10　成本、费用以及损失扣除表

扣除项目	扣除标准及限额
业主、投资者费用扣除标准	60 000 元/年
工资、薪金支出	从业人员：准予扣除 业主、投资者：不得扣除
职工福利费	工资、薪金总额的 14%
工会经费	工资、薪金总额的 2%
职工教育经费	工资、薪金总额的 2.5%
业务招待费	实际发生额的 60%，最高不得超过当年销售（营业）收入的 5‰
广告费和业务宣传费	不超过当年销售（营业）收入 15% 的部分，可以据实扣除；超过部分，准予在以后纳税年度结转扣除
利息支出	向金融企业借款：准予扣除 向非金融企业和个人借款：不超过按照金融企业同期同类贷款利率计算的数额部分，准予扣除
公益性捐赠	满足条件的公益性捐赠，捐赠额不超过其应纳税所得额 30% 的部分，可以据实扣除。直接捐赠，除另有规定外，不得扣除
经营费用	个体工商户：生产经营与个人、家庭生活混用难以分清的费用，其 40% 视为与生产经营有关费用，准予扣除 个人独资企业、合伙企业：投资者及其家庭发生的生活费用不允许在税前扣除。投资者及其家庭发生的生活费用与企业生产经营费用混合在一起，并且难以划分的，全部视为投资者个人及其家庭发生的生活费用，不允许在税前扣除
亏损弥补	个体工商户纳税年度发生的亏损，准予向以后年度结转，用以后年度的生产经营所得弥补，但结转年限最长不得超过 5 年

2) 核定征收

核定征收方式，包括定额征收、核定应税所得率征收以及其他合理的征收方式。实行核定应纳税所得率征收方式的，应纳税额的计算公式如下：

应纳税额＝应纳税所得额×适用税率－速算扣除数
应纳税额＝收入总额×应税所得率

或

＝成本费用支出额÷（1－应税所得率）×应税所得率

应税所得率应按表 5-11 规定的标准执行。

表 5-11　个人所得税应税所得率

行业	应税所得率
工业、交通运输业、商业	5%～20%
建筑业、房地产开发业	7%～20%
饮食服务业	7%～25%
娱乐业	20%～40%
其他行业	10%～30%

(四) 分类所得个人所得税的计算

1. 财产租赁所得应纳税额计算

财产租赁所得一般以个人每次取得的收入,定额或定率减除规定费用后的余额为应纳税所得额。其应纳税额计算过程如表 5-12 所示。

表 5-12　财产租赁所得应纳税额计算

要素	规定
"次"的规定	以一个月内取得的收入为一次
允许扣除项目及顺序	(1) 财产租赁过程中缴纳的税费等(包括城市维护建设税、教育费附加、地方教育附加、房产税等) (2) 向出租方支付的租金及增值税(转租情况下涉及此项扣除) (3) 由纳税人负担的实际发生的修缮费(每月不得超过 800 元,未扣完的部分下次继续扣除,直到扣完为止) (4) 法定费用扣除标准(800 元或 20%)
税率	20%(个人按市场价格出租的居民住房税率为 10%)
应纳税所得额	(1) 每次(月)收入≤4 000 元:应纳税所得额＝每次(月)不含税租金收入－准予扣除项目－修缮费用(以 800 元为限)－800 元 (2) 每次(月)收入＞4 000 元:应纳税所得额＝[每次(月)不含税租金收入－准予扣除项目－修缮费用(以 800 元为限)]×(1－20%)
应纳税额计算	应纳税所得额×20%(或 10%)

2. 财产转让所得应纳税额计算

财产转让所得,应以个人每次转让财产的收入额减去财产原值和合理费用,余额为应纳税所得额。其应纳税额计算的公式为:

$$应纳税额＝(每次收入额－财产原值－合理费用)×20\%$$

上述财产原值的确定,个人必须提供有关的合法凭证;对未能提供完整、准确的财产原值凭证而不能正确计算财产原值的,税务部门可根据当地实际情况核定其财产原值或实行核定征收。合理费用是指在卖出财产时按照规定支付的有关税费。

3. 利息、股息、红利所得应纳税额计算

利息、股息、红利所得,以每次收入额为应纳税所得额,不得从收入额中扣除任何费用。其应纳税额计算公式为:

$$应纳税额 = 应纳税所得额 \times 适用税率$$
$$= 每次收入额 \times 20\%$$

4. 偶然所得应纳税额计算

偶然所得,以每次收入额为应纳税所得额,不得扣除任何费用。其应纳税额计算公式为:

$$应纳税额 = 应纳税所得额 \times 适用税率$$
$$= 每次收入额 \times 20\%$$

(五) 非居民个人四项所得应纳税额的计算

扣缴义务人向非居民个人支付工资、薪金所得,劳务报酬所得,稿酬所得和特许权使用费所得,由扣缴义务人按月或按次代扣代缴个人所得税,不办理汇算清缴,具体计算方法如表 5-13 所示。

表 5-13 非居民个人应纳税额计算表

所得类型	应纳税所得额	应纳税额
工资、薪金所得	每月收入额 − 5 000 元	(每月收入额 − 5 000 元) × 适用税率 − 速算扣除数 (税率见表 5-6)
劳务报酬所得	每次收入 × (1 − 20%)	每次收入 × 80% × 适用税率 − 速算扣除数
特许权使用费所得	每次收入 × (1 − 20%)	每次收入 × 80% × 适用税率 − 速算扣除数
稿酬所得	每次收入 × (1 − 20%) × 70%	每次收入 × 80% × 70% × 适用税率 − 速算扣除数

四、个人所得税纳税期限和地点

(一) 纳税期限

(1) 居民个人取得综合所得,按年计算个人所得税;有扣缴义务人的,由扣缴义务人按月或按次预扣预缴税款;需要办理汇算清缴的,应当在取得所得的次年 3 月 1 日至 6 月 30 日内办理汇算清缴。

(2) 纳税人取得经营所得,按年计算个人所得税,由纳税人在月度或季度终了后 15 日内向税务机关报送纳税申报表,并预缴税款;在取得所得的次年 3 月 31 日前办理汇算清缴。

(3) 纳税人取得利息、股息、红利所得,财产租赁所得,财产转让所得和偶然所得,按月或按次计算个人所得税,有扣缴义务人的,由扣缴义务人按月或按次代扣代缴税款。

(4) 纳税人取得应税所得没有扣缴义务人的,应当在取得所得的次月 15 日内向税务机关报送纳税申报表,并缴纳税款。

纳税人取得应税所得,扣缴义务人未扣缴税款的,纳税人应当在取得应税所得的次年 6 月 30 日前缴纳税款;税务机关通知限期缴纳的,纳税人应当按照期限缴纳税款。

居民个人从我国境外取得所得,应当在取得所得的次年 3 月 1 日至 6 月 30 日内申报纳税。非居民个人在我国境内从两处以上取得工资、薪金所得的,应当在取得所得的次月 15 日内申报纳税。

(5) 扣缴义务人每月或每次预扣、代扣的税款,应当在次月 15 日内缴入国库,并向税务机关报送个人所得税扣缴申报表。

(二) 纳税地点

个人所得税纳税地点因个人在境内、境外任职与受雇单位不同、纳税地点不同等,具体情况如表 5-14 所示。

表 5-14　个人所得税纳税地点

纳税人任职情况	纳税地点	
中国境内有任职、受雇单位	任职、受雇单位所在地	
中国境内有两处以上任职、受雇单位	选择并固定其中一处单位所在地	
中国境内无任职、受雇单位,取得经营所得	实际管理经营所在地	
中国境内无任职、受雇单位,年应税所得无经营所得	户籍所在地	有户籍,但不是经常居住地:选择并固定一地
		无户籍:境内经常居住地

知识练习数据包

知识练习

一、单选题

1. 根据《个人所得税法》的规定,在中国境内无住所但取得所得的下列外籍个人中,属于居民个人的是(　　)。
   A. M 国甲,在华工作 5 个月
   B. N 国乙,2022 年 1 月 10 日入境,2022 年 6 月 10 日离境
   C. X 国丙,2023 年 1 月 5 日入境,2023 年 8 月 31 日离境
   D. Y 国丁,2022 年 8 月 1 日入境,2023 年 3 月 1 日离境

2. 下列各项中,不属于个人所得税"工资、薪金所得"应税项目的是(　　)。
   A. 个人兼职取得的所得
   B. 个人按照规定领取的税收递延型商业养老保险的养老金收入
   C. 任职杂志社的记者在本单位杂志上发表作品取得的所得
   D. 个人在公司任职并兼任董事取得的董事费所得

3. 下列居民个人所得,不并入个人所得税综合所得的是(　　)。
   A. 稿酬所得　　　　　　　　　B. 劳务报酬所得
   C. 财产租赁所得　　　　　　　D. 工资薪金所得

4. 陈某兄弟 2 人均为居民个人,父母均年满 60 周岁。2023 年陈某综合所得申报缴纳个人所得税时,最多可以扣除的专项附加扣除的金额是(　　)元。
   A. 6 000　　　B. 12 000　　　C. 18 000　　　D. 24 000

5. 根据《个人所得税法》规定,个人转让自用达(　　)以上,并且是家庭唯一居住用房所取得的所得,暂免征收个人所得税。
   A. 1 年　　　B. 3 年　　　C. 5 年　　　D. 10 年

6. 下列个人公益救济性捐赠中,以其申报的应纳税所得额 30% 为限额扣除的是(　　)。

A. 通过县政府对贫困地区的捐赠
B. 对中国教育发展基金会的捐赠
C. 对公益性青少年活动场所的捐赠
D. 对中国老龄事业发展基金会的捐赠

7. 2023年10月，李某购买福利彩票，取得一次中奖收入30 000元，购买彩票支出400元，已知偶然所得个人所得税税率为20%，计算李某中奖收入应缴纳个人所得税税额的下列算式中，正确的是(   )。

  A. 30 000×(1－20%)×20%＝4 800(元)
  B. (30 000－400)×20%＝5 920(元)
  C. 30 000×20%＝6 000(元)
  D. (30 000－400)×(1－20%)×20%＝4 736(元)

8. 王某于2023年12月获得季度奖金3 000元，每月工资收入6 000元，已知工资、薪金所得减除费用标准为每月5 000元，假设王某无其他扣除项目，前十一个月已预缴个人所得税330元，已知累计应纳税所得额不超过36 000元的，适用的预扣率为3%。则王某12月应预缴个人所得税的下列算式中，正确的是(   )。

  A. (6 000＋3 000)×3%＝270(元)
  B. (6 000－3 000)×3%＝90(元)
  C. (6 000×12＋3 000－5 000×12)×3%－330＝120(元)
  D. (6 000－5 000)×3%＝30(元)

9. 赵某准备移民海外，将其唯一的一套住房以120万元的价格出售，该住宅系6年前以40万元的价格购买，交易过程中支付相关税费及中介费等各项费用共计8万元(发票为证)，则赵某应缴纳的个人所得税的下列计算中，正确的是(   )。

  A. 0
  B. (120－40－8)×20%＝14.4(万元)
  C. (120－40)×20%＝16(万元)
  D. 120×20%＝24(万元)

10. 下列个人取得的所得，免征个人所得税的是(   )。

  A. 县级人民政府颁发的教育奖金
  B. 按国家统一规定发放的补贴、津贴
  C. 提前退休发放的一次性补贴
  D. 转让国债的所得

11. 非居民个人约翰2023年7月在我国某出版社出版一部长篇小说，应取得稿酬收入100 000元，该出版社代扣代缴个人所得税(   )元。

  A. 10 040 B. 12 440 C. 20 840 D. 15 400

12. 赵某是我国公民，独生子，单身，在甲公司工作。2023年取得工资收入80 000元，在某大学授课取得收入40 000元，出版著作一部取得稿酬60 000元，转让商标使用权取得特许权使用费收入20 000元。赵某2023年汇算清缴应补或应退个人所得税时，应计入全年综合所得收入额的下列算式中，正确的是(   )。

  A. 80 000＋40 000×(1－20%)＋60 000×(1－20%)×70%＋20 000×(1－20%)＝

　　　　161 600(元)

　　B. 80 000+(40 000+60 000+20 000)×(1-20%)=176 000(元)

　　C. 80 000+40 000+60 000+20 000=200 000(元)

　　D. 80 000+40 000+60 000=180 000(元)

13. 居民个人取得综合所得，需要办理汇算清缴的，应当在取得所得的(　　)办理汇算清缴。

　　A. 当年12月1日至12月31日内

　　B. 当年12月1日至次年3月31日内

　　C. 次年3月1日至6月30日内

　　D. 次年1月1日至6月30日内

14. 居民个人方某一次性取得稿酬收入20 000元，其预扣预缴个人所得税的应纳税额是(　　)元。

　　A. 10 000　　　B. 11 200　　　C. 16 000　　　D. 20 000

15. 作家李某在某报刊连载一部小说，报社共支付稿酬5 000元。已知稿酬所得个人所得税预扣率为20%；每次收入超过4 000元的，减除20%的费用；稿酬所得减按70%计入收入。李某当月稿酬所得应预缴个人所得税税额的下列算式中，正确的是(　　)。

　　A. 5 000÷(1-20%)×20%=1 250(元)

　　B. 5 000÷(1-20%)×70%×20%=875(元)

　　C. 5 000×(1-20%)×70%×20%=560(元)

　　D. 5 000×(1-20%)×20%=800(元)

16. 根据《个人所得税法》的规定，下列个人所得中，不属于个人所得税免税项目的是(　　)。

　　A. 保险赔款　　　　　　　　　　B. 军人的转业费

　　C. 出租厂房取得的租金　　　　　D. 国家发行的金融债券利息

17. 中国公民张某2023年1月取得工资10 000元，缴纳基本养老保险费、基本医疗保险费、失业保险费、住房公积金2 000元，支付首套住房贷款本息2 500元。已知，工资、薪金所得个人所得税预扣率为3%，减除费用为5 000元/月，住房贷款利息专项附加扣除标准为1 000元/月，由张某按扣除标准的100%扣除。计算张某当月工资应预扣预缴个人所得税税额的下列算式中，正确的是(　　)。

　　A. (10 000-5 000-2 000-1 000)×3%=60(元)

　　B. (10 000-5 000-2 000-2 500)×3%=15(元)

　　C. (10 000-5 000-2 000)×3%=90(元)

　　D. (10 000-2 500)×3%=225(元)

18. 吴某因生了一场大病，花费医疗费用合计26.5万元，其中医保报销13万元，其余为医保目录中的个人自费部分，吴某大病医疗个人所得税汇算清缴时抵扣的金额为(　　)万元。

　　A. 8　　　　　B. 12　　　　　C. 9.5　　　　　D. 1.5

19. 中国居民张某为境内上市公司的职员，张某2023年12月份取得第四季度的季度奖金10 000元，同时取得全年一次性奖金50 000元，则张某12月份取得全年一次性奖金应缴纳的个人所得税为（　　）元（已知，针对全年一次性奖金收入，张某选择单独计税）。

  A. 4 790   B. 5 895   C. 5 790   D. 13 840

20. 下列关于个人所得税专项附加扣除的表述中，符合税法规定的是（　　）。

  A. 同一学历继续教育，扣除时限最长不得超过48个月

  B. 住房贷款利息，扣除时限最长不得超过180个月

  C. 2023年纳税人照护3岁以下婴幼儿子女的相关支出不得扣除

  D. 专业技术人员职业资格继续教育，扣除时间为取得相关证书的次年

二、多选题

1. 按照我国个人所得税法律法规，纳税人年满3周岁的子女接受学前教育和学历教育的相关支出，按照每个子女每月2 000元（每年24 000元）的标准定额扣除。下列关于扣除的相关表述中，正确的有（　　）。

  A. 父母可以选择由其中一方按扣除标准的100%扣除

  B. 父母可以选择由双方分别按扣除标准的70%、30%扣除

  C. 父母可以选择由双方分别按扣除标准的50%扣除

  D. 具体扣除方式在一个纳税年度内不能变更

2. 下列各项中，符合个人所得税专项附加扣除规定的有（　　）。

  A. 纳税人子女在中国境内接受高中教育的支出，按照每月2 000元的标准扣除

  B. 可扣除的首套住房贷款利息是指购买唯一住房的贷款利息

  C. 享受住房租金专项附加扣除的纳税人，夫妻双方主要工作城市相同的，只能由一方扣除住房租金支出

  D. 纳税人可同时分别享受住房贷款利息专项附加扣除和住房租金专项附加扣除

3. 下列各项中，免予缴纳个人所得税的有（　　）。

  A. 著名作家莫言获得的诺贝尔文学奖奖金

  B. 赵某取得一张有奖发票中奖1 000元

  C. 钱某取得的军人转业费

  D. 孙某退休后按月领取的养老金

4. 下列关于专项附加扣除的说法中，符合个人所得税相关规定的有（　　）。

  A. 住房贷款利息扣除的期限最长不得超过240个月

  B. 直辖市的住房租金支出的扣除标准是每月1 500元

  C. 职业资格技术教育在取得相关证书的当年，按照3 600元定额标准扣除

  D. 同一学历的继续教育扣除期限不得超过36个月

5. 下列各项捐赠中，在计算个人所得税应纳税所得额时，不得扣除的有（　　）。

  A. 通过非营利性社会团体向公益性青少年活动中心捐赠

  B. 直接向困难企业捐赠

  C. 通过国家机关向红十字事业捐赠

  D. 直接向贫困地区捐赠

6. 下列各项中，属于个人所得税专项扣除的有（　　）。

  A. 基本医疗保险   B. 住房公积金

  C. 大病医疗   D. 住房租金

7. 根据个人所得税法律制度的规定,下列各项中,属于综合所得的有( )。
   A. 财产转让所得
   B. 工资、薪金所得
   C. 劳务报酬所得
   D. 特许权使用费所得

8. 下列各项中,应按照"稿酬所得"缴纳个人所得税的有( )。
   A. 杂志社记者在本社杂志发表文章获得的报酬
   B. 电视剧制作中心的编剧编写剧本获得的报酬
   C. 出版社的专业作者翻译的小说由该出版社出版获得的报酬
   D. 报社印刷车间工作人员在该社报纸发表作品获得的报酬

9. 中国公民李某2023年2月将自有的一套住房按照市场价格出租,每月取得不含增值税租金收入12 000元,每月缴纳准予扣除的相关税费共计681.6元,当月因该住房漏雨,发生修缮费用1 500元,以上支出均能提供合法有效的凭证,下列各项中,正确的有( )。
   A. 李某2月份应缴纳个人所得税785.47元
   B. 李某2月份应缴纳个人所得税841.47元
   C. 李某3月份应缴纳个人所得税841.47元
   D. 李某3月份应缴纳个人所得税849.47元

10. 下列雇员取得的奖金中,应与当月工资、薪金收入合并,按税法规定缴纳个人所得税的有( )。
    A. 半年奖
    B. 加班奖
    C. 考勤奖
    D. 全年一次性奖金

11. 个人通过非营利性的社会团体和政府部门,对下列机构的捐赠,允许在个人所得税前全额扣除的有( )。
    A. 对红十字事业的捐赠
    B. 对公益性青少年活动场所的捐赠
    C. 对贫困山区的捐赠
    D. 对农村义务教育的捐赠

12. 2023年2月,中国公民钱某取得工资薪金收入4 000元,全年一次性奖金15 000元,从兼职的甲公司取得收入3 000元。关于钱某2023年2月个人所得税的处理中,正确的有( )。
    A. 全年一次性奖金必须并入2月工资纳税
    B. 全年一次性奖金如果单独纳税,应纳个税为450元
    C. 钱某当月工资和劳务报酬共计预缴个税为440元
    D. 兼职收入应按劳务报酬所得预缴税款

13. 根据个人所得税法律制度的规定,下列个人取得的收入中,应按照"劳务报酬所得"计缴个人所得税的有( )。
    A. 某职员取得的本单位优秀员工奖金
    B. 某高校教师从任职学校领取的工资收入
    C. 某工程师从非雇佣企业取得的咨询收入
    D. 某经济学家从非雇佣企业取得的讲学收入

14. 下列各项中,适用超额累进税率计征个人所得税的有( )。
    A. 经营所得
    B. 工资薪金所得
    C. 财产转让所得
    D. 偶然所得

15. 中国公民陈某为国内某大学教授,2023年2月获得当地教育部门颁发的区(县)级

教育方面的奖金10 000元;3月转让从公开发行市场购入的上市公司股票6 000股,取得股票转让所得120 000元;4月在甲电信公司购话费获赠价值390元的手机一部,获得乙保险公司给付的保险赔款30 000元。陈某的下列所得中,不缴纳个人所得税的有(　　)。

A. 获得的保险赔款30 000元　　B. 获赠价值390元的手机

C. 区(县)级教育方面的奖金10 000元　　D. 股票转让所得120 000元

16. 根据个人所得税法律制度的规定,下列各项中,属于专项附加扣除项目的有(　　)。

A. 基本养老保险　　B. 子女教育

C. 大病医疗　　D. 3岁以下婴幼儿照护

17. 下列个人所得中,应按"特许权使用费所得"项目征收个人所得税的有(　　)。

A. 转让专利技术使用权　　B. 转让土地使用权所得

C. 作者拍卖手稿原件或复印件所得　　D. 取得特许权的经济赔偿收入

18. 下列各项中,按次计征个人所得税的有(　　)。

A. 工资薪金所得　　B. 财产租赁所得

C. 偶然所得　　D. 非居民个人的劳务报酬所得

19. 下列关于"经营所得"个人所得税的表述中,正确的有(　　)。

A. 个人因从事彩票代销业务而取得所得,按经营所得征税

B. 经营所得按月计征个人所得税

C. 个人对企事业单位承包经营所得,按经营所得计征个人所得税

D. 个体工商户取得与生产经营无关的其他所得,按经营所得计征个人所得税

20. 根据个人所得税法律制度的规定,下列个体工商户的支出中,在计算个人所得税应纳税所得额时,不得扣除的有(　　)。

A. 业主的工资薪金支出

B. 个人所得税税款

C. 在生产经营活动中因自然灾害造成的损失

D. 税收滞纳金

三、判断题

1. 非居民个人的工资、薪金所得、劳务报酬所得、稿酬所得、特许权使用费所得,以每次收入额为应纳税所得额。　　(　　)

2. 在中国境内有住所,或者无住所而一个纳税年度内在中国境内居住累计满183天的个人,为居民纳税人。　　(　　)

3. 赵某将一栋房屋,无偿赠送给自己的儿子小赵,小赵的该项所得应当按照"偶然所得"项目缴纳个人所得税。　　(　　)

4. 外籍个人以现金形式取得的住房补贴,暂免征收个人所得税。　　(　　)

5. 个人购买福利彩票,一次中奖收入不超过10 000元的暂免征收个人所得税。(　　)

6. 退休人员再任职取得的收入,免征个人所得税。　　(　　)

7. 个人转让自用达5年以上并且是家庭唯一的生活用房取得的所得免征个人所得税。
　　(　　)

8. 2023年1月周某在商场举办的有奖销售活动中获得奖金4 000元,周某领奖时支付交通费30元、餐费70元。已知偶然所得个人所得税税率为20%,所以中奖奖金的个人所得

税税额为780元[(4 000-30-70)×20%]。　　　　　　　　　　　　　　　　(　　)

9. 某外籍个人2023年1月1日入境,2023年12月10日离境,则该外籍个人2023年为个税非居民纳税人。　　　　　　　　　　　　　　　　　　　　　　　　　　(　　)

10. 赵某以自有汽车一辆作价50万元出资,与钱某、孙某等人成立同聚工贸有限责任公司,赵某的该行为应按照财产转让所得缴纳个人所得税。　　　　　　　　(　　)

11. 个人出版画作取得的所得,应按"劳务报酬所得"计缴个人所得税。　(　　)

12. 汇算清缴时,劳务报酬所得、稿酬所得、特许权使用费所得以收入减除20%的费用后的余额为收入额,稿酬所得的收入额减按50%计算。　　　　　　　　　(　　)

13. 个人综合所得中专项扣除、专项附加扣除和依法确定的其他扣除一个纳税年度扣除不完的,可以结转以后年度扣除。　　　　　　　　　　　　　　　　　　(　　)

14. 2023年2月赵某购入甲上市公司股票10万股,2023年10月,甲公司以0.1元/股向股东派息,赵某取得股息收入1万元,赵某的该项所得免征个人所得税。(　　)

15. 个人独资企业出资购买房屋,将所有权登记为投资者个人,该投资者按照"利息、股息、红利所得"项目缴纳个人所得税。　　　　　　　　　　　　　　　　(　　)

16. 中国居民张某在境外工作,只就来源于中国境外的所得征收个人所得税。(　　)

17. 作者去世后,财产继承人取得的遗作稿酬,不计征个人所得税。　　(　　)

18. 法定汇算清缴期结束后申报退税的,税务机关必须办理退税。　　(　　)

19. 非居民个人取得工资、薪金所得,劳务报酬所得、稿酬所得、特许权使用费所得,有扣缴义务人的,由扣缴义务人按月或者按次代扣代缴税款,不办理汇算清缴。(　　)

20. 纳税人及其配偶在一个纳税年度内可同时分别享受住房贷款利息支出和住房租金专项附加扣除。　　　　　　　　　　　　　　　　　　　　　　　　　　(　　)

操作视频

个人所得税实训案例与申报

一、实训资料

(一) 背景资料

背景资料一:纳税人基础信息。

企业名称:北京万和制造有限公司

地址:北京市海淀区谊爱路910号

法定代表人:洪源轩

开户银行:中国工商银行北京分行

基本账号:8130400698233421199

电话:010-82044555

统一社会信用代码:91104245145295333X

公司成立时间:2017年2月1日

公司登记为一般纳税人的时间:2019年2月15日

公司经营范围:生产、销售各类点读笔

企业所得税:需判断是否符合小型微利企业条件,如符合,可享受小型微利企业所得税优惠政策(财税〔2022〕13号)。

背景资料二:子公司基本信息。

企业名称:北京万和科技有限公司

地址:北京市海淀区闵庄路88号1103室

法定代表人:田静

开户银行:中国工商银行北京分行

基本账号:1100006309805693211

电话:010-62576888

统一社会信用代码:91110105022090983A

公司成立时间:2019年2月18日

公司经营范围:开发、定制应用软件

企业所得税:需判断是否符合小型微利企业条件,如符合,可享受小型微利企业所得税优惠政策(财税〔2022〕13号)。

(二)业务资料

北京万和制造有限公司为增值税一般纳税人,主营点读笔的生产销售。北京万和科技有限公司系其名下子公司,主要经营应用软件开发、定制。全员统一缴纳五险一金,其中每月个人缴纳部分:基本养老保险136元,基本医疗保险费34元,失业保险费8.5元,住房公积金240元。

北京万和科技有限公司员工的薪资结构包括基本工资、绩效资金、岗位津贴、加班费,每月最后一天计算并发放当月工资,上月新增一位员工:张念彤。

【业务5-1】北京万和科技有限公司员工专项附加扣除信息表,有关情况如表5-15所示。

表5-15 员工专项附加扣除信息表　　　　　　　　　　　　　　单位:元

姓名	子女教育支出	继续教育支出	大病医疗支出	住房贷款利息支出	住房租金支出	赡养老人支出	3岁以下婴幼儿照护支出	合计
陈和昶	0.00	0.00	0.00	1 000.00	0.00	3 000.00	0.00	4 000.00
徐子默	0.00	0.00	0.00	0.00	1 500.00	0.00	2 000.00	3 500.00
廖晨涛	0.00	0.00	0.00	0.00	1 500.00	0.00	0.00	1 500.00
张念彤	0.00	0.00	0.00	0.00	1 500.00	0.00	0.00	1 500.00

备注:除新增员工以外人员的专项附加扣除信息从年初延续至今未变更。

【业务5-2】北京万和制造有限公司员工部分收入情况,有关凭证如凭5-1所示。

凭 5-1

员工部分收入情况

员工郑元和兼任其他公司监事,每月取得收入 5 000.00 元,当月发放(2023 年 01 月 01 日开始任职,任期 3 年)。

员工郑爽 2023 年 12 月 8 日将自有面积为 100 平方米的住房按市场价格出租,每月不含税租金收入 6 000.00 元,租期为一年,按月收租,12 月因房屋阳台漏水发生修缮费用 1 200.00 元,取得装修公司出具的正式收据。

员工林杰 2021 年 1 月在深圳证券交易所以 52 000.00 元购入某上市公司股票 10 000 股,2023 年 5 月将该股票卖出,取得收入 61 000.00 元。

员工王丽 2023 年 6 月购入债券 1 000 份,每份买入价 10.00 元,支付购进买入债券的税费共计 150.00 元。8 月将买入的债券一次卖出 600 份,每份卖出价 12.00 元,支付卖出债券的税费共计 110.00 元。

员工陈若仪取得某非上市公司的股息分红 5 000.00 元。

员工王锦溪 2022 年 1 月 15 日从转让市场取得某上市公司股票,2023 年 5 月取得股息分红 2 000.00 元;取得国债利息收入 2 000.00 元。

员工孙明年会抽奖抽中现金 1 000.00 元。

【业务5-3】1~12 月北京万和制造有限公司员工工资预扣预缴个税情况,如表 5-16 所示。

表 5-16　2023 年 1~12 月员工工资预扣预缴个税情况表　　　　单位:元

姓名	累计收入	累计减除费用	累计专项扣除	累计专项附加扣除	累计应纳税所得额	税率	速算扣除数	累计应纳税额	已扣缴税额	应补(退)税额
郑元和	266 000.00	60 000.00	5 022.00	60 000.00	140 978.00	10%	2 520.00	11 577.80	10 559.30	1 018.50
孙明	121 300.00	60 000.00	5 022.00	18 000.00	38 278.00	10%	2 520.00	1 307.80	1 055.90	251.90
郑爽	92 800.00	60 000.00	5 022.00	18 000.00	9 778.00	3%	0.00	293.34	269.90	23.44
林杰	96 280.00	60 000.00	5 022.00	12 000.00	19 258.00	3%	0.00	577.74	530.30	47.44
王丽	88 220.00	60 000.00	5 022.00	18 000.00	5 198.00	3%	0.00	155.94	144.50	11.44
陈若仪	126 100.00	60 000.00	5 022.00	18 000.00	43 078.00	10%	2 520.00	1 787.80	1 429.65	358.15
王锦溪	91 000.00	60 000.00	5 022.00	12 000.00	13 978.00	3%	0.00	419.34	386.90	32.44
何月明	79 200.00	60 000.00	5 022.00	12 000.00	2 178.00	3%	0.00	65.34	59.90	5.44
何娜	103 000.00	60 000.00	5 022.00	12 000.00	25 978.00	3%	0.00	779.34	716.90	62.44

【业务5-4】2023 年北京万和制造有限公司年终奖收入情况,如表 5-17 所示。

表 5-17　2023 年年终奖　　　　单位:元

姓名	年终奖收入	预扣预缴税额
郑元和	22 000.00	660.00
孙明	10 000.00	300.00
郑爽	7 700.00	231.00
林杰	8 000.00	240.00
王丽	7 300.00	219.00
陈若仪	10 500.00	315.00
王锦溪	7 500.00	225.00

(续表)

姓名	年终奖收入	预扣预缴税额
何月明	6 600.00	198.00
何娜	8 500.00	255.00

【业务5-5】1~12月北京万和制造有限公司员工每月专项附加扣除信息表,如表5-18所示。

表5-18 1~12月员工每月专项附加扣除信息表　　　　　　　　　单位:元

姓名	子女教育支出	继续教育支出	大病医疗支出	住房贷款利息支出	住房租金支出	赡养老人支出	3岁以下婴幼儿照护支出	合计
郑元和	0.00	0.00	0.00	0.00	0.00	3 000.00	2 000.00	5 000.00
孙明	0.00	0.00	0.00	0.00	1 500.00	0.00	0.00	1 500.00
郑爽	0.00	0.00	0.00	0.00	1 500.00	0.00	0.00	1 500.00
林杰	1 000.00	0.00	0.00	0.00	0.00	0.00	0.00	1 000.00
王丽	0.00	0.00	0.00	0.00	1 500.00	0.00	0.00	1 500.00
陈若仪	0.00	0.00	0.00	0.00	1 500.00	0.00	0.00	1 500.00
王锦溪	0.00	0.00	0.00	1 000.00	0.00	0.00	0.00	1 000.00
何月明	1 000.00	0.00	0.00	0.00	0.00	0.00	0.00	1 000.00
何娜	0.00	0.00	0.00	0.00	0.00	0.00	1 000.00	1 000.00

备注:除新增员工以外人员的专项附加扣除信息从年初延续至今未变更

【业务5-6】员工何娜便利店收入支出情况,如表5-19所示。

表5-19 收入支出情况

序号	项目	金额(元)	备注
1	销售货物收入	880 500.00	
2	营业成本	665 000.00	
3	营业费用	135 689.00	
4	管理费用	56 000.00	
5	财务费用	1 235.00	

【业务5-7】相关税率表,如表5-20至表5-22所示。

表5-20 个人所得税税率表
(综合所得适用)

级数	累计预扣预缴应纳税所得额	预扣率	速算扣除数
1	不超过36 000元部分	3%	0.00
2	超过36 000元至144 000元的部分	10%	2 520.00
3	超过144 000元至300 000元的部分	20%	16 920.00
4	超过300 000元至420 000元的部分	25%	31 920.00

(续表)

级数	累计预扣预缴应纳税所得额	预扣率	速算扣除数
5	超过 420 000 元至 660 000 元的部分	30%	52 920.00
6	超过 660 000 元至 960 000 元的部分	35%	85 920.00
7	超过 960 000 元的部分	45%	181 920.00

表 5-21　个人所得税税率表

级数	全年应纳税所得额	税率	速算扣除数
1	不超过 30 000 元的	5%	0.00
2	超过 30 000 元至 90 000 元的部分	10%	1 500.00
3	超过 90 000 元至 300 000 元的部分	20%	10 500.00
4	超过 300 000 元至 500 000 元的部分	30%	40 500.00
5	超过 500 000 元的部分	35%	65 500.00

注：适用于 2018 年 10 月以后取得的个体工商户的生产、经营所得和对企事业承包经营、承租经营所得

表 5-22　个人所得税税率表

(居民个人劳务报酬所得预扣预缴适用)

级数	预扣预缴应纳税所得额	预扣率	速算扣除数
1	不超过 20 000 元的	20%	0.00
2	超过 20 000 元至 50 000 元的部分	30%	2 000.00
3	超过 50 000 元的部分	40%	7 000.00

二、实训任务

实训任务 1：计算北京万和科技有限公司 12 月个人所得税，并填写表 5-23。

表 5-23　12 月发放工资代扣个人所得税计算表　　　　　　　　　　单位：元

姓名	累计应税收入	累计减除费用	累计专项扣除	累计专项附加扣除	累计应纳税所得额	税率	速算扣除数	累计应纳税额	已扣缴税额	应补(退)税额
陈和昶	338 400.00								24 399.30	
徐子默	135 000.00								769.40	
廖晨涛	128 250.00								1 625.90	
张念彤	9 400.00								0.00	

实训任务 2：根据实训任务 1 到自然人扣缴税务端申报个人所得税，个人所得税扣缴申报表如表 5-24 所示。

表 5-24 个人所得税扣缴申报表

税款所属期：
扣缴义务人名称：
扣缴义务人纳税人识别号（统一社会信用代码）：

金额单位：人民币元（列至角分）

序号	姓名	身份证件类型	身份证件号码	纳税人识别号（统一社会信用代码）	是否为非居民个人	所得项目	本月（次）情况									累计情况												税款计算					备注
							收入额计算			专项扣除				其他扣除						累计收入额	累计减除费用	累计专项扣除	累计专项附加扣除					准予扣除的捐赠额	应纳税所得额	税率/预扣率	速算扣除数	应纳税额	减免税额	已缴税额	应补/退税额	
							收入	费用	免税收入	减除费用	基本养老保险费	基本医疗保险费	失业保险费	住房公积金	年金	商业健康保险	税延养老保险	允许扣除的财产原值	允许扣除的税费	其他				子女教育	赡养老人	住房贷款利息	住房租金	继续教育	累计其他扣除								
1	2	3	4	5	6	7	8	9	10	11	12	13	14	15	16	17	18	19	20	21	22	23	24	25	26	27	28	29	30	31	32	33	34	35	36	37	38	39	40
合计																																							

谨声明：本表是根据国家税收法律法规及相关规定填报的，是真实的、可靠的、完整的。

经办人签字：
经办人身份证件号码：
代理机构签章：
代理机构统一社会信用代码：

扣缴义务人（签章）：

受理人：
受理税务机关（章）：
受理日期： 年 月 日

实训任务 3：计算北京万和制造有限公司预扣预缴的个人所得税，并填写表 5-25。

表 5-25　计算员工预扣预缴的个人所得税

序号	姓名	收入项目	征税项目	应纳税所得额	税率	应纳税额
1	郑元和					
2	孙明					
3	郑爽					
4	林杰					
5	王丽					
6	陈若仪					
7	王锦溪					
8	王锦溪					

实训任务 4：计算郑元和 2023 个人综合所得应纳税额（年终奖并入综合所得），并填写表 5-26。

表 5-26　个人综合所得应纳税额

项目	行次	金额
一、收入合计（1＝2＋3＋4＋5）	1	
（一）工资薪金所得	2	
（二）劳务报酬所得	3	
（三）稿酬所得	4	
（四）特许权所得	5	
二、费用合计	6	
三、免税收入合计（7＝8＋9）	7	
（一）稿酬所得免税部分[8＝4×（1－20%）×30%]	8	
（二）其他免税收入	9	
四、减除费用	10	
五、专项扣除合计	11	
六、专项附加扣除合计（12＝13＋14＋15＋16＋17＋18＋19）	12	
（一）子女教育	13	
（二）继续教育	14	
（三）大病医疗	15	
（四）住房贷款利息	16	
（五）住房租金	17	

(续表)

项目	行次	金额
（六）赡养老人	18	
（七）3岁以下婴幼儿照护	19	
七、其他扣除合计	20	
八、准予扣除的捐赠额	21	
九、应纳税所得额（22＝1－6－7－10－11－12－20－21）	22	
十、税率	23	
十一、速算扣除数	24	
十二、应纳税额	25	
十三、减免税额	26	
十四、已交税额	27	
十五、应补/退税额	28	

实训任务5：请根据业务资料申报郑元和个人所得税年度纳税申报，个人所得税年度自行纳税申报表如表5-27所示。

表5-27　个人所得税年度自行纳税申报表（A表）
（仅取得境内综合所得年度汇算适用）

税款所属期：　　　年　月　日至　　年　月　日
纳税人姓名：
纳税人识别号：　　　　　　　　　　　　　　　　　　金额单位：人民币元（列至角分）

基本情况			
手机号码		电子邮箱　　　　　　　　邮政编码	
联系地址	＿＿＿省（区、市）＿＿＿市＿＿＿区（县）＿＿＿街道（乡、镇）＿＿＿		
纳税地点（单选）			
1．有任职受雇单位的，需选本项并填写"任职受雇单位信息"：		□任职受雇单位所在地	
任职受雇单位信息	名称		
	纳税人识别号		
2．没有任职受雇单位的，可以从本栏次选择一地：		□户籍所在地　□经常居住地　□主要收入来源地	
户籍所在地/经常居住地/主要收入来源地	＿＿＿省（区、市）＿＿＿市＿＿＿区（县）＿＿＿街道（乡、镇）＿＿＿		
申报类型（单选）			
□首次申报		□更正申报	

(续表)

综合所得个人所得税计算		
项目	行次	金额
一、收入合计(第1行＝第2行＋第3行＋第4行＋第5行)	1	
（一）工资、薪金	2	
（二）劳务报酬	3	
（三）稿酬	4	
（四）特许权使用费	5	
二、费用合计[第6行＝(第3行＋第4行＋第5行)×20%]	6	
三、免税收入合计(第7行＝第8行＋第9行)	7	
（一）稿酬所得免税部分[第8行＝第4行×(1－20%)×30%]	8	
（二）其他免税收入(附报《个人所得税减免税事项报告表》)	9	
四、减除费用	10	
五、专项扣除合计(第11行＝第12行＋第13行＋第14行＋第15行)	11	
（一）基本养老保险费	12	
（二）基本医疗保险费	13	
（三）失业保险费	14	
（四）住房公积金	15	
六、专项附加扣除合计(附报《个人所得税专项附加扣除信息表》)(第16行＝第17行＋第18行＋第19行＋第20行＋第21行＋第22行＋第23行)	16	
（一）子女教育	17	
（二）继续教育	18	
（三）大病医疗	19	
（四）住房贷款利息	20	
（五）住房租金	21	
（六）赡养老人	22	
（七）3岁以下婴幼儿照护	23	
七、其他扣除合计(第24行＝第25行＋第26行＋第27行＋第28行＋第29行＋第30行)	24	
（一）年金	25	
（二）商业健康保险(附报《商业健康保险税前扣除情况明细表》)	26	

(续表)

（三）税延养老保险（附报《个人税收递延型商业养老保险税前扣除情况明细表》）	27	
（四）允许扣除的税费	28	
（五）个人养老金	29	
（六）其他	30	
八、准予扣除的捐赠额（附报《个人所得税公益慈善事业捐赠扣除明细表》）	31	
九、应纳税所得额 （第32行＝第1行－第6行－第7行－第10行－第11行－第16行－第24行－第31行）	32	
十、税率(％)	33	
十一、速算扣除数	34	
十二、应纳税额（第35行＝第32行×第33行－第34行）	35	
全年一次性奖金个人所得税计算 （无住所居民个人预判为非居民个人取得的数月奖金，选择按全年一次性奖金计税的填写本部分）		
一、全年一次性奖金收入	36	
二、准予扣除的捐赠额（附报《个人所得税公益慈善事业捐赠扣除明细表》）	37	
三、税率(％)	38	
四、速算扣除数	39	
五、应纳税额［第40行＝（第36行－第37行）×第38行－第39行］	40	
税额调整		
一、综合所得收入调整额（需在"备注"栏说明调整具体原因、计算方式等）	41	
二、应纳税额调整额	42	
应补/退个人所得税计算		
一、应纳税额合计（第43行＝第35行＋第40行＋第42行）	43	
二、减免税额（附报《个人所得税减免税事项报告表》）	44	
三、已缴税额	45	
四、应补/退税额（第46行＝第43行－第44行－第45行）	46	
无住所个人附报信息		
纳税年度内在中国境内居住天数		已在中国境内居住年数	
退税申请 （应补/退税额小于0的填写本部分）		
□ 申请退税（需填写"开户银行名称""开户银行省份""银行账号"）	□ 放弃退税	

(续表)

开户银行名称			开户银行省份	
银行账号				
备注				

谨声明:本表是根据国家税收法律法规及相关规定填报的,本人对填报内容(附带资料)的真实性、可靠性、完整性负责。

纳税人签字:　　　　　　　年　　月　　日

经办人签字: 经办人身份证件类型: 经办人身份证件号码: 代理机构签章: 代理机构统一社会信用代码:	受理人: 受理税务机关(章): 受理日期:　　年　月　日

实训任务6:员工何娜同时经营了一家实行查账征收个体工商户北京食为先便利店(统一社会信用代码:91110302344291333C),当年减除费用、专项扣除和专项附加扣除在综合所得里扣除。当年已交税额564.40元,无以前年度亏损。请汇算经营所得,经营所得应纳税额计算表如表5-28所示(享受个体工商户经营所得应纳税所得额不超过200万元部分,减半征收个人所得税政策)。

表5-28　经营所得应纳税额

项目	行次	金额/比例
一、收入总额	1	
其中:国债利息收入	2	
二、成本费用(3=4+5+6+7+8+9+10)	3	
（一）营业成本	4	
（二）营业费用	5	
（三）管理费用	6	

(续表)

项目	行次	金额/比例
(四)财务费用	7	
(五)税金	8	
(六)损失	9	
(七)其他支出	10	
三、利润总额(11＝1－2－3)	11	
四、纳税调整增加额(12＝13＋27)	12	
(一)超过规定标准的扣除项目金额(13＝14＋15＋16＋17＋18＋19＋20＋21＋22＋23＋24＋25＋26)	13	
1. 职工福利费	14	
2. 职工教育经费	15	
3. 工会经费	16	
4. 利息支出	17	
5. 业务招待费	18	
6. 广告费和业务宣传费	19	
7. 教育和公益事业捐赠	20	
8. 住房公积金	21	
9. 社会保险费	22	
10. 折旧费用	23	
11. 无形资产摊销	24	
12. 资产损失	25	
13. 其他	26	
(二)不允许扣除的项目金额(27＝28＋29＋30＋31＋32＋33＋34＋35＋36)	27	
1. 个人所得税税款	28	
2. 税收滞纳金	29	
3. 罚金、罚款和被没收财物的损失	30	
4. 不符合扣除规定的捐赠支出	31	
5. 赞助支出	32	
6. 用于个人和家庭的支出	33	
7. 与取得生产经营收入无关的其他支出	34	
8. 投资者工资薪金支出	35	

(续表)

项目	行次	金额/比例
9. 其他不允许扣除的支出	36	
五、纳税调整减少额	37	
六、纳税调整后所得(38＝11＋12－37)	38	
七、弥补以前年度亏损	39	
八、合伙企业个人合伙人分配比例(%)	40	
九、允许扣除的个人费用及其他扣除(41＝42＋43＋48＋55)	41	
(一)投资者减除费用	42	
(二)专项扣除(43＝44＋45＋46＋47)	43	
1. 基本养老保险费	44	
2. 基本医疗保险费	45	
3. 失业保险费	46	
4. 住房公积金	47	
(三)专项附加扣除(48＝49＋50＋51＋52＋53＋54)	48	
1. 子女教育	49	
2. 继续教育	50	
3. 大病医疗	51	
4. 住房贷款利息	52	
5. 住房租金	53	
6. 赡养老人	54	
(四)依法确定的其他扣除(55＝56＋57＋58＋59)	55	
1. 商业健康保险	56	
2. 税延养老保险	57	
3.	58	
4.	59	
十、投资抵扣	60	
十一、准予扣除的个人捐赠支出	61	
十二、应纳税所得额(62＝38－39－41－60－61)或[62＝(38－39)×40－41－60－61]	62	
十三、税率(%)	63	
十四、速算扣除数	64	

（续表）

项目	行次	金额/比例
十五、应纳税额（65＝62×63－64）	65	
十六、减免税额（附报《个人所得税减免税事项报告表》）	66	
十七、已缴税额	67	
十八、应补/退税额（68＝65－66－67）	68	

实训任务 7：请根据业务资料申报何娜个人所得税经营所得，具体申报表如表 5-29 所示。

表 5-29　个人所得税经营所得纳税申报表（B 表）

税款所属期：
纳税人姓名：
纳税人识别号：　　　　　　　　　　　　　　　　　　　　　　　　　金额单位：人民币元（列至角分）

被投资单位信息	名称		纳税人识别号（统一社会信用代码）		
项目				行次	金额/比例
一、收入总额				1	
其中：国债利息收入				2	
二、成本费用（3＝4＋5＋6＋7＋8＋9＋10）				3	
（一）营业成本				4	
（二）营业费用				5	
（三）管理费用				6	
（四）财务费用				7	
（五）税金				8	
（六）损失				9	
（七）其他支出				10	
三、利润总额（11＝1－2－3）				11	
四、纳税调整增加额（12＝13＋27）				12	
（一）超过规定标准的扣除项目金额（13＝14＋15＋16＋17＋18＋19＋20＋21＋22＋23＋24＋25＋26）				13	
1. 职工福利费				14	
2. 职工教育经费				15	
3. 工会经费				16	
4. 利息支出				17	

（续表）

项目	行次	金额/比例
5. 业务招待费	18	
6. 广告费和业务宣传费	19	
7. 教育和公益事业捐赠	20	
8. 住房公积金	21	
9. 社会保险费	22	
10. 折旧费用	23	
11. 无形资产摊销	24	
12. 资产损失	25	
13. 其他	26	
（二）不允许扣除的项目金额(27＝28＋29＋30＋31＋32＋33＋34＋35＋36)	27	
1. 个人所得税税款	28	
2. 税收滞纳金	29	
3. 罚金、罚款和被没收财物的损失	30	
4. 不符合扣除规定的捐赠支出	31	
5. 赞助支出	32	
6. 用于个人和家庭的支出	33	
7. 与取得生产经营收入无关的其他支出	34	
8. 投资者工资薪金支出	35	
9. 其他不允许扣除的支出	36	
五、纳税调整减少额	37	
六、纳税调整后所得(38＝11＋12－37)	38	
七、弥补以前年度亏损	39	
八、合伙企业个人合伙人分配比例(%)	40	
九、允许扣除的个人费用及其他扣除(41＝42＋43＋48＋55)	41	
（一）投资者减除费用	42	
（二）专项扣除(43＝44＋45＋46＋47)	43	
1. 基本养老保险费	44	
2. 基本医疗保险费	45	
3. 失业保险费	46	
4. 住房公积金	47	

（续表）

项目	行次	金额/比例
（三）专项附加扣除(48＝49＋50＋51＋52＋53＋54)	48	
1. 子女教育	49	
2. 继续教育	50	
3. 大病医疗	51	
4. 住房贷款利息	52	
5. 住房租金	53	
6. 赡养老人	54	
（四）依法确定的其他扣除(55＝56＋57＋58＋59)	55	
1. 商业健康保险	56	
2. 税延养老保险	57	
3.	58	
4.	59	
十、投资抵扣	60	
十一、准予扣除的个人捐赠支出	61	
十二、应纳税所得额(62＝38－39－41－60－61)或[62＝(38－39)×40－41－60－61]	62	
十三、税率(％)	63	
十四、速算扣除数	64	
十五、应纳税额(65＝62×63－64)	65	
十六、减免税额(附报《个人所得税减免税事项报告表》)	66	
十七、已缴税额	67	
十八、应补/退税额(68＝65－66－67)	68	

谨声明：本表是根据国家税收法律法规及相关规定填报的，是真实的、可靠的、完整的。

纳税人签字：　　　　　年　　月　　日

经办人：	受理人：
经办人身份证件号码：	
代理机构签章：	受理税务机关(章)：
代理机构统一社会信用代码：	受理日期：　　年　　月　　日

工作任务六　印花税纳税申报

知识目标

掌握印花税的概念。

了解印花税纳税人、纳税义务发生时间、征税范围、税率、应纳税额的计算、纳税期限和地点。

技能目标

能够根据经济合同类型正确计算印花税。

准确按期进行印花税纳税申报。

思政目标

理解印花税对完善市场法治环境的积极意义。

坚持诚实守信。

增强学生依法纳税的法治观念。

思维导图

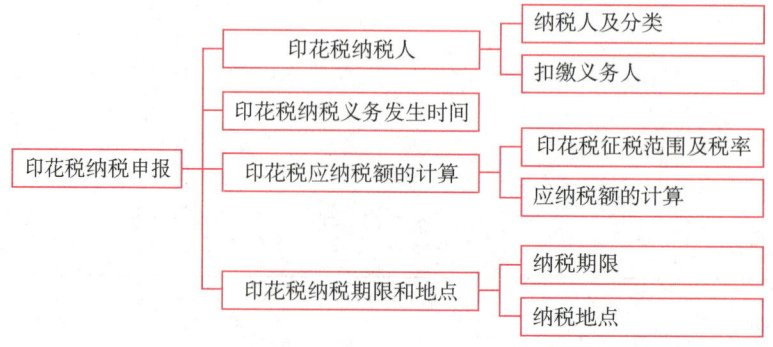

 **任务背景**

北京乐乐制造有限公司属于增值税一般纳税人,经营范围为生产、销售各类儿童书包。2023年,公司发生有关经济合同业务。公司税务人员需根据当月业务票据资料计算申报当期应纳印花税税额。

 知识储备

印花税是对经济活动和经济交往中书立、领受、使用的应税凭证征收的一种税。因纳税人主要是通过在应税凭证上粘贴印花税票来完成纳税义务,故名印花税。

一、印花税纳税人

(一)纳税人及分类

印花税的纳税人,是在中国境内书立应税凭证、进行证券交易,以及在中华人民共和国境外书立在境内使用的应税凭证的单位和个人。

应税凭证,是指《中华人民共和国印花税法》所附《印花税税目税率表》列明的合同、产权转移书据和营业账簿;证券交易,是指转让在依法设立的证券交易所、国务院批准的其他全国性证券交易场所交易的股票和以股票为基础的存托凭证。印花税的纳税人具体包括立合同人、立据人、立账簿人、证券交易人、使用人。以电子形式签订的各类应税凭证均应按规定征收印花税。印花税纳税人的具体分类如表6-1所示。

表6-1 印花税纳税人的具体分类

类别	具体含义
立合同人	对应税合同负有直接权利义务关系的单位和个人,不包括合同的担保人、证人和鉴定人
立据人	土地、房屋等权属转移过程中买卖双方的单位和个人
立账簿人	设立并使用营业账簿的单位和个人
证券交易人	在中华人民共和国境内进行证券交易的单位和个人。证券交易印花税对证券交易的出让方征收,不对受让方征收
使用人	在中华人民共和国境外书立在境内使用的应税凭证的单位和个人,其纳税人为使用人

(二)扣缴义务人

纳税人为境外单位或者个人,在境内有代理人的,以其境内代理人为扣缴义务人;在境内没有代理人的,由纳税人自行申报缴纳印花税,具体办法由国务院税务主管部门规定。证券登记结算机构为证券交易印花税的扣缴义务人,应当向其机构所在地的主管税务机关申报解缴税款以及银行结算的利息。

二、印花税纳税义务发生时间

印花税纳税义务发生时间为纳税人书立应税凭证或者完成证券交易的当日。证券交易印花税扣缴义务发生时间为证券交易完成的当日。

三、印花税应纳税额的计算

(一) 印花税征税范围及税率

1. 征税范围

印花税的征税范围包括四类凭证,即合同(指书面合同)、产权转移书据、营业账簿和证券交易。

2. 税率

现行印花税采用比例税率,比例税率分为 5 档,即 0.05‰、0.3‰、1‰、0.5‰和 0.25‰。具体税目税率如表 6-2 所示。

表 6-2 印花税税目税率表

税目		税率	纳税人	备注
合同(指书面合同)	买卖合同	动产买卖合同,包括供应、预购、采购、购销结合及协作、调剂补偿、易货等合同,还包括各出版单位与发行单位之间订立的图书、报刊、音像征订凭证	价款的 0.3‰	订合同人	动产买卖合同(不包括个人书立的动产买卖合同)
	借款合同	银行业金融机构、经国务院银行业监督管理机构批准设立的其他金融机构与借款人所签订的借款合同	借款金额的 0.05‰	订合同人	不包括银行间同业拆借的借款合同
	融资租赁合同	—	租金的 0.05‰	订合同人	—
	租赁合同	包括租赁房屋、船舶、飞机、机动车辆、机器、器具、设备等合同;还包括企业、个人出租门店、柜台等所签订的合同	租金的 1‰	订合同人	—
	承揽合同	包括加工、定做、修缮、修理、印刷、广告、测绘、测试等合同	报酬的 0.3‰	订合同人	—
	建设工程合同	包括勘察、设计、建筑、安装工程合同的总包合同、分包合同和转包合同	价款的 0.3‰	订合同人	—
	运输合同	货运合同和多式联运合同	运输费用的 0.3‰	订合同人	不包括管道运输合同

(续表)

税目			税率	纳税人	备注
合同(指书面合同)	技术合同	包括技术开发、转让、咨询、服务等合同	价款、报酬或者使用费的0.3‰	订合同人	不包括专利权、专有技术使用权转让书据
	保管合同	包括保管合同或作为合同使用的仓单、栈单等	保管费的1‰	订合同人	—
	仓储合同	—	仓储费的1‰	订合同人	—
	财产保险合同	包括财产、责任、保证、信用等保险合同	保险费的1‰	订合同人	不包括再保险合同
产权转移书据		土地使用权出让书据	价款的0.5‰	立据人	转让包括买卖(出售)、继承、赠予、互换、分割
		土地使用权、房屋等建筑物和构筑物所有权转让书据(不包括土地承包经营权和土地经营权转移)	价款的0.5‰		
		股权转让书据(不包括应缴纳证券交易印花税的)	价款的0.5‰		
		商标专用权、著作权、专利权、专有技术使用权转让书据	价款的0.3‰		
营业账簿			实收资本(股本)、资本公积合计金额的0.25‰	立账簿人	—
证券交易			成交金额的1‰	证券交易出让方	—

3. 税收优惠

下列凭证免征印花税：

（1）应税凭证的副本或抄本。

（2）依照法律规定应当予以免税的外国驻华使馆、领事馆和国际组织驻华代表机构为获得馆舍书立的应税凭证。

（3）中国人民解放军、中国人民警察部队书立的应税凭证。

（4）农民、家庭农场、农民专业合作社、农村集体经济组织、村民委员会购买农业生产资料或者销售自产农产品书立的买卖合同和农业保险合同。

（5）无息或贴息借款合同、国际金融组织向中国提供优惠贷款书立的借款合同。

（6）财产所有权人将财产赠予政府、社会福利机构、学校、慈善组织书立的产权转移书据。

（7）非营利性医疗卫生机构采购药品或者卫生材料书立的买卖合同。

(8) 个人与电子商务经营者订立的电子订单。

(9) 自 2023 年 1 月 1 日至 2027 年 12 月 31 日,对增值税小规模纳税人、小型微利企业和个体工商户减半征收印花税(不含证券交易税)。

4. 计税依据

印花税实行从价计征,以凭证所载金额为计税依据。其中,应税合同的计税依据,为合同所列的金额,不包括列明的增值税税款,具体规定如表 6-3 所示。

表 6-3　印花税计税依据

应税项目	计税依据	备注
合同	合同列明的金额(价款或报酬)	未列明金额的,按照实际结算的金额确定;仍不能确定的,按照书立合同、产权转移书据时的市场价格确定;依法应当执行政府定价或者政府指导价的,按照国家有关规定确定
产权转移书据	产权转移书据列明的金额	
营业账簿	账簿记载的实收资本(股本)、资本公积合计金额	已缴纳印花税的营业账簿,以后年度记载的实收资本(股本)、资本公积合计金额比已缴纳印花税的实收资本(股本)、资本公积合计金额增加的,按照增加部分确定
证券交易	成交金额	无转让价格的,按照办理过户登记手续时该证券前一个交易日收盘价计算确定计税依据;无收盘价的,按照证券面值计算确定计税依据

(二) 应纳税额的计算

印花税的应纳税额按照计税依据乘以适用税率计算,具体如表 6-4 所示。

表 6-4　印花税应纳税额的计算

应税项目	应纳税额
合同	合同所列金额×适用税率
产权转移书据	产权转移书据所列金额×适用税率
营业账簿	实收资本(股本)、资本公积合计金额×适用税率
证券交易	成交金额×适用税率

计算印花税应注意以下问题:

(1) 同一应税凭证载有两个以上税目事项并分别列明金额的,按照各自适用的税目税率分别计算应纳税额;未分别列明金额的,从高适用税率。

(2) 同一应税凭证由两方以上当事人书立的,按照各自涉及的金额分别计算应纳税额。

(3) 应纳税额不足一角的,免纳印花税;1 角以上的,其税额尾数不满 5 分的不计;满 5 分的,按 1 角计算。财产租赁合同经计算,税额不足 1 元的,按 1 元贴花。

(4) 在签订时无法确定计税金额的某些合同,可在签订时先按定额 5 元贴花,以后结算时再按实际金额计税,补贴印花。

四、印花税纳税期限和地点

(一)纳税期限

印花税按季、按年或者按次计征。实行按季、按年计征的,纳税人应当自季度、年度终了之日起 15 日内申报缴纳税款。实行按次计征的,纳税人应当自纳税义务发生之日起 15 日内申报缴纳税款。

证券交易印花税按周解缴。证券交易印花税的扣缴义务人应当自每周终了之日起 5 日内申报解缴税款以及银行结算的利息。

(二)纳税地点

纳税人为单位的,应当向其机构所在地的主管税务机关申报缴纳印花税。纳税人为个人的,应当向应税凭证书立地或者居住地的主管税务机关申报缴纳印花税。不动产产权发生转移的,纳税人应当向不动产所在地的主管税务机关申报缴纳印花税。

知识练习

知识练习数据包

一、单选题

1. 根据印花税法律制度的规定,下列各项中,应缴纳印花税的是( )。
   A. 报刊发行单位和订阅单位之间书立的凭证
   B. 建设工程合同
   C. 门市部零星修理业务开具的修理单
   D. 农业保险合同

2. 根据印花税法律制度的规定,下列各项中,应当征收印花税的是( )。
   A. 军队领受的应税凭证   B. 抢险救灾物资运输结算凭证
   C. 出版合同   D. 产权转移书据

3. 下列各项中,应计算缴纳印花税的是( )。
   A. 无息或贴息借款合同
   B. 出版合同
   C. 农业保险合同
   D. 建筑施工单位分包给其他施工单位的分包合同

4. 根据印花税法律制度的规定,下列各项中,应当征收印花税的是( )。
   A. 甲公司与乙公司签订的货物运输合同
   B. 会计咨询合同
   C. 企业与主管部门签订的租赁承包合同
   D. 电网与用户之间签订的供用电合同

5. 甲向乙购买一批货物,合同约定丙为鉴定人、丁为担保人,下列关于该合同印花税纳税人的表述中,正确的是( )。
   A. 甲和乙为纳税人   B. 甲和丙为纳税人
   C. 乙和丁为纳税人   D. 甲和丁为纳税人

6. 根据印花税法律制度的规定,应税营业账簿的计税依据是（　　）。
   A. 营业账簿记载的营业外收入金额
   B. 营业账簿记载的营业收入金额
   C. 营业账簿记载的银行存款金额
   D. 营业账簿记载的实收资本(股本)、资本公积合计金额

7. 2023年1月,甲公司向乙公司租赁2台起重机并签订租赁合同,合同注明起重机总价值为80万元,租期为2个月,每台每月租金为2万元。已知租赁合同适用印花税税率为1‰。计算甲公司和乙公司签订该租赁合同共计应缴纳印花税税额的下列算式中,正确的是（　　）。
   A. 2×2×2×1‰×10 000＝80(元)
   B. 2×2×2×2×1‰×10 000＝160(元)
   C. 80×1‰×10 000＝800(元)
   D. 80×2×1‰×10 000＝1 600(元)

8. 2023年3月甲企业签订了技术咨询合同、技术开发合同、技术服务合同,价款分别为75 000元、204 000元、126 000元。已知技术合同印花税适用0.3‰,计算甲企业当月应缴纳"技术合同"印花税税额的下列算式中,正确的是（　　）。
   A. (75 000＋204 000＋126 000)×0.3‰＝121.5(元)
   B. (75 000＋204 000)×0.3‰＝83.7(元)
   C. (204 000＋126 000)×0.3‰＝99(元)
   D. (75 000＋126 000)×0.3‰＝60.3(元)

9. 某电厂与某运输公司签订了两份运输保管合同:第一份合同载明的金额合计50万元(运费和保管费并未分别记载);第二份合同中注明运费30万元、保管费10万元。已知运输合同印花税税率0.3‰,保管合同1‰,则该电厂签订两份合同应缴纳的印花税税额的下列算式中,正确的是（　　）。
   A. 300 000×0.3‰＋100 000×1‰＝190(元)
   B. 500 000×1‰＝500(元)
   C. 500 000×1‰＋300 000×0.3‰＋100 000×1‰＝690(元)
   D. (500 000＋300 000＋100 000)×1‰＝900(元)

10. 2023年4月,某企业签订两份合同:①承揽合同,合同载明委托方提供的材料金额30万元,加工费10万元;②财产保险合同,合同载明被保险财产价值1 000万元,保险费1万元。已知承揽合同印花税税率0.3‰,财产保险合同印花税税率1‰,则应缴纳的印花税为（　　）。
    A. 30×0.3‰＋1 000×1‰＝1.009(万元)
    B. 10×0.3‰＋1 000×1‰＝1.003(万元)
    C. 30×0.3‰＋1×1‰＝0.01(万元)
    D. 10×0.3‰＋1×1‰＝0.004(万元)

二、多选题

1. 根据印花税法律制度的规定,下列合同和凭证中,免征印花税的有（　　）。
   A. 军事物资运输结算凭证　　　　　B. 仓储保管合同
   C. 农林作物保险合同　　　　　　　D. 财产租赁合同

2. 下列各项中,属于印花税纳税义务人的有( )。
A. 买卖合同的立合同人　　　　　　　B. 记载资金账簿的立账簿人
C. 各类电子应税凭证的签订人　　　　D. 证券交易中出让证券的当事人
3. 根据印花税法律制度的规定,下列合同中,属于印花税征税范围的有( )。
A. 运输合同　　　B. 买卖合同　　　C. 租赁合同　　　D. 技术合同
4. 根据印花税法律制度的规定,下列合同中,属于印花税征税范围的有( )。
A. 人身保险合同　　　　　　　　　　B. 财产保险合同
C. 买卖合同　　　　　　　　　　　　D. 委托代理合同
5. 根据印花税法律制度的相关规定,下列各项中,属于印花税的征税范围的有( )。
A. 买卖合同　　　　　　　　　　　　B. 资金账簿
C. 承揽合同　　　　　　　　　　　　D. 法律咨询合同
6. 根据印花税法律制度的规定,下列各项中,属于印花税征收范围的有( )。
A. 审计咨询合同　　　　　　　　　　B. 财产保险合同
C. 技术中介合同　　　　　　　　　　D. 建筑工程分包合同
7. 根据印花税法律制度的规定,下列各项中,属于印花税纳税人的有( )。
A. 立据人　　　　　　　　　　　　　B. 各类电子应税凭证的签订人
C. 立合同人　　　　　　　　　　　　D. 立账簿人
8. 下列关于印花税计税依据的说法中,不正确的有( )。
A. 租赁合同,以所租赁财产的金额作为计税依据
B. 运输合同,以所运货物金额和运输费用的合计金额为计税依据
C. 借款合同,以借款金额和借款利息的合计金额为计税依据
D. 财产保险合同,以保险费收入为计税依据
9. 根据印花税法律制度的规定,下列合同中,征收印花税的有( )。
A. 货物运输合同　　　　　　　　　　B. 加工承揽合同
C. 审计咨询合同　　　　　　　　　　D. 财产保险合同
10. 根据印花税的有关规定,下列合同应按"产权转移书据"计税贴花的有( )。
A. 土地使用权出让合同　　　　　　　B. 非专利技术转让合同
C. 专利权转让合同　　　　　　　　　D. 专有技术使用权转让合同

三、判断题
1. 纳税人签订的商品房销售合同应按照"买卖合同"税目计缴印花税。　　　　( )
2. 证券交易的受让方应征收印花税。　　　　　　　　　　　　　　　　　　( )
3. 记载资金的账簿的计税依据为"实收资本"与"资本公积"两项合计金额。　( )
4. 以物易物的易货合同应按"买卖合同"征收印花税。　　　　　　　　　　 ( )
5. 企业之间签订的土地使用权转让合同应按"产权转移书据"征收印花税。　( )
6. 个人与电子商务经营者订立的电子订单应缴纳印花税。　　　　　　　　　( )
7. 房地产管理部门与个人签订的用于经营的租赁合同免税。　　　　　　　　( )
8. 印花税应自凭证生效日贴花。　　　　　　　　　　　　　　　　　　　　( )
9. 著作权、专利权按"产权转移书据"税目缴纳印花税。　　　　　　　　　　( )
10. 无息贷款合同、农牧业保险合同免征印花税。　　　　　　　　　　　　　( )

操作视频

印花税实训案例与税额申报

一、实训资料

(一) 背景资料

背景资料一：纳税人基础信息。

企业名称：北京乐乐制造有限公司

地址：北京市海淀区谊爱路 918 号

法定代表人：胡兵兵

开户银行：中国工商银行北京分行

基本账号：8130400698233421100

电话：010-82044989

统一社会信用代码：91104245145295090C

公司成立时间：2012 年 8 月 18 日

公司经营范围：生产、销售各类儿童书包

企业所得税：需判断是否符合小型微利企业条件，如符合，可享受小型微利企业所得税优惠政策（财税〔2022〕13 号）。

背景资料二：相关税率，具体情况如表 6-5 所示。

表 6-5 印花税税目税率表

税目	范围	税率	纳税义务人	说明
买卖合同	包括供应、预购、采购、购销结合及协作、调剂、补偿、易货等合同	按购销金额万分之三贴花	立合同人	—
承揽合同	包括加工、定做、修缮、修理、印刷、广告、测绘、测试等合同	按报酬的万分之三贴花	立合同人	—
保管合同	—	按保管费的千分之一贴花	立合同人	—
建设工程合同	包括建筑、安装工程承包合同	按价款的万分之三贴花	立合同人	—
租赁合同	包括租赁房屋、船舶、飞机、机动车辆、机械、器具、设备等	按租赁金额千分之一贴花	立合同人	—

(续表)

税目	范围	税率	纳税义务人	说明
运输合同	包括民用航空、铁路运输、海上运输、内河运输、公路运输和联运合同	按运输费用万分之三贴花	立合同人	单据作为合同使用的,按合同贴花
仓储合同	包括仓储合同	按仓储费用千分之一贴花	立合同人	—
借款合同	银行及其他金融组织和借款人(不包括银行同业拆借)所签订的借款合同	按借款金额万分之零点五贴花	立合同人	单据作为合同使用的,按合同贴花
财产保险合同	包括财产、责任、保证、信用等保险合同	按保险费收入千分之一贴花	立合同人	单据作为合同使用的,按合同贴花
技术合同	包括技术开发、转让、咨询、服务等合同	按所载金额万分之三贴花	立合同人	—
产权转移书据	土地使用权出让书据	按所载金额万分之五贴花	立据人	—
产权转移书据	土地使用权、房屋建筑物和构筑物所有权转让书据	按所载金额万分之五贴花	立据人	—
产权转移书据	股权转让书据	按所载金额万分之五贴花	立据人	—
产权转移书据	商标专用权、著作权、专利权、专有技术使用权转让书据	按所载金额万分之三贴花	立据人	—
营业账簿	生产经营用账册	记载资金的账簿,按实收资本和资本公积的合计金额万分之二点五贴花	立账簿人	—
融资租赁合同	—	按租金的万分之零点五贴花	立合同人	—
证券交易		成交金额的千分之一贴花		

(二)业务资料

北京乐乐制造有限公司2023年第三季度发生的经济合同内容,有关凭证如凭6-1所示。

凭 6-1

业务资料
(1) 8月20日领受工商执照、房产证、商标注册证各一件；注册资本380万元，实收资本200万元。 (2) 9月30日签订财产保险合同一份，投保金额120万元，缴纳保险费2.4万元。 (3) 9月30日向银行借款合同一份，借款金额50万元(利率8%)。 (4) 9月30日签订一份外销合同，所载金额180万元，签订另一份为内销合同，所载金额100万元。 (5) 9月30日企业与某公司签订技术转让合同一份，金额为30万元。 (6) 9月30日企业与货运公司签订货车运输联运合同一份，在起运地一次性支付全程运输费5万元，保管费0.4万元。 (7) 9月30日企业与园艺公司签订绿植租赁费，年租金3万元。租赁一个仓库用，年租金35万元。 (8) 9月30日企业决定委托建设单位新建一栋办公楼，签订施工合同150万元。 (9) 9月30日企业与某公司签订委托加工合同，由受托方提供加工，加工费4万元，材料费20万元。 (10) 9月30日签订税务咨询合同一份，合同金额8万元。

二、实训任务

实训任务1：请根据业务资料计算印花税，计算表如表6-6所示。

表6-6　印花税计算表

税目	税率/税额	实际应缴纳税额
买卖合同		
借款合同		
租赁合同		
承揽合同		
建设工程合同		
运输合同		
技术合同		
保管合同		
财产保险合同		
营业账簿		
合计	—	

实训任务2：请根据业务资料到电子税务局申报印花税(按季申报)，申报表如表6-7所示。

表6-7　财产和行为税纳税申报表

纳税人识别号(统一社会信用代码)：
纳税人名称：　　　　　　　　　　　　　　　　　　　　　　　　　金额单位：人民币元(列至角分)

序号	税种	税目	税款所属期起	税款所属期止	计税依据	税率	应纳税额	减免税额	已缴税额	应补(退)税额
1										
2										

(续表)

序号	税种	税目	税款所属期起	税款所属期止	计税依据	税率	应纳税额	减免税额	已缴税额	应补(退)税额
3										
4										
5										
6										
7										
8										
9										
10										
11										
12										
13										
14										
15										
16	合计		—	—	—	—				

声明:此表是根据国家税收法律法规及相关规定填写的,本人(单位)对填报内容(及附带资料)的真实性、可靠性、完整性负责。

纳税人(签章):　　　　　　年　月　日

经办人: 经办人身份证号: 代理机构签章: 代理机构统一社会信用代码:	受理人: 受理税务机关(章): 受理日期:　年　月　日

工作任务七　房产税纳税申报

 **知识目标**

掌握房产税概念。
了解房产税纳税人、征税范围、纳税义务发生时间、税率、应纳税额的计算、纳税期限和地点。

 **技能目标**

能够根据业务资料计算应缴纳房产税并进行纳税申报。

 **思政目标**

理解房产税在地方财政和经济发展中的重要地位和作用。
理解房产税对于调节财富分配,实现社会公平的促进作用。

 思维导图

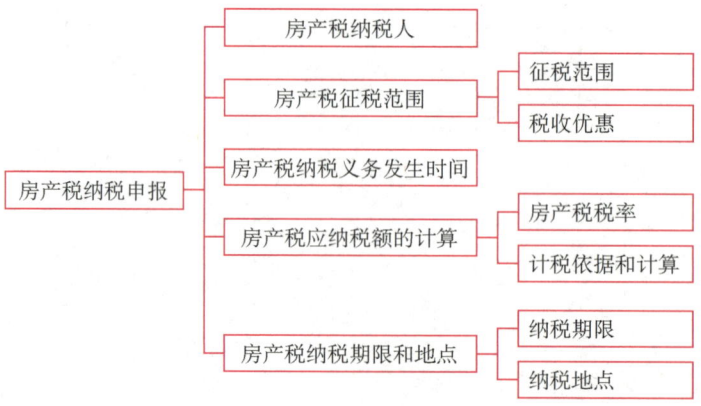

 **任务背景**

北京宝良制造有限公司属于增值税一般纳税人,经营范围为生产、销售各类复读机。

2023年,公司建筑物进行了自用、出租、投资联营等业务,公司税务人员需计算申报当期应缴纳房产税。

 知识储备

房产税是以房屋为征税对象,按房屋的计税余值或租金收入为计税依据,向房屋产权所有人征收的一种财产税。

一、房产税纳税人

房产税以征税范围内的房屋产权所有人为纳税人。

(1) 产权为国家所有的,其经营管理单位为纳税人;产权属于集体和个人所有的,由集体单位和个人纳税。

(2) 产权出典的,承典人为纳税人。

(3) 产权所有人、承典人不在房屋所在地的,或者产权未确定及租典纠纷未解决的,由房产代管人或者使用人为纳税人。

(4) 纳税单位或个人无租使用房产管理部门、免税单位及纳税单位的房产,应由使用人代为缴纳房产税。

二、房产税征税范围

(一) 征税范围

征收房产税的房产是以房屋形态表现的财产。独立于房屋之外的建筑物,如围墙、烟囱、水塔、菜窖、室外游泳池等不属于房产。房产税在城市、县城、建制镇、工矿区征收。

房地产开发企业建造的商品房,在出售前,不征收房产税,但对出售前房地产开发企业已使用或出租、出借的商品房应按规定征收房产税。

(二) 税收优惠

(1) 国家机关、人民团体、军队自用的房产免征房产税。

(2) 由国家财政部门拨付事业经费的单位自用的房产免征房产税。

(3) 宗教寺庙、公园、名胜古迹自用的房产免征房产税。但宗教寺庙、公园、名胜古迹中附设的经营单位,如影剧院、饮食部、茶社等所使用的房产及其出租的房产,则应征收房产税。

(4) 个人所有非营业用的房产免征房产税。

(5) 公租房免征房产税。公租房经营管理单位应单独核算公租房的租金收入,未单独核算的,不得享受免征房产税优惠政策。

(6) 经财政部和国家税务总局批准免税的其他房产。

三、房产税纳税义务发生时间

(1) 纳税人将原有房产用于生产经营,从生产经营之月起,缴纳房产税。

(2) 纳税人自行新建房屋用于生产经营,从建成之次月起,缴纳房产税。

(3) 纳税人委托施工企业建造的房屋,从办理验收手续之次月起,缴纳房产税。

(4) 纳税人购置新建商品房,自房屋交付使用之次月起,缴纳房产税。

(5) 纳税人购置存量房,自办理房屋权属转移、变更登记手续,房地产权属登记机关签发房屋权属证书之次月起,缴纳房产税。

(6) 纳税人出租、出借房产,自交付出租、出借本企业房产之次月起,缴纳房产税。

(7) 房地产开发企业自用、出租、出借本企业建造的商品房,自房屋使用或交付之次月起,缴纳房产税。

四、房产税应纳税额的计算

(一) 房产税税率

我国现行房产税采用比例税率,按照房屋的使用状态分别采用不同的税率。

(1) 房产自用的,从价计征,税率为1.2%。

(2) 房产出租的,从租计征,税率为12%。

(二) 计税依据和计算

房产自用的,从价计征,房产税的计税依据为房产的计税余额;房产出租的,从租计征,房产税的计税依据为租金收入。

1. 从价计征房产税的计税依据

从价计征的房产税,计税依据为房产的计税余额。房产税依照房产原值一次减除10%~30%损耗价值后的余值计算缴纳。各地扣除比例由当地省、自治区、直辖市人民政府确定。

1) 房产原值确认一般规定

房产原值应根据国家有关会计制度的规定进行核算,应包括与房屋不可分割的各种附属设备和一般不单独计算价值的配套设施。具体规定如表7-1所示。

表7-1 房产原值的具体规定

使用情况	税务处理
以房屋为载体,不可随意移动的附属设备和配套设施	并入房产原值
对房屋进行改建、扩建	增加房屋原值
更换房屋附属设备和配套设施	新设备和设施的价值计入房产原值,同时扣减原相应设备和设施的价值
易损坏、需经常更换的设备和设施的零配件	更新后不计入房产原值,原配件的原值也不扣除

2) 房产原值确认其他规定

(1) 自用的地下建筑:①工业用途房产,以房屋原价的50%~60%作为应税房产原值;②商业和其他用途房产,以房屋原价的70%~80%作为应税房产原值。

房屋原价折算为应税房产原值的具体比例由各省、自治区、直辖市和计划单列市财政和税务部门在上述幅度内自行确定。

(2) 投资联营的房产:以房产对外投资的,其房产税计税依据如表7-2所示。

表 7-2 投资房产的房产税计税依据

类别	计税依据
以房产投资,收取固定收入、不承担经营风险的	从租计征,按收取的固定分红为计税依据
以房产投资联营、参与利润分红、共担风险的	从价计征,按房产余值作为计税依据

2. 从租计征的房产税的计税依据

出租的房屋,以不含增值税的租金收入为计税依据,计算缴纳房产税。以劳务或其他形式为报酬抵付租金的,应根据当地同类房产的租金水平,确定租金标准。

3. 应纳税额的计算

1) 从价计征的房产税

$$应纳税额=房产计税余值×适用税率$$

$$房产计税余值=应税房产原值×(1-原值减除比例)$$

2) 从租计征的房产税

$$应纳税额=房产租金收入×适用税率$$

自 2023 年 1 月 1 日至 2027 年 12 月 31 日,对增值税小规模纳税人、小型微利企业和个体工商户减半征收房产税。

五、房产税纳税期限和地点

(一)纳税期限

房产税按年征收,分期缴纳。纳税期限由省、自治区、直辖市人民政府规定,各地一般按季或半年征收。

(二)纳税地点

房产税在房产所在地缴纳。房产不在同一地方的纳税人,应按房产的坐落地点,分别向房产所在地的税务机关缴纳。

知识练习

知识练习
数据包

一、单选题

1. 下列关于房产税纳税人的表述中,不符合法律制度规定的是( )。
   A. 房屋出租的,承租人为纳税人
   B. 房屋产权所有人不在房产所在地的,房产代管人或使用人为纳税人
   C. 房屋产权属于国家的,其经营管理单位为纳税人
   D. 房屋产权未确定的,房产代管人或使用人为纳税人
2. 根据房产税法律制度的规定,下列各项中,免征房产税的是( )。
   A. 国家机关用于出租的房产
   B. 公立学校附设招待所使用的房产

C. 公立幼儿园自用的房产
D. 公园附设饮食部使用的房产

3. 根据房产税法律制度的规定，下列各项中，应缴纳房产税的是（　　）。
   A. 国家机关自用的房产
   B. 个人拥有的市区经营性用房
   C. 名胜古迹自用的办公用房
   D. 老年服务机构自用的房产

4. 根据房产税法律制度的规定，下列各项中，说法正确的是（　　）。
   A. 小张出租位于市区的住房按照12%的税率从租计征房产税
   B. 小李出租位于建制镇的办公楼按照4%的税率从租计征房产税
   C. 小王自有的位于农村的仓库按照1.2%的税率从价计征房产税
   D. 小赵自有的位于县城的厂房按照1.2%的税率从价计征房产税

5. 2023年甲公司将一幢办公楼出租，取得含增值税租金92.43万元。已知增值税征收率为5%，房产税从租计征的税率为12%，关于甲公司2023年出租办公楼应缴纳房产税税额的下列算式中，正确的是（　　）。
   A. $92.43 \div (1+5\%) \times 12\% = 10.56$（万元）
   B. $92.43 \div (1+5\%) \div (1-12\%) \times 12\% = 12$（万元）
   C. $92.43 \div (1-12\%) \times 12\% = 12.6$（万元）
   D. $92.43 \times 12\% = 11.0916$（万元）

6. 2023年9月张某出租自有住房，当月收取不含增值税租金2 500元，当月需偿还个人住房贷款1 000元。已知个人出租住房房产税税率为4%，计算张某当月应缴纳房产税税额的下列算式中，正确的是（　　）。
   A. $(2\,500-1\,000) \times 4\% = 60$（元）
   B. $2\,500 \times 4\% = 100$（元）
   C. $(2\,500-1\,000) \times (1-4\%) \times 4\% = 57.6$（元）
   D. $2\,500 \times (1-4\%) \times 4\% = 96$（元）

7. 甲企业拥有一处原值560 000元的房产，已知房产税税率为1.2%，当地规定的房产税减除比例为30%。甲企业该房产年应缴纳房产税税额的下列算式中，正确的是（　　）。
   A. $560\,000 \times 1.2\% = 6\,720$（元）
   B. $560\,000 \div (1-30\%) \times 1.2\% = 9\,600$（元）
   C. $560\,000 \times (1-30\%) \times 1.2\% = 4\,704$（元）
   D. $560\,000 \times 30\% \times 1.2\% = 2\,016$（元）

8. 甲企业厂房原值800万元，2023年12月发现通风设备损坏进行更新，更换的新设备价值80万元，换下的旧设备价值50万元。已知房产税的原值扣除比例为30%，房产税比例税率为1.2%。计算甲企业2023年应缴纳房产税的下列算式中，正确的是（　　）。
   A. $(800+80) \times 1.2\%$
   B. $(800+80-50) \times 1.2\%$
   C. $(800+80) \times (1-30\%) \times 1.2\%$
   D. $(800+80-50) \times (1-30\%) \times 1.2\%$

9. 甲企业厂房原值 2 000 万元,2022 年 11 月对该厂房进行扩建,2022 年底扩建完工并办理验收手续,增加房产原值 500 万元。已知房产税的原值扣除比例为 30%,房产税比例税率为 1.2%。计算甲企业 2023 年应缴纳房产税税额的下列算式中,正确的是( )。
   A. $2\,000×(1-30\%)×1.2\%+500×1.2\%=22.8$(万元)
   B. $(2\,000+500)×(1-30\%)×1.2\%=21$(万元)
   C. $2\,000×1.2\%+500×(1-30\%)×1.2\%=28.2$(万元)
   D. $2\,000×(1-30\%)×1.2\%=16.8$(万元)

10. 2022 年赵某以 1 500 万元的价格购入一栋 2 层别墅,作为其设立的个人独资企业的办公用房,同年经批准赵某花费 200 万元将其扩建为 3 层别墅,并支付 30 万元安装中央空调,已于年底完工。已知当地省政府规定计算房产余值的减除比例为 30%,从价计征的房产税税率为 1.2%,则赵某 2023 年应缴纳房产税的下列算式中,正确的是( )。
    A. $1\,500×(1-30\%)×1.2\%=12.6$(万元)
    B. $(1\,500+200+30)×(1-30\%)×1.2\%=14.53$(万元)
    C. $(1\,500+200)×(1-30\%)×1.2\%=14.28$(万元)
    D. $(1\,500+30)×(1-30\%)×1.2\%=12.85$(万元)

二、多选题

1. 下列各项中,不属于应缴纳房产税的房产有( )。
   A. 集团公司的仓库
   B. 加油站罩棚
   C. 股份制企业的围墙
   D. 工厂的独立烟囱

2. 下列各项中,应当由甲房地产公司缴纳房产税的有( )。
   A. 甲公司已经开发完成尚未出售的商品房
   B. 甲公司已经出售给赵某经营饭店的门面房
   C. 甲公司已经出租给侯某经营饭店的门面房
   D. 甲公司以自行开发的商品房作为销售部门的办公用房

3. 根据房产税法律制度的规定,下列各项中,属于房产税征税范围的有( )。
   A. 建制镇工业企业的厂房
   B. 农村的村民住宅
   C. 市区商场的地下车库
   D. 县城商业企业的办公楼

4. 根据房产税法律制度的规定,下列各项中,说法正确的有( )。
   A. 国家机关用于出租的房产免征房产税
   B. 名胜古迹内管理单位的办公用房屋免征房产税
   C. 毁损不堪居住的房屋和危险房屋,经有关部门鉴定,在停止使用后,可免征房产税
   D. 对高校学生公寓免征房产税

5. 根据房产税法律制度的规定,下列各项中,不免征房产税的有( )。
   A. 国家机关用于出租的房产
   B. 公立学校附设招待所使用的房产
   C. 公立幼儿园自用的房产
   D. 公园附设饮食部使用的房产

6. 下列各项中,免征房产税的有( )。
   A. 老年服务机构自用的房产
   B. 因房屋大修导致连续停用 3 个月以上,在房屋停用期间
   C. 施工期间在基建工地,为基建工地服务的工棚、材料棚等

D. 企业拥有并运营管理的大型体育场馆,其用于体育活动的房产,用于体育活动的天数不低于全年自然天数的70%

7. 根据《中华人民共和国房产税暂行条例》的规定,下列各项中,不符合房产税纳税义务发生时间规定的有( )。
A. 纳税人将原有房产用于生产经营,从生产经营之次月起,缴纳房产税
B. 纳税人自行新建房屋用于生产经营,从建成之次月起,缴纳房产税
C. 纳税人委托施工企业建设的房屋,从办理验收手续之月起,缴纳房产税
D. 纳税人购置新建商品房,自房屋交付使用之次月起,缴纳房产税

8. 根据房产税法律制度的规定,下列关于房产税纳税义务发生时间的表述中,正确的有( )。
A. 纳税人自行新建房用于生产经营,从建成之次月起,缴纳房产税
B. 纳税人将原有房产用于生产经营的,从生产经营之次月起,缴纳房产税
C. 纳税人出租、出借房产,自交付出租、出借本企业房产之次月起,缴纳房产税
D. 纳税人购置新建商品房,自购置之次月起,缴纳房产税

9. 下列各项中,应当计入房产原值计征房产税的有( )。
A. 独立于房屋之外的烟囱   B. 中央空调
C. 房屋的给排水管道   D. 室外游泳池

10. 下列与房屋不可分割的附属设备中,应计入房产原值计缴房产税的有( )。
A. 给排水管道   B. 电梯
C. 暖气设备   D. 中央空调

三、判断题

1. 产权未确定及租典纠纷未解决的,暂不征收房产税。 ( )
2. 居民住宅区内业主共有的经营性房产,房产税的纳税人为实际经营的房产代管人或者使用人。 ( )
3. 房地产开发企业建造的商品房在出售前已经使用或出租、出借的,不缴纳房产税。 ( )
4. 对个人按市场价格出租的居民住房,暂免征收房产税。 ( )
5. 甲公司委托施工企业建设一栋办公楼,从该办公楼建成之次月起缴纳房产税。 ( )
6. 赵某拥有一套四合院,原一直用于居住,2023年6月转为经营民俗旅游,则赵某应于2023年7月起缴纳房产税。 ( )
7. 房产不在同一地方的纳税人,应按房产的坐落地点分别向房产所在地的税务机关申报缴纳房产税。 ( )
8. 房产税从价计征,是指以房产原值为计税依据。 ( )
9. 纳税人出租房屋的,房产税的计税基础为含增值税的租金收入。 ( )
10. 甲房地产公司以房产与乙公司投资联营,设立丙企业,双方约定甲房地产公司每年从丙企业分配保底利润500万元,甲公司投资的房产由丙企业按房产余值作为计税依据计缴房产税。 ( )

操作视频

房产税实训案例与申报

一、实训资料

(一) 背景资料

纳税人基础信息

企业名称:北京宝良制造有限公司

地址:北京市海淀区谊爱路293号

法定代表人:陈海文

开户银行:中国工商银行北京分行

基本账号:8130400698233421143

电话:010-82046622

统一社会信用代码:91104245145299017R

公司成立时间:2015年5月10日

公司经营范围:生产、销售各类复读机

企业所得税:需判断是否符合小型微利企业条件,如符合,可享受小型微利企业所得税优惠政策(财税〔2022〕13号)。

(二) 业务资料

北京宝良制造有限公司2023年初账面建筑物原值为2 070万元,占总地面积4 950平方米,具体内容如下:

(1) 办公大楼建筑面积1 500平方米,于2023年5月01日出租建筑面积500平方米,租期为1年,不含税月租金2.5万元,不含税年租金30万元。

(2) 会议大楼建筑面积1 050平方米,2022年12月用于投资联营,承担联营风险。

(3) 商铺2022年12月用于投资联营,每年收取固定分红54万元,不承担联营风险。

(4) 仓库于2022年7月15日至2023年4月15日期间进行扩建,扩建后建筑面积为1 700平方米,原值增加至600万元。

(5) 当地房产原值减除比例为30%。

不动产的具体明细如表7-3所示。

表7-3 不动产明细表

资产名称	取得方式	取得时间	含地价原值(元)	使用情况	建筑面积(平方米)
办公大楼	外购	2016年6月	6 000 000.00	自用	1 000
				出租	500
会议大楼	外购	2016年6月	5 000 000.00	投资联营	1 050
商铺	外购	2022年12月31日	4 200 000.00	投资联营	900
仓库	自建	2019年6月	5 500 000.00	自用	1 500

二、实训任务

实训任务1：请根据业务资料计算上半年应缴纳的房产税，并填写表7-4。

表7-4　房产税计算表　　　　　　　　　　　　　　　　　　　　　单位：元

项目	税款所属期起	税款所属期止	计税依据(年)	税(费)率	本期应纳税额	本期减免(征)税额	本期应补(退)税额
办公大楼	2023-01-01	2023-04-30	6 000 000.00	1.20%			
办公大楼	2023-05-01	2023-06-30	300 000.00	12.00%			
办公大楼	2023-05-01	2023-06-30	4 000 000.00	1.20%			
会议大楼	2023-01-01	2023-06-30	5 000 000.00	1.20%			
商铺	2023-01-01	2023-06-30	540 000.00	12.00%			
仓库	2023-01-01	2023-04-30	5 500 000.00	1.20%			
仓库	2023-04-30	2023-06-30	6 000 000.00	1.20%			

实训任务2：请根据业务资料到电子税务局申报房产税，相关信息如表7-5所示。

表7-5　财产和行为税纳税申报表

纳税人识别号(统一社会信用代码)：
纳税人名称：　　　　　　　　　　　　　　　　　　　　　　　金额单位：人民币元(列至角分)

序号	税种	税目	税款所属期起	税款所属期止	计税依据	税率	应纳税额	减免税额	已缴税额	应补(退)税额
1										
2										
3										
4										
5										
6										
7										
8										
9										
10										
11										
12										
13										
14										
15										
16	合计	—	—	—	—	—				

（续表）

声明：此表是根据国家税收法律法规及相关规定填写的，本人（单位）对填报内容（及附带资料）的真实性、可靠性、完整性负责。	
纳税人（签章）：　　　　　　　　　年　月　日	
经办人： 经办人身份证号： 代理机构签章： 代理机构统一社会信用代码：	受理人： 受理税务机关（章）： 受理日期：　　年　月　日

工作任务八　城镇土地使用税纳税申报

知识目标

掌握城镇土地使用税的概念。

了解城镇土地使用税纳税人、征税范围、纳税义务发生时间、应纳税额计算、纳税期限和地点。

技能目标

能够根据业务类型计算应缴纳的城镇土地使用税并进行纳税申报。

思政目标

理解合理、节约使用土地,提高土地使用效益的意义。

理解加强土地管理,对促进企业公平竞争的作用。

思维导图

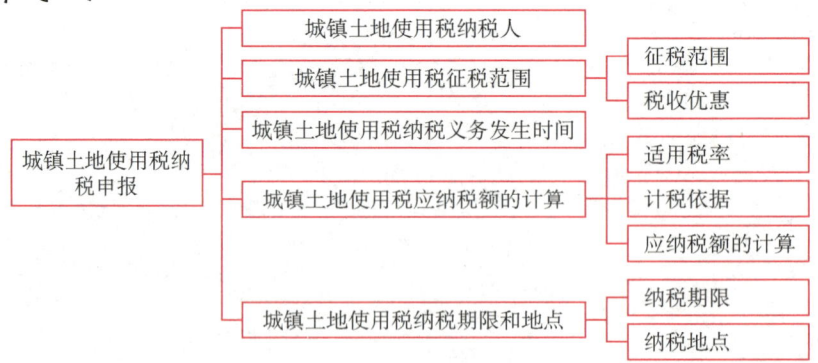

任务背景

北京芳香制造有限公司属于增值税一般纳税人,经营范围为生产、销售各类复读机。2023年,公司使用若干外购和自建的建筑物,公司税务人员需计算申报当期应缴纳城镇土地使用税。

知识储备

城镇土地使用税是以开征范围内的土地为征税对象,以实际占用的土地面积为计税依据,按规定税额对拥有土地使用权的单位和个人征收的一种税。

一、城镇土地使用税纳税人

在城市、县城、建制镇、工矿区范围内使用土地的单位和个人为城镇土地使用税的纳税人。具体规定如表 8-1 所示。

表 8-1　城镇土地使用税纳税人的具体规定

土地使用者情况	纳税人
一般情况	拥有土地使用权的单位和个人缴纳
土地使用权未确定或权属纠纷未解决	实际使用人缴纳
土地使用权共有	共有各方分别缴纳

二、城镇土地使用税征税范围

(一) 征税范围

城镇土地使用税的征税范围为城市、县城、建制镇和工矿区。

(1) 城市是指经国务院批准设立的市,其征税范围为市区和郊区。

(2) 县城是指县人民政府所在地,其征税范围为县人民政府所在的城镇。

(3) 建制镇是指经省、自治区、直辖市人民政府批准设立的,符合国务院规定的镇建制标准的镇,其征税范围为镇人民政府所在地。

(4) 工矿区是指工商业比较发达、人口比较集中的大中型工矿企业所在地,工矿区的设立必须经省、自治区、直辖市人民政府批准。

(二) 税收优惠

1. 税收优惠一般规定

根据条例规定,下列土地免征城镇土地使用税:

(1) 国家机关、人民团体、军队自用的土地。

(2) 由国家财政部门拨付事业经费的单位自用的土地。

(3) 宗教寺庙、公园、名胜古迹自用的土地。

(4) 市政街道、广告、绿化地带等公共用地。

(5) 直接用于农、林、牧、渔业的生产用地。

(6) 经批准开山填海整治的土地。自行开山填海整治的土地和改造的废弃土地,从使用的月份起免缴城镇土地使用税 5~10 年。

(7) 由财政部另行规定免税的能源、交通、水利用地和其他用地。

2. 税收优惠的特殊规定

(1) 免税单位无偿使用纳税单位的土地,免征城镇土地使用税;纳税单位无偿使用免单位的土地,纳税单位应照章缴纳城镇土地使用税。

(2) 对于各类危险品仓库、厂房所需的防火防爆、防毒等安全防范用地,可由各省、自治区、直辖市税务局确定,暂免征收城镇土地使用税。

(3) 企业的铁路专用线、公路等用地,除另有规定外,在企业厂区以内的,应征收城镇土地使用税;在厂区以外,与社会公用地段未加隔离的,暂免征收城镇土地使用税。

(4) 企业厂区以内的绿化用地,应征收城镇土地使用税;厂区以外的公共绿化用地和社会开放的公园用地,暂免征收城镇土地使用税。

(5) 对改造安置住房建设用地免征城镇土地使用税。

三、城镇土地使用税纳税义务发生时间

(1) 纳税人购置新建商品房,自房屋交付使用之次月起,缴纳城镇土地使用税。

(2) 纳税人购置存量房,自办理房屋权属转移、变更登记手续,房地产权属登记机关签发房屋权属证书之次月起,缴纳城镇土地使用税。

(3) 纳税人出租、出借房产,自交付出租、出借房产之次月起,缴纳城镇土地使用税。

(4) 以出让或转让方式有偿取得土地使用权的,由受让方从合同约定交付土地时间之次月起缴纳城镇土地使用税;合同未约定交付土地时间的,由受让方从合同签订之次月起缴纳城镇土地使用税。

(5) 纳税人新征用的耕地,自批准征用之日起满 1 年时缴纳城镇土地使用税。

(6) 纳税人新征用的非耕地,自批准征用次月起缴纳城镇土地使用税。

四、城镇土地使用税应纳税额的计算

(一) 适用税率

城镇土地使用税实行分级幅度税额,每平方米土地的年税额如下:

(1) 大城市 1.5~30 元。

(2) 中等城市 1.2~24 元。

(3) 小城市 0.9~18 元。

(4) 县城、建制镇、工矿区 0.6~12 元。

经省、自治区、直辖市人民政府批准,经济落后地区的城镇土地使用税适用税额标准可以适当降低,但降低额不得超过规定的最低税额的 30%。经济发达地区城镇土地使用税的适用税额标准可以适当提高,但须报经财政部批准。

(二) 计税依据

城镇土地使用税的计税依据是纳税人实际占用的土地面积(平方米),具体如表 8-2 所示。

表 8-2 城镇土地使用税计税依据的确定

具体情况	计税依据
持有房地产管理部门核发的土地使用证书	以证书确定的土地面积为准
尚未核发土地使用证书	纳税人据实申报土地面积,待核发土地使用证以后再作调整

(三) 应纳税额的计算

城镇土地使用税是以纳税人实际占用的土地面积为计税依据,按照适用的单位税额计算征收。其计算公式为:

$$年应纳税额 = 应税土地面积(平方米) \times 适用税额$$

自 2023 年 1 月 1 日至 2027 年 12 月 31 日,对增值税小规模纳税人、小型微利企业和个体工商户减半征收城镇土地使用税。

五、城镇土地使用税纳税期限和地点

(一) 纳税期限

城镇土地使用税按年计算、分期缴纳。具体纳税期限由省、自治区、直辖市人民政府确定。各省、自治区、直辖市税务机关结合当地情况,一般分别确定按月、季、半年或一年等不同的期限缴纳。

(二) 纳税地点

城镇土地使用税在土地所在地缴纳,由土地所在地的主管税务机关征收。纳税人使用的土地分属不同省、自治区、直辖市管辖的,由纳税人分别向土地所在地税务机关缴纳。在同一省、自治区、直辖市管辖范围内,纳税人跨地区使用的土地,其纳税地点由各省、自治区、直辖市税务机关确定。

知识练习
数据包

一、单选题

1. 根据城镇土地使用税法律制度的规定,下列各项中,不属于城镇土地使用税征税范围的是( )。
   A. 城市内的集体所有土地　　　　　　B. 县城内的国有土地
   C. 建制镇的国有土地　　　　　　　　D. 农村的集体所有土地

2. 甲房地产开发企业开发一住宅项目,实际占地面积 12 000 平方米,建筑面积 24 000 平方米,容积率为 2.0,甲房地产开发企业缴纳的城镇土地使用税的计税依据为( )平方米。
   A. 24 000　　　　B. 12 000　　　　C. 36 000　　　　D. 18 000

3. 甲公司 2023 年实际占地面积 15 000 平方米,其中生产区占地 10 000 平方米,生活区占地 3 000 平方米,对外出租 2 000 平方米。已知城镇土地使用税适用税率每平方米年税额 2 元。计算甲公司当年应缴纳城镇土地使用税税额的下列算式中,正确的是( )。
   A. 15 000×2=30 000(元)
   B. (10 000+3 000)×2=26 000(元)
   C. 10 000×2=20 000(元)
   D. (10 000+2 000)×2=24 000(元)

4. 2023 年甲公司厂区实际占地面积 300 平方米,其中 100 平方米无偿给公安机关使用;厂区外与社会公用地段未加隔离的铁路专用线路占地 200 平方米。已知城镇土地使用税的税额为每平方米12元,则甲公司当年应缴纳的城镇土地使用税税额为( )。

A. (300+200)×12=6 000(元)
B. (300-100+200)×12=4 800(元)
C. (300-100)×12=2 400(元)
D. 300×12=3 600(元)

5. 甲房地产开发公司2023年实际占用土地面积30 000平方米,其中1 000平方米为售楼处和公司办公区;20 000平方米用于开发普通标准住宅,9 000平方米经批准用于开发经济适用房,已知该企业所处地段适用年税额24元/平方米,则甲房地产开发公司2023年应缴纳的城镇土地使用税税额的下列算式中,正确的是( )。

A. 30 000×24=720 000(元)
B. (20 000+1 000)×24=504 000(元)
C. 1 000×24=24 000(元)
D. 0

6. 2023年甲服装公司(位于某县城)实际占地面积30 000平方米,其中办公楼占地面积500平方米,厂房仓库占地面积22 000平方米,厂区内铁路专用线、公路等用地7 500平方米,已知当地规定的城镇土地使用税每平方米年税额为5元。甲服装公司当年应缴纳城镇土地使用税税额的下列算式中,正确的是( )。

A. 30 000×5=150 000(元)
B. (30 000-7 500)×5=112 500(元)
C. (30 000-500)×5=147 500(元)
D. (30 000-22 000)×5=40 000(元)

7. 某火电厂2023年占地80万平方米,其中厂区围墙内占地40万平方米,厂区围墙外灰场占地3万平方米,生活区及其他商业配套设施占地37万平方米。已知该火电厂所在地适用的城镇土地使用税每万平方米年税额为1.5万元。根据城镇土地使用税法律制度的规定,该火电厂2023年应缴纳的城镇土地使用税税额为( )万元。

A. 55.5　　　　　B. 60　　　　　C. 115.5　　　　　D. 120

8. 根据城镇土地使用税法律制度的规定,下列关于城镇土地使用税征收管理的表述中,正确的是( )。

A. 城镇土地使用税具体纳税期限由省、自治区、直辖市人民政府确定
B. 城镇土地使用税在纳税人所在地缴纳
C. 纳税人新征用的耕地,自批准征用次月起缴纳城镇土地使用税
D. 城镇土地使用税年终一次性缴纳

9. 甲公司从乙公司处购入一处土地使用权,双方于2023年3月5日签订合同,双方在合同中约定,支付价款的时间为4月30日前,交付土地使用权的日期为5月5日。因甲公司拖延付款,乙公司直至6月10日才向其交付该土地使用权,则甲公司城镇土地使用税的纳税义务发生时间是( )。

A. 2023年4月　　　　　　　　　　B. 2023年5月
C. 2023年6月　　　　　　　　　　D. 2023年7月

10. 某企业2023年年初实际占地面积为2 000平方米,2023年4月该企业为扩大生产,

根据有关部门的批准,新征用非耕地3 000平方米。已知该企业所处地段适用年纳税额5元/平方米,该企业2023年应缴纳城镇土地使用税的下列算式中,正确的是( )。

A. 2 000×5＝10 000(元)
B. 3 000×5＝15 000(元)
C. 2 000×5＋3 000×5×8÷12＝20 000(元)
D. 2 000×5＋3 000×5＝25 000(元)

二、多选题

1. 根据城镇土地使用税法律制度的规定,下列各项中,属于城镇土地使用税征税范围的有( )。

A. 集体所有的位于农村的土地　　B. 集体所有的位于建制镇的土地
C. 国家所有的位于工矿区的土地　　D. 集体所有的位于城市的土地

2. 根据城镇土地使用税法律制度的规定,下列关于城镇土地使用税纳税人的表述中,正确的有( )。

A. 土地使用权未确定或权属纠纷未解决的,由实际使用人纳税
B. 土地使用权共有的,共有各方均为纳税人,由共有各方分别纳税
C. 拥有土地使用权的纳税人不在土地所在地的,由代管人或实际使用人纳税
D. 城镇土地使用税由拥有土地使用权的单位或个人缴纳

3. 根据城镇土地使用税法律制度的规定,下列关于纳税人的表述中,正确的有( )。

A. 城镇土地使用税由拥有土地使用权的单位或个人缴纳
B. 拥有土地使用权的纳税人不在土地所在地的,由代管人或实际使用人缴纳
C. 土地使用权未确定或权属纠纷未解决的,暂不缴纳城镇土地使用税
D. 土地使用权共有的,共有各方均为纳税人,由共有各方分别纳税

4. 根据城镇土地使用税法律制度的规定,下列表述中,正确的有( )。

A. 城镇土地使用税的计税依据是纳税人实际占用的土地面积
B. 凡由省级人民政府确定的单位组织测定土地面积的,以测定的土地面积为准
C. 尚未组织测定,但纳税人持有政府部门核发的土地使用证书的,以证书确定的土地面积为准
D. 尚未核发土地使用证书的,暂不纳税,待核发土地使用证书后再进行纳税

5. 根据城镇土地使用税法律制度的规定,下列各项中,可以作为城镇土地使用税计税依据的有( )。

A. 省政府确定的单位测定的面积
B. 房地产管理部门核发的土地使用证书与确认的土地面积
C. 尚未核发土地使用证书的,以纳税人申报的面积为准,核发土地使用权证书后再作调整
D. 纳税人估算的土地面积

6. 甲、乙两家企业共有一项土地使用权,土地面积为1 500平方米,甲、乙企业的实际占用比例为3：2。已知该土地适用的城镇土地使用税税额为每平方米5元。关于甲、乙企业共用该土地应缴纳的城镇土地使用税,下列处理正确的有( )。

A. 甲企业应纳城镇土地使用税＝1 500×3÷5×5＝4 500(元)

B. 甲企业应纳城镇土地使用税＝1 500×5＝7 500(元)
C. 乙企业应纳城镇土地使用税＝1 500×2÷5×5＝3 000(元)
D. 乙企业应纳城镇土地使用税＝1 500×5＝7 500(元)

7. 下列关于城镇土地使用税纳税义务发生时间的表述中,正确的有(　　)。
A. 纳税人购置新建商品房,自房屋交付使用之次月起缴纳城镇土地使用税
B. 纳税人以出让方式有偿取得土地使用权的,应从合同约定交付土地时间的次月起缴纳城镇土地使用税
C. 纳税人新征用的耕地,自批准征用之日起满1年时缴纳城镇土地使用税
D. 纳税人新征用的非耕地,自批准征用次月起缴纳城镇土地使用税

8. 根据规定,下列各项中(暂)免征城镇土地使用税的有(　　)。
A. 宗教寺庙举行宗教仪式用地
B. 宗教寺庙宗教人员生活用地
C. 名胜古迹管理办公用地
D. 农副产品加工场地

9. 按照城镇土地使用税的规定,对纳税人实际占用的土地面积,可以按照(　　)确定。
A. 房地产管理部门核发的土地使用证书确认的土地面积
B. 纳税人实际使用的建筑面积
C. 尚未核发土地使用证书的纳税人据实申报的面积
D. 尚未核发土地使用证书的纳税人以税务机关核定的土地面积

10. 下列各项中,应计算缴纳城镇土地使用税的有(　　)。
A. 校办企业的经营用地　　　　　　B. 企业创办幼儿园的用地
C. 名胜古迹园区内附设的茶水部用地　D. 学校教师食堂用地

三、判断题

1. 拥有土地使用权的单位和个人不在土地所在地的,其土地的实际使用人或代管人为纳税义务人。(　　)
2. 企业拥有并运营管理的大型体育场馆,其用于体育活动的土地,免征城镇土地使用税。(　　)
3. 土地使用权未确定或权属纠纷未解决的,其实际使用人为纳税义务人。(　　)
4. 土地使用权共有的,共有各方都是纳税义务人,由共有各方分别纳税。(　　)
5. 尚未核发土地使用证书的,暂不纳税,待核发土地使用证书后再进行纳税。(　　)
6. 对公安部门无偿使用铁路、民航等单位的土地,免征城镇土地使用税。(　　)
7. 直接用于农、林、牧、渔业进行种植、养殖、饲养的专业用地免征城镇土地使用税。(　　)
8. 尚未组织测定,但纳税人持有政府部门核发的土地使用证书的,以证书确定的土地面积为准。(　　)
9. 土地使用权共有的,以占有土地面积较多的一方为纳税人。(　　)
10. 纳税人新征用的耕地,自批准征用之日起满1年时开始缴纳城镇土地使用税。(　　)

操作视频

城镇土地使用税案例与申报

一、实训资料

（一）背景资料

纳税人基础信息

企业名称：北京芳香制造有限公司

地址：北京市海淀区谊爱路109号

法定代表人：李冰

开户银行：中国工商银行北京分行

基本账号：8130400698233421198

电话：010-82043038

统一社会信用代码：911042451452978271L

公司成立时间：2015年4月10日

公司经营范围：生产、销售各类复读机

企业所得税：需判断是否符合小型微利企业条件，如符合，可享受小型微利企业所得税优惠政策（财税〔2022〕13号）。

（二）业务资料

北京芳香制造有限公司2022年发生的经济业务相关信息，如表8-3所示。

表8-3　2022年经济业务相关信息

资产名称	取得方式	取得时间	含地价原值（元）	土地使用权权属	占地面积（平方米）
办公大楼	外购	2016年6月	6 000 000.00	单独持有	5 000
会议大楼	外购	2016年6月	5 000 000.00	与联营方共有各占50%	4 000
商铺	外购	2022年12月	4 200 000.00	单独持有	900
大件物品仓库	自建	2020年6月	5 500 000.00	单独持有，2023年2月出租1/3	1 500
幼儿园	自建	2016年6月	4 000 000.00	单独持有	1 500
小学	自建	2016年6月	5 000 000.00	单独持有	2 000
中学	自建	2016年6月	6 000 000.00	单独持有	3 000
商场	自建	2016年6月	20 000 000.00	单独持有	2 500
厂区内绿化带	自建	2016年6月	0.00	单独持有	2 000
厂区外道路	自建	2016年6月	0.00	单独持有	500
临时仓库	自建	2023年1月	3 000 000.00	新征用耕地	1 000

其他说明：

(1) 城镇土地使用税每平方米年税额4.8元。

(2) 托儿所、学校用地与其他用地可明确区分，新征用耕地已缴纳耕地占用税。

二、实训任务

实训任务1：请根据业务资料计算上半年应缴纳的城镇土地使用税，并填写表8-4。

表8-4　城镇土地使用税计算表　　　　　　　　　　　　　　　　　单位：元

项目	税款所属期起	税款所属期止	计税依据	税(费)率	本期应纳税额	本期减免(征)税额	本期应补(退)税额
办公大楼	2023-01-01	2023-06-30	5 000.00	4.8元/年			
会议大楼	2023-01-01	2023-06-30	2 000.00	4.8元/年			
商铺	2023-01-01	2023-06-30	900.00	4.8元/年			
大件物品仓库	2023-01-01	2023-06-30	1 500.00	4.8元/年			
幼儿园	2023-01-01	2023-06-30	1 500.00	4.8元/年			
小学	2023-01-01	2023-06-30	2 000.00	4.8元/年			
中学	2023-01-01	2023-06-30	3 000.00	4.8元/年			
商场	2023-01-01	2023-06-30	2 500.00	4.8元/年			
厂区内绿化带	2023-01-01	2023-06-30	2 000.00	4.8元/年			
厂区外道路	2023-01-01	2023-06-30	500.00	4.8元/年			
临时仓库	2023-01-01	2023-06-30	1 000.00	4.8元/年			

实训任务2：请根据业务资料到电子税务局申报城镇土地使用税，表格信息如表8-5所示。

表8-5　财产和行为税纳税申报表

纳税人识别号(统一社会信用代码)：
纳税人名称：　　　　　　　　　　　　　　　　　　　　　　金额单位：人民币元(列至角分)

序号	税种	税目	税款所属期起	税款所属期止	计税依据	税率	应纳税额	减免税额	已缴税额	应补(退)税额
1										
2										
3										
4										
5										
6										
7										
8										
9										
10										

(续表)

序号	税种	税目	税款所属期起	税款所属期止	计税依据	税率	应纳税额	减免税额	已缴税额	应补(退)税额
11										
12										
13										
14										
15										
16	合计	—	—	—	—	—				

声明：此表是根据国家税收法律法规及相关规定填写的，本人(单位)对填报内容(及附带资料)的真实性、可靠性、完整性负责。

纳税人(签章)：　　　　　年　月　日

经办人： 经办人身份证号： 代理机构签章： 代理机构统一社会信用代码：	受理人： 受理税务机关(章)： 受理日期：　　年　月　日